Guía práctica para el Evangelismo

Will Metzger

Guía práctica para el evangelismo

Un manual para nuestra tarea

Guía práctica para el evangelismo

© 2012 por Will Metzger

Publicado por Editorial Patmos,
Miami, FL EUA 33169

Todos los derechos reservados.

Publicado originalmente en inglés por InterVarsity Press P.O. Box 1400, Downers Grove, IL 60515-1426, con el título *Tell The Truth* © 2002 Will Metzger

A menos que se indique lo contrario, las citas bíblicas se toman de la versión Reina-Valera 1995, © 1995, Sociedades Bíblicas Unidas.

Traducido por Joel Chairez y Jorge Ruiz Ortiz
Diseño de portada: Leonardo Francia
Diagramación: Suzane Barboza

ISBN 10: 1-58802-650-7
ISBN 13: 978-1-58802-650-7

Categoría: Evangelismo

Impreso en Brasil
Printed in Brazil

Contenido

Prefacio 09
Introducción: Nuestra tarea en el evangelismo 13

PARTE UNO: *El contenido de nuestro mensaje*

Capítulo 1: Testificando como un medio para plantar y regar 21
¿Qué significa testificar?
La diferencia entre el evangelio y nuestro testimonio
Distinguiendo nuestro papel del de Dios

Capítulo 2: El evangelio reducido 32
Presentando el evangelio
Un evangelio completo vs. un evangelio reducido
Un evangelio centrado en el mensaje vs. nn evangelio centrado en métodos
El evangelismo centrado en Dios vs. el evangelismo egocéntrico
¿Se está presentando el evangelio verdaderamente?
La verdad: La cinta medidora del evangelismo

Capítulo 3: El evangelio recuperado 53
Elementos del evangelio: Los cinco puntos principales del evangelio
   1. Dios: Nuestro dueño, padre, juez.
   2. Vida centrada en Dios: Las dos reglas del camino.
   3. Vida egocéntrica: Separado y esclavizado.
   4. Jesucristo: El camino a la vida.
   5. Nuestra respuesta necesaria: Venir a casa a Jesucristo.
Declarando el evangelio: El diagrama «viniendo a casa»

PARTE DOS: *El objetivo de nuestro mensaje*

Capítulo 4: Profesando pero no poseyendo 89
Simplemente conversión
    Una respuesta parcial al evangelio

Capítulo 5: El Evangelio entero a la mente 97
Respuesta parcial al evangelio
    Sólo conocimiento en la cabeza
    Poco conocimiento en la cabeza
    El equilibrio: Pensando los pensamientos de Dios; no juzgando los caminos de Dios

Capítulo 6: El evangelio entero a las emociones 101
No sentimentalismo sino mostrando amor y tocando el corazón
    Sólo reacción emocional
    Ninguna reacción emocional
    Manteniendo el equilibrio: Las emociones conducidas por la verdad

Capítulo 7: El evangelio entero a la voluntad 107
No apelando a deseos naturales sino invitando, persuadiendo y dirigiendo la lealtad a un nuevo líder
    Manteniendo el equilibrio: Dios que mueve a pecadores por la persuasión
    El error de poner etiquetas
    Alcanzando a la persona entera

PARTE TRES: *El fundamento de nuestro mensaje*

Capítulo 8: Gracia es sólo para el impotente 116
La salvación es imposible para la gente buena
    Tres mitos que obscurecen la gracia
    Incapaz pero responsable

Capítulo 9: Dios está lleno de gracia 134
La gracia hace la salvación posible
    Nuestro Dios re-creador

Capítulo 10: Gracia soberana salvadora 145
La gracia hace distinciones
   No libre albedrío, sino una voluntad libertada
   Porque le agrada

Capítulo 11: Adoración 154
La respuesta del alma al evangelio de gracia
   Motivación para el evangelismo: Encuentro con un Dios infinito
   Adoración: La pasión y el propósito del evangelismo
   Los verdaderos convertidos adoran verdaderamente
   Los evangelistas centrados en Dios adoran

PARTE CUATRO: *La comunicación de nuestro mensaje*

Capítulo 12: Los cristianos ordinarios pueden testificar 167
El pluralismo y la nueva definición de tolerancia
   Cristo, el único camino a Dios
   Razonando con la gente
   Hablando a la conciencia
   Nuestros temores
   La integridad en actitudes y motivación
   Oración y el espíritu santo

Capítulo 13: Cómo comunicar el evangelio personalmente 189
No hay métodos perfectos, pero sí ayudan para comenzar
   Gente diferente, situaciones diferentes
   Comenzando
   Ejemplos para iniciar conversaciones
   Conversaciones con propósito
   Los indiferentes
   Empleando un resumen del evangelio
   Florezca donde se encuentra plantado
   Los efectos prácticos de un evangelismo centrado en la gracia
   Nuestra meta: discípulos
   Planes para obedecer

Cuadros y diagramas
Cuadro 1. Contrastes en el contenido del evangelio 36-37
Venga a casa 54
Diagrama 1. Método divino de salvación 132
Diagrama 2. Tres estrategias para hablar de Cristo 198
Cuadro 2. Dirigiendo conversaciones hacia Cristo 201
Diagrama 3. Evangelismo conversacional 203
Cuadro 3. Los objetivos en el evangelismo afectan los métodos 214

Notas bibliográficas 219

Prefacio

Imagine esto: un corredor en la antigua Grecia llega agotado ante el emperador. Procurando tomar aliento, logra decir: «Mi señor, me dieron un mensaje urgente, pero… ¡me apena decir que se me ha olvidado!»

Este libro fue escrito para tratar el siguiente asunto: que muchos cristianos (a quienes se les ha confiado el mensaje del Evangelio), habían olvidado el mensaje y su responsabilidad de comunicarlo fielmente. Cómo me gustaría decir ahora que el mensaje ha sido recordado. La recuperación de un evangelio centrado en Dios y centrado en la gracia, o, como James Boice dijo: «un redescubrimiento de las doctrinas que sacudieron el mundo», es imperativo. Esta revisión incluye una extensión de dos de los temas: la gracia y la adoración. Además, quise ofrecer un nuevo esquema de un evangelio centrado en Dios para capacitar a cristianos cómo comunicar su fe con los que no son cristianos.

GRACIA

Entre tanto que mi pasión por el evangelismo centrado en Dios crecía, anhelaba enfatizar la centralidad de la gracia salvadora y soberana. ¿Por qué? Porque la gracia vivificante de Dios en la salvación exalta completamente a Dios. La gracia honra a Dios y humilla al hombre. Una comprensión clara de que el éxito en el evangelismo es un resultado de la gracia de Dios que da inicio a todo libera al evangelista del miedo del rechazo por otros. De hecho el evangelismo sin la gracia divina es imposible, ya que la gracia es lo que libera al incrédulo de su esclavitud al pecado.

La gracia extiende sus efectos más allá de nuestra liberación inicial de la incredulidad y continúa activando a los cristianos. Después de que los incrédulos se hacen cristianos, el poder de la gracia del Espíritu Santo los sostiene a través de su peregrinaje cristiano. Una vez salvos por un evangelismo centrado en Dios y orientados por la gracia divina, ellos tienen a su alcance una estructura admirable para vivir una vida cristiana centrada en Dios y para una santificación orientada en la gracia divina. La majestad de la gracia en la salvación trae honor al Padre que la planificó, prestigio al Hijo que la llevó a cabo y fama al Espíritu Santo que la efectúa.

Pronto me di cuenta que yo no podía desarrollar la maravilla de la gracia sin explicar el horror del pecado. La gracia sólo funciona como gracia cuando viene a gente que no tiene absolutamente nada para recomendarlos como candidatos para el favor de Dios. La gente merece todo lo contrario: su desagrado en esta vida y por la eternidad. La gracia es magnificada cuando me veo como indigno de merecer algo. No tengo ningún derecho y ningún reclamo a la misericordia de Dios. Dios no está obligado a amarme. Él no existe sólo para hacerme feliz. La gracia es recalcada por mi incapacidad de evitar el pecado. La salvación por mis esfuerzos es imposible, sin importar cuánto me esfuerce para mejorarme.

No quería escribir más sobre el pecado, pero no podía evitarlo. Hay un tipo de amor que nace en respuesta a la belleza, al valor y otras cualidades recomendables de su recipiente. La gracia es una clase diferente de amor, es de un amor que existe aunque no haya nada recomendable en el recipiente. La gracia sólo funciona entre tanto que aquellos que la reciben son indignos e incapaces. Entre tanto que luchaba con alcanzar a los no creyentes con amor a través de mis acciones y actitudes, fue esta doctrina de gracia que me inspiró a testificar y que me conectó tanto con sus mentes como con sus corazones. ¡Admirable Gracia!

ADORACIÓN

Cuando comencé a abrazar las doctrinas de la gracia me introdujeron a una adoración más profunda. En vez de que la teología fuese fría, intelectual, académica y poco práctica, la doctrina de la gracia era cálida, personal, inspiradora y acogedora. Estas doctrinas fueron funcionales y formaron los métodos que honraban a Dios y que encajaban con un evangelio que yo proclamaba, un evangelio que honraba a Dios. El adorar a un Redentor-Creador soberano y lleno de gracia me abrió el camino para comenzar el evangelismo personal y mantener un celo evangelístico. Dos asuntos principales que necesitan tratarse al ayudar a las personas cómo testificar. El re-programar a los cristianos para que experimentasen a un Dios soberano a través de la adoración me condujo a reconocer que mucho entrenamiento en el evangelismo se enfoca en técnicas egocéntricas y en un evangelio remodelado que enfatiza sólo en «qué es lo que se me ofrece». Hacer a Dios el centro de todo es el fundamento para la gracia que salva a la gente. Si Dios no es el centro y si la gracia no es el fundamento, el evangelismo llevará a que personas simpáticas sean simpáticas con otras personas con la esperanza de que ellas procurarán hacerse simpáticas o atractivas para Dios, pero será un evangelio traicionado con un Dios afable que existe para beneficiarme. Esto conducirá a resultados de supuestos «cristianos» que nunca se han convertido, que desconocen el gozo de la gracia poderosa y perdonadora, y que no están preparados para encontrarse con Dios en aquel día final.

VINIENDO A CASA

He elaborado un esquema de un evangelio centrado en Dios para que tenga un tema que unifica los puntos, un diagrama para ilustrar nuestro camino en la vida, una historia bíblica y una ilustración de la vida diaria, y personalizar más las verdades del evangelio. La extensión de este resumen del evangelio puede sorprenderle. No presento disculpas por esto. Estoy convencido de que Dios quiere que comuniquemos su verdad en amor como los medios predestinados para la salvación. Si todo cristiano aprendiera estas verdades, su evangelismo traería más honra a Dios y su crecimiento espiritual aumentaría mientras que vuelven a experimentar diariamente el evangelio de la gracia. El evangelio es para cristianos. Dios puede usar una cantidad mínima de la verdad para darle vida a alguien; eso es una prerrogativa que le pertenece. Nuestro privilegio es penetrar en las profundidades del evangelio en su totalidad, plantando raíces en esa agua vivificante. Espero que el diagrama de «Viniendo a Casa» ayude a cristianos a conocer a fondo el contenido de la verdad vivificante del evangelio. Entonces, sin hablar medias verdades engañadoras sino toda la verdad en amor, podrán exaltar al Jesús viviente y dejarlo que atraiga muchos a Él para salvación.

El Señor del universo es un amante que atrae adúlteros espirituales como usted y como yo, proveyendo todo lo necesario para restaurar una relación.

«Pero he aquí que yo la atraeré y la llevaré al desierto, y le hablaré con ternura.
Y le daré... allí el valle de Acor [angustia] por puerta de esperanza.
Y allí cantará...
En aquel tiempo, dice Jehová, me llamarás 'esposo mío.'...

Y te desposaré conmigo para siempre... en justicia, juicio, benignidad y misericordia. Y te desposaré conmigo en fidelidad, y conocerás a Jehová. Y tendré compasión de la que 'no recibió compasión,' y diré al que 'no era mi pueblo:' Tú eres mi pueblo, y él dirá: 'Tú eres mi Dios.'» (Oseas 2:14-16, 19-20,23)

Introducción:
Nuestra tarea en el evangelismo

Se ha visto alguna vez abrumado por el evangelismo? ¿Se siente arrastrado entre dos alternativas inaceptables y que no puede encontrar su lugar? Por un lado usted ve a cristianos que pueden platicar mucho con otros, pero no dicen mucho sobre Jesucristo. Por otro lado están aquellos que siempre están «presentando el evangelio», pero parece que no saben nada de lo que es la amistad genuina. La frustración de chocar contra estos dos extremos en círculos cristianos es algo muy real.

Este libro ha sido diseñado para ayudarle a cómo «exhibir y declarar» el evangelio de una manera que honra a Dios, que beneficia a otros y que le dará a usted libertad. Mi plan no es acosar a la gente, pero tampoco es ser simplemente una persona simpática que deja que otros vengan a Él cuando quieran y hablar de religión cuando quieran. Más bien, mi objetivo es ayudarle a recuperar el contenido teológico del evangelio; porque sólo cuando su perspectiva de la gracia de Dios en la salvación sea cambiada podrá encontrar la confianza, el gozo y la gratitud que pueden reforzar un nuevo estilo de vida evangelístico.

¿CUÁL ES EL MODELO BÍBLICO?

Yo era uno de aquellos cristianos que creían en el evangelismo de amistad, pero para mí me resultó ser pura amistad pero poco evangelismo. Yo no tenía ningún problema en cuanto a la motivación. Yo había pasado a través de una verdadera conversión a Cristo durante mis años de la escuela secundaria, y Jesucristo era para mí muy real. Yo tenía un fuerte deseo de hablar a otros acerca de él, sin embargo la mayor parte de los ejemplos que se me presentaban tendían a inclinarse hacia uno de estos dos extremos que mencioné anteriormente. Yo tenía otras debilidades: por ejemplo, mi propia falta de conocimiento de la Biblia, mi inmadurez personal, mi tendencia de ver a Dios como existiendo sólo para mi beneficio y el miedo a ser rechazado. Con estos inconvenientes comencé mi peregrinación personal para averiguar qué significaba ser un testigo para Cristo.

Al principio, el testificar parecía muy sencillo. Yo conocía el mensaje y sabía quién lo necesitaba. ¿Cómo podría esto ser tan confuso o difícil? Pero me di cuenta demasiado rápido. Yo no tenía una comprensión clara del contenido del evangelio. Por consiguiente, mi vida cristiana se vio paralizada, y mi capacidad para presentar a Cristo en una manera atractiva a los no creyentes se vio impedida.

Muy pronto me vi acorralado por una descarga de consejos de otros. Me dijeron que yo debería testificar haciéndoles pasar un bueno tiempo, trayendo a mis conocidos de escuela secundaria a reuniones de diversión en la iglesia o al ambiente inofensivo de un hogar. La tarde terminaría con una conversación desafiante. Parecía muy sencillo. En lugar de que yo declarara el evangelio otros lo harían por mí.

En la universidad conocí a cristianos que enfatizaban un método más directo: yo debería invitar a alguien y a cada uno a un pequeño estudio bíblico o a una plática por un laico en un ambiente religioso «neutral». Los no creyentes deberían ser confrontados directamente con las Escrituras. Bien, me dije a mí mismo, eso parece razonable. Quizás este es el método que hay que tomar. Sin embargo estos métodos carecían del toque personal y parecían manipuladores. Estaba sediento de un método de evangelismo eficaz. Los seminarios y manuales de evangelismo abundaban.

Poco más tarde mi confusión se intensificó porque me encontré con otros cristianos que me exhortaban a evangelizar por el modelo apostólico de la predicación: yo debería traer a mis amigos para oír a grandes oradores en la iglesia o a reuniones especiales. Pero aun así, esperaba que otros hablasen por mí.

Entonces tuve un gran despertamiento. Me di cuenta que debía testificar; no sólo traer gente a otros para que les testificasen por mí. Temeroso, pero convencido de mi deber, busqué ayuda. De nuevo, encontré a algunos cristianos que eran muy entusiastas y que me explicaron un sistema completamente nuevo de ideas y técnicas para el evangelismo personal. Me vi motivado por un sentido sobrecogedor de responsabilidad y de creciente culpabilidad porque se me hizo creer que yo no era espiritual—o al menos no muy fiel— si no había «conducido a alguien a Cristo». De manera que abracé ciegamente toda clase de métodos para evangelizar. Este método me

INTRODUCCIÓN

presentaba oportunidades para hablar de la verdad a otros. Aun así la regla para medir el éxito era un concurso de números: contar aquellos que habían orado, aquellos que habían levantado la mano o llenado una tarjeta.

Yo era un fracaso. Había comenzado con dudas sobre lo correctos que eran aquellos ingeniosos métodos recomendados por varios evangelistas «famosos». Terminé con dudas en cuanto a si estos métodos concordaban con la Escritura. Mis inquietudes me condujeron a considerar algunos puntos básicos de teología.

Las incertidumbres remolineaban en mi mente. ¿Podría alguien estar motivado para evangelizar, y sin embargo estar deshonrando a Dios y falsificando su mensaje por ignorancia o por manipulación? ¿Me veía yo motivado por culpabilidad o por lo que otros pensaran de mí? ¿Trataba yo de hacer excusas por mi falta de entusiasmo y de éxito? ¿Cómo podría limitar a que Dios me usara solamente con «amigos» y en «invitaciones a reuniones»? ¿Cómo podría negar que la providencia de Dios trajera personas a mi vida, aun sólo por unos minutos?

Me sentí como atrapado en una puerta giratoria. Ciertas preguntas seguían girando en mi alrededor. ¿En qué manera podría yo hablar con amor a aquellos (aun a desconocidos) que Dios pusiese en mi camino? ¿Por qué es que los convertidos de ciertos grupos de cristianos son diferentes, a menudo distinguidos por ciertos tipos de personalidad? ¿Estaré evangelizando sólo cuando veo conversiones? ¿Cuáles son los elementos esenciales de nuestro mensaje? ¿Me uno con alguien en el evangelismo debido a la gran necesidad que la gente tiene de oír o debido a un compromiso mutuo con las doctrinas del Evangelio? ¿Por qué hay tantas reservas para examinar la base bíblica de los métodos de evangelismo (sobre todo si son usados por nuestra iglesia)? ¿Por qué hay tanto desacuerdo, confusión y ambigüedad entre aquellos que evangelizan, aun en algunos de los elementos más básicos del Evangelio? Por ejemplo, ¿debemos presentar sólo a Cristo como Salvador o también como Señor al incrédulo? ¿Es el arrepentimiento y el enseñar la ley de Dios parte del Evangelio? ¿Por qué es necesario el nuevo nacimiento? ¿Qué acontece realmente en el nuevo nacimiento? ¿Cuál es nuestra parte en la salvación, y cuál es la de Dios? ¿Cómo puede una persona saber si ha nacido de nuevo? El evangelio, ¿es acaso un sistema de doctrinas o acerca de una persona? Si Dios ha hecho todo lo que él puede hacer y ahora deja que nos apropiemos de esa salvación a través de la fuerza de nuestra voluntad, ¿cómo puede responder la gente que está espiritualmente muerta?

Me quedaba confundido que una vez que los cristianos habían entendido que todos necesitan a Cristo para salvación, aún había confusión y hasta contradicción en cuanto a qué efectuaba el nuevo nacimiento: ¿sería nuestra fe y arrepentimiento o el Espíritu de Dios? Estas son preguntas inquietantes, importantes y fundamentales. ¿Cómo podría la mayoría de evangélicos estar tan inconsciente de la necesidad de investigar cuál es el evangelio bíblico? Yo podía ver que había muchos métodos erróneos, y comencé a perder la esperanza que podría encontrar alguna vez un modo de evangelizar que tomara su forma de la verdad y no de lo que funciona o de la soberanía de nuestra voluntad en la salvación.

Todas mis preguntas podrían ser reducidas a una sola: ¿cuál era la manera de evangelizar que sería formada por una visión elevada de un Dios Redentor y Creador que no simplemente hace disponible la salvación, sino que realmente capacita a una persona a responder arrepintiéndose y recibiéndole?

A pesar de lo inútil del consejo que se me dio al principio sobre el evangelismo personal, debo confesar que el interés renaciente sobre este tema en círculos evangélicos es sano. ¿Quién puede negar que ha habido una creciente participación en el evangelismo? ¿Quién podría criticar la nueva preocupación sobre el evangelismo de muchos cristianos? Ellos han hecho grandes sacrificios en dinero, tiempo y energías. La gente está usando los medios de comunicación modernos en una manera creativa. Me siento verdaderamente agradecido por estas cosas. Pero aún algo me molesta, y creo que otros también tienen una conciencia intranquila. ¿Podrían algunos aspectos del evangelismo contemporáneo carecer de integridad bíblica?

LA METODOLOGÍA FLUYE DE LA TEOLOGÍA

Antes de que podamos encontrar una respuesta a esta pregunta central debemos evaluar las prácticas actuales en el evangelismo. Permítame parafrasear el discurso de Francis Schaeffer ante el Congreso Mundial de Evangelismo en Berlín (1966): es sólo porque estamos comprometidos con el evangelismo que debemos declarar cosas contrarias a veces. Si no ponemos en claro por palabra y práctica nuestra posición a favor de la verdad y contra la doctrina falsa, estamos construyendo un muro entre la siguiente generación y el evangelio. La unidad de los evangélicos debería ser sobre la base de la verdad y no en el evangelismo como tal. Si esto no es así, «el éxito» supuesto en el evangelismo puede terminar debilitando al cristianismo. Cualquier consideración sobre mé-

INTRODUCCIÓN

todos es un asunto secundario con respecto a este principio central. Aunque necesitamos evaluar la doctrina y los métodos, sin embargo, no debemos juzgar los motivos de otros.

En la primera parte de este libro plantearé preguntas pertinentes acerca de la teología que forma el fundamento de la metodología en el evangelismo moderno. No pretendo dar una teología exhaustiva del evangelismo. Hablo como un miembro de la familia a aquellos dentro de la familia de Dios. Que podamos examinar nuestros corazones a la luz de la Biblia para saber cómo ser mejores instrumentos de cambio. Espero que mi análisis conduzca a un diálogo constructivo y una reforma para todos nosotros. ¿Debería haber alguna tradición, técnica o persona que esté exenta de nuestra evaluación a través de normas bíblicas? Pienso que no.

Si es verdad que hay diferencias serias entre evangélicos en el mensaje y en los métodos de evangelismo, entonces debemos preguntar: ¿hasta qué punto son justificadas estas diferencias? Si las diferencias simplemente se deben a audiencias diferentes que procuramos alcanzar o a la variedad de dones que Dios nos ha dado, estas diferencias no son malas. Pero si en el evangelismo somos leales sólo a nuestra tradición, moldeando la verdad a nuestra personalidad, adulterando el evangelio o manipulando a la gente, nos equivocamos. Si estamos convencidos de que hay un fundamento teológico para nuestra metodología, podemos tener buena defensa para evangelizar de acuerdo a este fundamento. Entonces nuestra diferencia será un asunto de nuestra conciencia ligada por lo que concebimos lo que la Escritura enseña. Una doctrina bíblica de evangelismo debería ser el elemento de control en cualquier práctica de evangelismo.

Sin embargo, aun cuando podamos articular un fundamento teológico para nuestro evangelismo, no creo que nuestra responsabilidad haya terminado hasta que hayamos comparado nuestra interpretación doctrinal con el fundamento de otros y en humildad estar dispuestos a reconsiderar lo que el Espíritu Santo nos dice en las Escrituras. El no hacer así indica que no podemos aprender los unos de los otros. Significa negar que pueda brotar nueva luz en nuestro entendimiento de las Escrituras. Significa limitar al Espíritu Santo en comunicarse a través de otros cristianos. Significa evangelizar por un tradicionalismo recibido y no de convicción.

En resumen, si rehusamos evaluar nuestro evangelismo a la luz de la Biblia no estaremos tomando las Escrituras en serio. Podríamos terminar por ser menos que honestos los unos con los otros, permitiendo a los no creyentes ser engañados y frustrar aquellos que desean aprender a evangelizar. Podríamos sentenciar a nuestros hijos y a la iglesia a problemas inconcebibles. Podríamos deshonrar al Dios del evangelio. Debemos tomar una mirada cuidadosa a la práctica del evangelismo actual para ver si los que hablamos de Cristo tenemos un evangelio equilibrado y completo.

En la segunda parte consideraré cuál debería ser el efecto total del evangelio sobre nuestra vida y sobre la vida de aquellos que evangelizamos. La evaluación es otra vez necesaria y apropiada a fin de determinar por qué hay tantas conversiones «falsas». Una entrega a Cristo no es una simple oración y considerar eso como el fin. Más bien, es una conversión en el sentido verdadero de la palabra; nuestras vidas enteras son cambiadas. Pablo dice que hemos sido hechos nuevas criaturas. Hablo cómo este cambio debe afectar todo nuestro ser: nuestra mente, nuestra voluntad y nuestras emociones, la persona entera.

La tercera parte sondea las profundidades de cómo la gracia de Dios opera en la salvación. La gracia desarraiga tres mitos—mis derechos irrenunciables, mi virtud humana, mi libre albedrío—que actúan como barreras, protegiendo a la gente del impacto total del evangelio. Estas barreras son penetradas por el oprobio de la gracia. Sólo un evangelio centrado en la gracia salva y da capacidad para responder con responsabilidad, lo cual resuelve el problema principal del no creyente. Esto conduce a una adoración apasionada, que es la meta del evangelismo; no sólo a decisiones, pero sí a discípulos fervientes.

Pero nuestra responsabilidad no termina con un entendimiento correcto del nuevo nacimiento. Debemos poner tal evangelio en acción. Se nos llama a obedecer declarando la verdad a otros. Por lo tanto, la cuarta parte se dedica a la práctica del evangelismo, junto con algunas ideas prácticas acerca de cómo comenzar. Debemos ser personas enteras (esto es completas y genuinas).

EVANGELISMO: GANANDO UNO POR UNO

He limitado intencionalmente mi tema al evangelismo personal. Esto no es porque otras formas no sean válidas, sino porque (como el estadista evangélico Carl Henry sostiene), el método de uno a uno comenzado por cada creyente todavía sostiene la mejor promesa de evangelizar el mundo en nuestro siglo.[1] El renombrado historiador de Yale, Kenneth S. Latourette, confirma este concepto cuando él nos recuerda que «los instrumentos principales en la extensión del cristianismo parecen no haber sido aquellos que lo hicieron como una profesión… sino por hombres y mujeres que vivían sus vidas de alguna manera puramente secular y hablaban de su fe a aquellos con quienes se encontraban en una manera natural».[2]

Algunos pueden poner en duda la validez de enfatizar el evangelismo de uno a uno. Quizás sus dudas provienen de muchos abusos sobre este método. Pero las dudas legítimas no deberían hacer que se ignore el énfasis de las Escrituras en hablarles a otros. Una reacción exagerada a extremos de individualismo ha hecho que algunas personas promuevan exclusivamente la naturaleza corporativa del testimonio cristiano. «Que puedan alcanzar una unidad completa, y así el mundo reconozca que Tú me enviaste y que los has amado a ellos tal como me has amado a mí.» (Juan 17:23).

El cuerpo de creyentes, unidos de varios fondos económicos y étnicos mientras que retienen sus personalidades e intereses individuales, debería parecerse a un letrero de neón centelleante al mundo. La unidad asombrosa en la diversidad del cuerpo de Cristo puede convencer a los no creyentes que Jesucristo fue enviado por Dios. Un grupo dinámico de cristianos vibrantes forma la base para un evangelismo en curso, pero si los individuos en el grupo no expresan con palabras el evangelio, el resultado final todavía será un evangelismo débil. Aunque no se admite fácilmente, los motivos para rebajar las iniciativas personales en testificar pudieran ser orgullo, un espíritu crítico o un miedo innecesario de ofender, o aun la actitud hecha con buena intención que «glorificar a Dios en mi profesión» basta.

En las Escrituras encontramos muchos ejemplos del Evangelio extendiéndose a través de uno a uno. Jesucristo mismo dialogaba constantemente con personas que se encontraba providencialmente. Él les trae la palabra de vida en medio de su vida diaria. Cristo promete a sus discípulos que serán pescadores de hombres y luego en dos ocasiones envía a sus seguidores de dos en dos para extender las buenas nuevas (Marcos 6:7-13; Lucas 10:1-24). En la iglesia primitiva el cristiano común se halla anunciando el evangelio (Hechos 8:1, 4). Dios manda a Felipe, un líder en la iglesia, que abandone un ministerio exitoso a fin de hablar con un individuo (Hechos 8:26-40). Pablo enfatiza la responsabilidad de todos los creyentes de ser embajadores de Cristo y dice que se les ha dado al ministerio de reconciliación (2 Corintios 5:17-20). Dios da mayor capacidad en evangelismo a ciertas personas no a fin de que ellos lo hagan todo, sino a fin de preparar a cada creyente en el cuerpo para hacer este ministerio (Efesios 4:11-12).

En nuestro mundo probablemente el 99.9 por ciento de todos los cristianos no están en el ministerio. A menos que cada uno se ocupe en el evangelismo —orando, iniciando y declarando fervorosamente el evangelio— no pasarán muchas cosas. El nuevo nacimiento, necesario para entrar al reino de Dios, por lo general envuelve a cristianos como parteras espirituales. Inseparable a cada método de evangelismo (estudios bíblicos, predicaciones, el uso de varios medios de comunicación, etc.) está la necesidad del encuentro personal. La mayoría de las veces, los creyentes deben hablar con los no cristianos a fin de aclararles y impulsarlos a creer el Evangelio. ¿Acaso no es usted un creyente hoy porque alguien hizo contacto personal con usted? Juanito y Juanita, como cristianos, son los embajadores de Cristo; son ellos a quienes Dios designa para declarar el evangelio. Abra su boca. Dios la llenará de sus palabras.

Para concluir, déjeme añadir una palabra de estímulo a aquellos que luchan para ser fieles en el evangelismo. ¡Nada tiene el potencial para producir más culpa entre cristianos que este tema (a no ser el tema sexual)! Puedo garantizar la reacción que conseguiré cuando hablo de este tema: unos bajarán la vista, otros arrastrarán los pies y otros se pondrán inquietos. Hay por lo general algo de risa que libera esta tensión. Pero todas estas reacciones son innecesarias. Hay esperanza, ánimo y liberación disponibles cuando el evangelismo se construye en un evangelio centrado en Dios. La entrada a un testimonio esperanzador y gozoso se encuentra centrándose en Dios como Creador y Redentor.

A través de este libro pondré un fundamento teológico: el evangelio entero... enteramente por gracia. La plataforma sobre la cual podremos construir una vida de evangelismo será la soberanía de Dios. Veremos la obra inextricablemente unida de cada persona de la Trinidad obrando armoniosamente en la salvación. El Padre ha planeado la salvación. Cristo la ha llevado a cabo. El Espíritu la aplicará eficazmente. Por lo tanto, ningún asiento quedará vacío en la mesa de banquete del reino. Todos están asignados, con sus nombres escritos en su lugar, ya que oyeron el llamamiento interior del amor imponente y vinieron al banquete. Dios siempre va delante de nosotros cuando testificamos. Cuando aprendamos y declaremos la verdad, ¡que nuestra teología se convierta en doxología!

PARTE UNO:

El contenido de nuestro mensaje

1

Testificando como un medio para plantar y regar

Esperé con expectación mientras el orador comenzaba sus comentarios. Su tema era el evangelismo. Me quedé desconcertado cuando comenzó a usar la frase «ganar almas» para describir su práctica evangelística. «Bien», pensé, «así que esta frase impersonal te molesta. Veamos si el resto de la plática mejora.» Pero no fue así. Lo que siguió fue una lista de historias dramáticas de personas que él había llevado a Cristo. Él reforzó su punto citando estrellas famosas y atletas como evangelistas victoriosos. Luego vino un énfasis sobre técnicas y cómo manipular a la gente que es tan común de las sectas que yo había estudiado.

Su ilustración suprema de cómo «llevar el evangelio a cada persona» fue una serie detallada de instrucciones en como enrollar un tratado evangelístico de tal modo que se pueda distribuir con precisión desde de la ventana de un automóvil en marcha. ¡El propósito era que el tratado evangelístico llegara a los pies de cualquiera que estuviese pidiendo un «aventón» mientras que uno pasaba cerca de él! Él defendió esta técnica basándose en la historia alarmante de un hombre joven que fue convertido por esta clase «de granadas o pequeñas bombas del evangelio». La conclusión del orador fue esta, «Esto funciona», lo cual resonaba a la idea antibíblica de que «el fin justifica los medios». Cuando dejé la iglesia esa noche me pregunté, ¿por qué no envió Dios simplemente un tratado evangelístico en vez de enviar a su Hijo? Quizás más cerca a nuestra experiencia es el método evangelístico de enfocarse en las necesidades que la gente siente, como la soledad, falta de amor, heridas, tensión, desánimo, etcétera, y moldear a Jesucristo como uno que satisface tales necesidades. A menudo aquí nunca se confronta la naturaleza pecadora profunda del egoísmo. Cristianos bien intencionados rebajan el evangelio a una simple venda para cubrir heridas superficiales y una medicina para tratar deseos egoístas. La necesidad más profunda de reconciliación con el Creador en términos de una entrega incondicional se deja fuera. Deseos legítimos, como ser amados, tener salud, estar libres de la soledad, pueden convertirse en ídolos.

¿QUÉ SIGNIFICA TESTIFICAR?

Tenemos razones suficientes para preguntarnos qué clase de evangelio se está propagando en nuestros días. Me refiero no sólo a oradores individuales (este hombre que mencioné era un profesor de evangelismo en una escuela cristiana) pero también a seminarios y libros que pretenden entrenar a cristianos en el evangelismo. Me siento avergonzado con los métodos baratos y la visión anémica de Dios que es tan frecuente entre los evangélicos. Necesitamos una preocupación creciente por un evangelismo que honre a Dios y su magnífico evangelio. Sin embargo, antes de que podamos hacer seguir adelante, deberíamos definir nuestros términos. ¿Qué queremos decir con evangelismo y testificar?

Cuando pensamos en testificar, debemos caminar entre una definición estricta y una general. El testificar, como una definición estricta, se refiere a repetir unos cuantos hechos sobre el evangelio a los oídos de un no creyente. Como una definición general, se refiere a todo lo que hacemos como cristianos ante los ojos del mundo. Ninguna de estas definiciones es satisfactoria. La primera limita nuestro testimonio sólo a nuestros labios; la segunda lo extiende a ser simplemente simpáticos con otros. Tanto nuestras palabras como nuestra conducta están inextricablemente ligadas en nuestro testimonio. Es fácil excusarnos diciendo: «¡Bueno, le presenté el evangelio!» o decir «Yo sólo dejo que mi vida hable a otros». Estos dos extremos parecen haberse desarrollado más como una reacción entre ellos mismos que en una base bíblica. ¿Qué perspectiva más equilibrada podríamos tomar?

El diseño principal para cada hombre y mujer no debe «ser un ganador de almas de día y de noche». Como el Catecismo Menor de Westminster dice, debemos «glorificar a Dios y gozar de Él para siempre». Esto significa que nosotros, como personas totales, debemos gozar de Dios, comenzando ahora, y centrarnos en su honor en todo lo que hacemos.

Ciertamente el modo en que vivimos es un aspecto primordial de nuestro testimonio. Sin embargo, nuestra vida debe estar unida con nuestra comunicación de la verdad de Dios. La gente necesita que se le diga quién hace la diferencia en nuestras vidas. Nuestras vidas, luego, iluminarán la verdad que estaremos comunicando a los que no son creyentes. El avión del testimonio cristiano tiene dos alas: nuestra vida (conducta) y nuestros labios (conversación).

Permanecer callados y dejar que otros interpreten nuestras acciones está mal; ni Dios mismo lo hizo. Los puntos fundamentales de la obra redentora de Dios en la historia van acompañados con la revelación verbal. Dios quiere que entendamos el significado de sus acciones. De igual manera, nosotros debemos hablar —y hablar de Cristo— aún cuando estamos conscientes de inconsistencias en nuestra propia vida. Debemos hablar aún cuando no sabemos mucho sobre la Biblia. Debemos hablar aún cuando es inoportuno. Dios es más grande que nuestros pecados, que nuestra ignorancia y que nuestro orgullo. Él honrará su palabra en nuestros labios.

Sin embargo, a veces nuestras acciones hablan mucho más fuerte que nuestras palabras. Cuando Juan describe nuestra comisión para testificar, él dice que como el Padre envió al Hijo, así también nosotros somos enviados a otros (Juan 20:21). Dios no envió un tratado evangelístico; Él preparó un cuerpo [el de su Hijo] (Hebreos 10:5). De igual manera, Dios ha preparado la vida y personalidad de usted para que lo demuestre al mundo. Necesitamos ser creativos y desinteresados en nuestro amor hacia otros. Necesitamos aprender a ser amigos así como percibir las necesidades de otros y hacer algo por ellos. La mayor parte del testimonio de Jesucristo era en respuesta a una pregunta después de un acto de bondad o de un milagro. Pero necesitamos asegurarnos que no estamos siendo complacientes. Deberíamos permitir que otros nos ayuden, dejemos que otros nos asistan. Jesús le pidió a la mujer samaritana que le diera un poco de agua. Necesitamos aprender lo que significa ser humanos y tratar a otros como personas hechas a la imagen de Dios. Si somos amigables sólo cuando alguien está interesado en hablar del evangelio, no sabemos mucho sobre lo que es la amistad. Necesitamos saber escuchar y procurar cómo servir, no sólo hablar.

¿Cómo define la Biblia testificar? En la gran comisión, como la expresa Lucas, tenemos verdades centrales de las cuales somos testigos (Lucas 24:48). En la Ascensión, las últimas palabras de Cristo mandan que los discípulos testifiquen acerca de él, como persona (Hechos 1:8). En los Evangelios vemos a los escritores seleccionando incidentes de la vida de Cristo para comunicar el evangelio. El trasfondo de la palabra testificar es de un tribunal de justicia. Testificar significa declarar que Cristo es quien él dice que es. Tal testimonio es un medio para un fin; el fin es presentar un informe de la verdad por parte de un testigo ocular (1 Juan 1:1-3).

Estudiando en los Alpes suizos en L'Abri en los años 1960 con Francis y Edith Schaeffer, mi esposa y yo teníamos poca idea de que Dios nos usaría para ayudar a alguien a encontrar la gracia de Dios. Un joven, llamado Chris, llegó una tarde cuando nuestra comunidad trabajaba en los jardines y en la tienda de carpintería, limpiando y cocinando. Él era un estudiante de religión en la Universidad de Pennsylvania, que recorría Europa para aprender acerca de la vida. Él se unió entusiasmado con aquellos de nosotros de cada continente que habíamos venido para buscar la verdad. Le gustaba el estímulo intelectual, la amistad y la alta moralidad, y se veía estar seguro de sí mismo.

En el parecer de este hombre, Jesús era fascinante, pero no necesario para vivir una vida buena. Un día le pedí que leyera el relato de Pablo de por qué él había cambiado la confianza en su justicia propia por una justicia impartida como una dádiva. Considerando esta pregunta, Chris comenzó a dedicar el tiempo a solas, leyendo las Escrituras y pidiendo a Dios que hiciera a Cristo real para él. Más adelante en ese verano nos separamos con la promesa de volver a vernos en Filadelfia.

Al mismo tiempo que yo estaba conociendo a Chris, una mujer joven llamada Franny, a quien yo conocía de Filadelfia, también estudiaba en L'Abri. Franny había sido criada en una familia respetable de Nueva Inglaterra y se había trasladado a Filadelfia dos años antes. Como para ella era importante continuar su educación religiosa, buscó una iglesia con una atmósfera refinada y con mucha liturgia a la cual ella estaba acostumbrada. En poco tiempo su primo, que se había hecho cristiano, se puso en contacto con ella y la presentó a sus amigos cristianos. Providencialmente, uno de ellos pertenecía a un grupo de estudiantes del Seminario Teológico de Westminster quienes sentían la necesidad de hacer evangelismo. Cada domingo estos estudiantes invitaban a amigos a la iglesia y luego a la casa del pastor en la tarde para platicar. Franny afirmaba que si alguien era creyente, ella ciertamente lo era.

Lentamente, sin embargo, con el tiempo empezó a comprender su propia incredulidad. En sus propias palabras, dijo: «Me hallaba confrontada con mi autoengaño en cada servicio de la iglesia cuando repetía el Credo de los Apóstoles. Llegué a un punto donde, después de que comenzaba a repetir 'Creo en Dios Padre Todopoderoso,' luego me quedaba callada por el resto de la recitación. Acepté que yo no creía todo lo demás en aquel Credo. Llegué a comprender que mi supuesta fe no era nada más que una tradición cultural, un recuerdo cálido, pero nada más».

Comenzó a indagar con diligencia. De nuevo en la providencia de Dios, él trajo a un orador y autor a la ciudad, ¡y además pertenecía a su tradición religiosa! Su nombre era J.I. Packer. Asistió con entusiasmo a sus discursos sobre la epístola a los Efesios. Se hallaba sorprendida por la profundidad y riqueza de las Escrituras y por el hecho de que su propia iglesia (episcopal) en otro tiempo hubiese estado unida en la importancia del nuevo nacimiento. En las reuniones conoció a un ejecutivo empresario bautista que le envió una copia del libro del Obispo J. C. Ryle sobre la declaración confesional de su iglesia (los Treinta y Nueve Artículos), que ella comenzó a leer. Varias semanas más tarde, Franny me llamó. «¿Podría venir a mi apartamento cuanto antes? Todo está tomando sentido. Ahora creo. Quiero hablar con usted». Este es el trasfondo que más tarde la condujo a visitar L'Abri con dos de sus amigas cristianas.

Mientras que se hallaban en L'Abri, Franny atrajo la atención de Chris, y consintieron en volver a verse cuando regresaran a Filadelfia. Como yo ministraba a los estudiantes en la Universidad de Pennsylvania por medio del InterVarsity Christian Fellowship, Chris se afilió al grupo y comenzó a asistir a la iglesia. Él y Franny, los dos nuevos cristianos, comenzaron a salir y pronto se casaron. Aun cuando los años han pasado, nuestra amistad ha continuado. En un giro magnífico a esta historia de evangelismo, Chris se afilió al personal del InterVarsity Christian Fellowship y ¡ahora es mi supervisor! Desearía que aquellos que leen este libro sean usados por Dios para traer a otros a Cristo. Aparte de adorar a Dios, no hay cosa que satisfaga más profundamente en este mundo que esto.

LA DIFERENCIA ENTRE EL EVANGELIO Y NUESTRO TESTIMONIO

El contenido de nuestro mensaje es Cristo y Dios, no nuestro peregrinaje hacia la fe. Nuestro testimonio personal puede ser incluido, pero testificar es más que recitar nuestra autobiografía espiritual. Las verdades particulares sobre una persona particular son el tema de nuestra proclamación. Un mensaje se nos ha sido encomendado: una palabra de reconciliación al mundo (2 Corintios 5:19).

Las buenas preguntas de evaluación para tener presente después de oír un testimonio son «¿Cuánto aprendí de Cristo? ¿Cuánto del orador? ¿Quién resaltó más?» Cuando dos personas están muy enamoradas, usted los oye hablar de muchas cosas acerca de quién aman y no siempre se enfocan en ellos mismos. Todavía recuerdo el cambio que venía sobre una muchacha muy tímida cada vez que tenía la oportunidad de hablar de su novio. ¡Uno no podía mantenerla callada! Esto también ocurre con un testimonio saludable acerca de Cristo nuestro Amado.

¿Por qué es importante distinguir las verdades del evangelio y nuestro testimonio? En una época de pluralismo religioso, encontramos a muchos que andan testificando. Nunca olvidaré la ocasión cuando había estado hablando con un joven sobre el cambio que Cristo había hecho en mi vida. Su respuesta sincera fue: «Escuchar música de Nueva Era hace lo mismo para mí». ¿Qué hubiera respondido usted? Algunas personas aconsejan poner la fe en un gurú o en una técnica de meditación o en uno mismo o en una relación. Muchos citan experiencias de un cambio de vida. Si nuestro testimonio no tiene ningún contenido de verdad, podemos esperar la respuesta típica: «Eso suena interesante. Me alegro por usted, pero lo que usted tiene no es para mí». ¿Podría imaginarse al apóstol Pablo decir: «He experimentado un sentimiento tan bonito en mi corazón»?

La fe no debe ser considerada como algo aislado («Me gustaría tener su fe») sino como una capacidad dada por Dios que es válida sólo porque nos une con Jesucristo. «Vale la pena observar que los cristianos del Nuevo Testamento nunca intentaron establecer la verdad del cristianismo en sus experiencias interiores.... Dicho de otra manera, nunca encontramos a Pablo tratando de demostrar la verdad del cristianismo a otros 'por la diferencia que ha hecho en mi vida'».[1]

DISTINGUIENDO NUESTRO PAPEL DEL DE DIOS

El punto crucial que debemos recordar en el evangelismo es la diferencia entre nuestra responsabilidad y la de Dios. Nuestra tarea es presentar fielmente el mensaje del evangelio por medio de nuestras vidas y de nuestros labios.[2] Cualquier definición de lo que consiste nuestra tarea y que incluya resultados confundirá nuestra responsabilidad con la prerrogativa de Dios, que es la regeneración. Imagínese una copa de cristal frágil. Ahora piense en una roca del tamaño de una pelota de baloncesto. Imagínese levantar aquella roca y dejarla caer en aquel cristal delicadamente construido. Obviamente será destrozado. A nosotros nos sucederá algo parecido si tratamos de llevar a cabo algo que sólo Dios puede hacer. Plantamos y regamos; Dios da el crecimiento (1 Corintios 3:5-9). Podemos cosechar, pero sólo cuando Dios ha hecho madurar el grano.

La pregunta de si estamos evangelizando no puede resolverse contando el número de los convertidos. En ese caso, muchos misioneros fieles que no han visto convertidos en los años de su trabajo tendrían que ser reprochados por falta de evangelismo. Definir el evangelismo en términos de resultados es una definición muy general. En tal caso su esencia sería una medida cuantitativa: si no hay resultados, entonces no se ha hecho ningún evangelismo. No pretendo sugerir que no deberíamos evaluar nuestros resultados y nuestra falta de resultados, construyendo una santa insatisfacción con la falta de resultados. No estamos contentos cuando nada hemos pescado (Lucas 5:4-11) o cuando hay asientos vacíos en el banquete del reino de Dios (Lucas 14:15-24). ¿Ha suplicado alguna vez usted por la gente perdida con profunda tristeza como lo hizo Jesucristo y Pablo? ¿Ha llorado alguna vez?

Sería también engañoso limitar nuestra definición del evangelismo a cierto tipo de reuniones, de literatura, de invitaciones o porciones de la Biblia usadas. Si hiciéramos esto, entonces nos veríamos avergonzados en encontrar poco evangelismo en el tiempo del Nuevo Testamento. ¿Podría encontrar un ejemplo bíblico de los métodos empleados en las reuniones e invitaciones evangelistas típicas de hoy día?[3] Más bien, debemos evaluar todo supuesto evangelismo que hoy se hace por la pregunta «¿Qué verdad se enseñó?» Si nos equivocamos en nuestra definición del evangelismo, probablemente actuaremos equivocadamente en nuestros métodos de evangelismo.

En la Biblia tenemos muchos ejemplos de cómo testificar de los cuales podemos sacar varios principios. Estudiar el modo en que Jesús se relacionaba con la gente y el modo en que los apóstoles testificaban en el Espíritu puede ayudar a nuestro propio trabajo de testificar. De estos modelos de cómo testificar, sin embargo, mencionaré sólo uno. La porción trata sobre el relato del testimonio de Pablo ante Agripa (Hechos 26:16-29), y esto pone de relieve la característica de un discurso valeroso dirigido a la conciencia.

Pablo se describe como uno puesto por Dios como siervo y testigo (una buena combinación de términos a tener presente). En una serie de contrastes sorprendentes, el objetivo de su misión se resume en nada menos que la conversión. El arrepentimiento y sus evidencias son sus preocupaciones principales. Pablo se enfoca en el cumplimiento de las Escrituras y de la muerte de Cristo y de su resurrección. Él se dirige a la conciencia de Agripa, un elemento tan a menudo descuidado al testificar. El testificar genuinamente implica persuadir a la gente a convertirse, pero sin llegar a evaluar el éxito basado sólo en los resultados.

Hay dos maneras principales en las que podemos estudiar la presentación del Evangelio. Primero, podemos estudiar la Biblia misma, sobre todo el libro de los Hechos, las Epístolas y la vida de Cristo. Segundo, podemos estudiar la historia de la iglesia cristiana. Esto es, podemos mirar las historias de los avivamientos y, en particular, aquellos hombres cuya predicación fue usada en la conversión de otros. De tal estudio, Martyn Lloyd-Jones ha sacado los siguientes principios fundamentales para el evangelismo:

1. La meta suprema de la obra del evangelismo es glorificar a Dios, no salvar almas.
2. El único poder que puede hacer esta obra es el Espíritu Santo, no nuestras propias fuerzas.
3. El único y sólo medio por el cual el Espíritu Santo obra son las Escrituras; por lo tanto, debemos «razonar a partir de las Escrituras» como lo hizo Pablo.
4. Estos principios anteriores nos imparten la verdadera motivación para el evangelismo, que son un celo por Dios y un amor por los demás.
5. Hay un peligro constante de caer en la herejía por un celo equivocado y el empleo de métodos que no son bíblicos.[4]

Al entender que Dios, no nosotros, es el que evangeliza (el que trae resultados) uno es liberado de manera maravillosa. Esto hace la obra de testificar como una aventura en la cual simplemente nos dejamos llevar por Dios mientras que él se mueve. ¡No tratamos de abrir ninguna puerta a la fuerza, sólo entramos por ellas cuando él las abre! En la historia de El León, la Bruja, y el Ropero, C. S. Lewis alegóricamente describe la sensación de cabalgar sobre Cristo (simbolizado por el león Aslan) penetrando en el territorio del enemigo, entre tanto que él confronta el poder del pecado al efectuar el nuevo nacimiento.

«Y ahora,» dijo Aslan a Lucía y Susana... *«tenemos un viaje largo que hacer. Ustedes irán montadas sobre mí...» Y con un gran esfuerzo él se elevó por debajo [de las niñas] y salió disparado colina abajo y, más rápido de lo que ningún caballo hubiera podido, se introdujo en la profundidad del bosque. Quizás esa cabalgata fue, probablemente, lo más bello que les ocurrió en Narnia. Ustedes, ¿han galopado a caballo alguna vez? Piensen en ello; luego quítenle el pesado ruido de las pezuñas y el retintín de los arneses e imaginen, en cambio, el galope blando, casi sin ruido, de las grandes patas de un león. Después, en lugar del duro lomo gris o negro del caballo, trasládense a la suave aspereza de la piel dorada y vean la melena que vuela al viento. Luego imaginen que ustedes van dos veces más rápido que el más veloz de los caballos de carrera. Y, además, éste es un animal que no necesita ser guiado y que jamás se cansa. El corre y corre... Era cerca del mediodía cuando llegaron hasta un precipicio, frente a un castillo... No se veía rostro alguno sobre los muros almenados y las rejas estaban firmemente cerradas. Aslan, sin disminuir en absoluto su paso, corrió directo como una bala hacia el castillo...*

En los momentos que siguieron, el mundo entero pareció girar al revés y las niñas experimentaron una sensación como si sus espíritus hubieran quedado atrás, porque el León, replegándose sobre sí mismo por un instante para tomar impulso, dio el brinco más grande de su vida y saltó—ustedes pueden decir que voló, en lugar de saltó—sobre la muralla que rodeaba el castillo.[5]

He aquí una historia de cómo cabalgué sobre Dios (y sobre las oraciones de una familia cristiana). Todo comenzó con un padre que se hallaba preocupado por un estudiante universitario que quería salir con su hija. Como el joven no era un creyente, el padre y la hija estuvieron de acuerdo que la única «clase de cita» sería los domingos por la mañana en la iglesia. Ellos le dijeron que viniera hablar conmigo acerca de Dios... ¡y lo hizo!

Yo estaba escéptico cuando un delgaducho colombiano con una cola de caballo se sentaba sobre el sofá en mi oficina. En una hora y cuarenta minutos más tarde, mis esperanzas habían nacido y se habían alentado por el interés del joven en cosas espirituales y en la Biblia. Él ya había estado asistiendo a una buena iglesia durante tres meses; el Espíritu de Dios estaba trabajando definitivamente. Cuando le conté la historia de la conversión de dos hombres «religiosos»—del apóstol Pablo y del joven rico y moral—la luz comenzaba a brillar. Él también se consideraba religioso y moral, pero ahora él veía su orgullo, hipocresía y su culpa ante un Dios santo y lleno de amor. Le advertí repetidamente de no jugar con Dios a fin de ganarse el favor de esta joven cristiana. Dos semanas más tarde Pablo vino a contarme su historia. Cuando salió de mi oficina después de la primera visita, él fue a un parque por varias horas y leyó su Biblia, meditó, oró y repasó las Escrituras que habíamos tratado, y finalmente se arrepintió de sus pecados. Él dijo:

> *Al día siguiente fui cambiado. Sentí gozo, paz, perdón. Antes, yo sólo veía la religión como una aceptación mental de ciertos hechos históricos: Jesús vivió en el Medio Oriente; Jesús resucitó de entre los muertos, etc. Ahora siento el significado de esos hechos.*
>
> *Esa noche mis amigos estaban tomando y habían alquilado un vídeo pornográfico. Tan pronto me di cuenta de lo que era, no pude quedarme en la casa. Me levanté y me marché. Jesús no querría que yo mirara eso. Se sorprendieron y se preocuparon por mí. Yo no sabía cómo explicarles. Pero ellos saben que estoy en Dios ahora y aunque recelan, les ha entrado la curiosidad. Más tarde, le escribí una carta a una amiga, que tiene un buen trabajo y dinero, pero se halla deprimida y sola, diciéndole lo que yo había encontrado: «Jesús es el Salvador de nuestros pecados». Ella piensa que sólo soy joven y que tengo a una novia cristiana, y que creceré algún día.*
>
> *Ahora cada día estoy consciente de Dios. Cuando leo la Biblia, es como si lo estuviera escuchando; parece hablarme y llevarme a algún lugar. Ahora estoy más consciente de mi pecado, pero también estoy consciente de mi dolor por pecar ante Dios (Salmo 51), y he experimentado la libertad de la culpabilidad. Cuando me enfrento a tentaciones cada día, me sorprendo de que ahora puedo resistir algunas de ellas. Me siento extraordinariamente más fuerte. Dios se ha hecho más importante que los planes de mi carrera y que la muchacha que me gusta. Yo nunca podría llenar todas las necesidades de ella ni tampoco ella las mías. Cada uno de nosotros necesita que Dios sea el número uno. Parece que Dios ha arreglado aún hasta nuestro verano de modo que nos veamos muy poco el uno al otro por dos meses. Eso está bien. Tengo mucho que leer y evaluar.*

Me gusta preguntarles a los nuevos creyentes, «¿cómo se sienten?» y yo sólo escucho. Por supuesto, lo comparo con las Escrituras. Sobre todo con Primera de Juan, que fue escrita para dar las señales de salvación verdadera y seguridad de salvación. Evito decirles que son salvos. El Espíritu Santo da esa seguridad cuando ellos ven el fruto de una vida cambiada. Cuán agradecido me siento por las oraciones y la sabiduría de la familia cristiana que llevó a Pablo a la iglesia y por una iglesia que da el evangelio «correcto». ¡Maravilloso! ¿Orará y le hablará a alguien hoy? ¿Los invitará a la iglesia?

He comenzado este examen del evangelismo describiendo la idea de lo que es un testigo. Ahora consideremos un estudio bíblico de lo que constituye «el evangelio total». Haremos esto tanto negativamente (por vía de contraste con un evangelio parcial) como positivamente (a través de la presentación de un bosquejo y comentario sobre los elementos centrales del evangelio).

2

El evangelio reducido

Cuál es la diferencia entre estas dos declaraciones? «La cantidad mínima de verdad al máximo número de gente». «La cantidad máxima de verdad al máximo número de gente». Sólo dos palabras: mínima, máxima. Pero estas palabras constituyen una diferencia tan grande como la noche y el día. La primera declaración lamentablemente parece resumir la meta de mucho evangelismo contemporáneo. La segunda describe la meta histórica y bíblica en el evangelismo.

PRESENTANDO EL EVANGELIO

La primera declaración tipifica la manera cómo muchos miran nuestra tarea evangelista. El profesor de evangelismo que describí antes ejemplifica este enfoque. Es cierto, él es un ejemplo extremo. Sin embargo, él ha llevado simplemente a una conclusión lógica las suposiciones que apoyan a la mayoría de los materiales de entrenamiento evangelístico, seminarios y predicadores de hoy día. Muy a menudo se nos dice que consideremos el contenido del evangelio en términos de plan sencillo de salvación con tres o cuatro verdades básicas. Sin embargo, el mandato evangelístico que nuestro Señor nos dio fue «enseñarles a guardar todo lo que os he mandado» (Mateo 28:20). En otra versión de este mandato encontramos de lo que debemos testificar: de Cristo, de la necesidad de sus padecimientos, de la resurrección histórica, del arrepentimiento, del perdón de los pecados (Lucas 24:46-48).

Precisamente —declara el evangelista moderno— sólo debemos repetir unos pocos hechos centrales, ya que Pablo mismo resume el evangelio muy brevemente (1 Corintios 15:3-4) y explícitamente nos dice en el segundo capítulo del mismo libro «Me propuse no saber entre vosotros cosa alguna sino a Jesucristo, y a éste crucificado» (v. 2). Igualmente, muchos de los evangelistas de hoy siguen tratando de demostrar su caso al despojar la teología extensa del evangelio a una cantidad mínima del contenido de verdad. No hay duda que procuran sinceramente ayudar a otros a guiarlos a la salvación, pero pueden terminar engañando peligrosamente a la gente haciendo el evangelio simplista.

¿Es acaso este procedimiento de un evangelio simplista adecuado? ¿Deberíamos reducir y envolver el evangelio como un producto para una distribución fácil? ¿Sería correcto imaginarnos que Pablo simplemente repetía como un loro las palabras «Jesucristo crucificado» por las calles de Corinto? No. Cada una de estas palabras se parece a la punta de un «iceberg» o témpano de hielo que se eleva por encima del agua. Por debajo hay una masa grande de postulados y significados profundos. Sólo cuando luchamos con esto podremos comenzar a entender la naturaleza y la extensión de nuestra tarea evangelística. Por esta razón vemos en el libro de los Hechos a los apóstoles como maestros—razonando, persuadiendo, explicando—involucrados en toda clase de actividad de enseñanza a fin de comunicar tanta verdad como fuese posible a los no creyentes.[1]

J. I. Packer, en su libro El Evangelismo y La Soberanía de Dios, ha indicado que el evangelio era un mensaje complejo, que necesitaba ser aprendido antes de ser vivido y entendido antes de ser aplicado. Por consiguiente, necesitaba ser enseñado. La primera tarea fundamental de Pablo como predicador del evangelio era comunicar conocimiento, plantar la verdad en las mentes de las personas. El enseñar la verdad era la actividad evangelística básica.[2] Aunque los apóstoles como evangelistas mantenían ciertos temas en primer plano, estas doctrinas centrales nunca eran comunicadas en una manera aislada. Estas debían estar relacionadas con todo el consejo de Dios.

Debe haber un contexto dado a los puntos del evangelio o de otro modo no podrá haber comunicación. Debemos, sin embargo, dar lugar a una gran diferencia entre lo que el entendimiento de un cristiano del evangelio debería ser y aquel de un no cristiano que comienza sólo a aprenderlo. Para Pablo, el único método correcto de evangelismo era el método de enseñanza. Por lo tanto, el evangelismo bíblico tiene instrucción extensa —no mínima— como su meta.

En lugar de esta postura bíblica, aproximadamente desde 1900, un nuevo método de presentar el evangelio ha entrado ahora en el campo evangélico por todo el mundo.³ Se cree que debemos hacer el evangelio fácilmente transferible para ganar el asentimiento mental del oyente. Esto ha conducido a la idea «del evangelio sencillo», que supuestamente todos conocemos tan pronto que nos hacemos cristianos. Pero este método nos hace pensar del evangelio como una píldora que curará a todos de la misma manera. Como médicos, la dispensamos libremente. No tenemos que preocuparnos de los síntomas del paciente. No importa cuál sea el síntoma, la píldora lo curará. Así, muchos de nosotros abreviamos nuestro diagnóstico de la enfermedad (pecado), en vez de tomar tiempo para explicar la naturaleza (que crea la enfermedad) pecadora de la persona. Nuestra meta se ha vuelto simplemente en convencer a la gente a que tomen el remedio. Ellos no necesitan conocer el problema, sólo la respuesta. Tal tratamiento, sin embargo, hace el evangelio vulnerable a ser moldeado por los deseos mundanos del pecador o por los caprichos del mundo secular (Jesús como el máximo proveedor, como el libertador de los que han sido abusados, como el terapeuta supremo, como el que afirma mi valor, como estrella de cine, etcétera).

Si completamos el argumento lógico de un evangelismo simplista, no necesitaremos explicar con esmero y de modo persuasivo e ilustrar las doctrinas del evangelio. Por lo tanto, nuestro entrenamiento de evangelismo estará enfocado en impulsar a cada uno a tomar acción (sin importar qué doctrinas del evangelio sostengan) inmediata (apuntar estadísticas de crecimiento demográfico y profetas que «anuncian el fin mundo»). Esta unidad en gran escala de cristianos a favor del evangelismo será sobre la base de una necesidad común de hacer el trabajo y sobre una creencia vaga en la experiencia de conversión, no por un acuerdo teológico en las verdades del evangelio.

¿Ha observado alguna vez que la mayor parte de las conferencias sobre evangelismo se enfocan en métodos pero no en el contenido del mensaje? Este énfasis metodológico no pertenece a una sola denominación, misión u organización. Esto se ha vuelto un distintivo del ambiente evangélico. La mayor parte de cristianos ha leído sólo literatura cristiana popular que data después de 1980. ¿Nos debería sorprender que ellos hayan bebido inconscientemente este «metodismo» junto con su evangelio truncado que se hace pasar por el evangelio entero?

La persona que sólo ha probado el helado de vainilla podría considerar el helado de vainilla con cereza con sospechas al principio. Pensará «¿le habrán añadido otros ingredientes?». Mi súplica es que probemos y veamos la diferencia entre el evangelismo moderno con sus métodos y su evangelio egocéntrico y el evangelio histórico centrado en Dios. No seamos insensibles a la enseñanza clara de las Escrituras, ni ignorantes de la sabia perspectiva del pueblo de Dios que se ha mantenido en el curso del cristianismo histórico en épocas anteriores a la nuestra. El evangelismo egocéntrico también acorta el mensaje. Se enfoca en desarrollar relaciones con otros y lo atractivo de éstas de tal manera que rebaja a Dios. Fomenta y extiende mayor división doctrinal entre verdaderos cristianos al dar lugar a que los mensajes más ambiguos del evangelio cobren vigencia.[4] Un enfoque centrado en métodos toma la Biblia como una simple fuente «de textos evangelísticos» más bien que como un libro cuyo enfoque total es Cristo. En realidad la Escritura entera puede ser usada en el evangelismo porque trata enteramente de Cristo.

Para obtener una visión clara del evangelio en su totalidad debemos arrancar primero las malas hierbas del evangelio egocéntrico que han crecido con exceso. Uso el término egocéntrico o «centrado-en-mí» para referirme tanto al modo en que los cristianos presentan el evangelio cuando testifican como al modo en que los no cristianos se imaginan la vida. Los cristianos a menudo se apoyan en sus propias capacidades y métodos y en un evangelio deficiente. Ellos también se vuelven egocéntricos cuando se enfocan en sus temores, culpabilidad, debilidades, etcétera. Los deseos de los no cristianos también son egocéntricos, girando en torno de sus méritos, capacidades y necesidades superficiales. Ellos rebajan a Dios y piensan que la fe significa reformar sus vidas por sus esfuerzos propios. El cristiano puede acabar presentando un evangelio «egocéntrico», al cual el no cristiano responderá fácilmente. Principalmente, el enfoque «egocéntrico» se refiere a una teología que supone que el Dios Trino no está coordinado en cuanto a quién debe ser salvo y que las personas tienen la capacidad o el potencial para escoger a Cristo. Los pecadores sostienen la llave que les abre la puerta de la salvación.

Entonces, ¿cuál es el método o el evangelismo egocéntrico? ¿Cómo se diferencia esto del evangelismo centrado en Dios? Permítame continuar con mi definición contrastando en el Diagrama 1 algunos aspectos del contenido del evangelio que cada perspectiva enfatiza. Mucho evangelismo se halla entre estas dos perspectivas.

Diagrama 1. Contrastes en el contenido del Evangelio

Centrado en mí (Egocéntrico)	Centrado en mí (Egocéntrico)
Perspectiva de Dios	
Punto de contacto con los no cristianos es amor (Dios te ama). La autoridad de Dios es debilitada	Punto de contacto con los no cristianos es creación (Dios te hizo). Dios tiene los derechos de propiedad de tu vida diaria y de tu destino.
El amor es atributo principal de Dios.	La justicia y el amor son atributos igualmente importantes de un Dios santo.
Dios es impotente ante la voluntad del pecador.	Dios puede conferir poder a la voluntad del pecador.
Las personas de la Trinidad tienen diferentes objetivos al planear y efectuar la salvación que al aplicarla.	Las personas de la Trinidad trabajan en armonía; la salvación es planeada, es efectuada y es aplicada a la misma persona
Conclusión Dios es un amigo que te ayudará.	Dios es un rey que te salvará.
Perspectiva de la humanidad	
Caída pero aún tiene la capacidad (o el potencial) para escoger el bien y a Dios.	Caída e incapaz de venir a Dios por fuerza de su propia voluntad.
Busca la verdad pero carece de información de hechos verdaderos.	La mente se halla en enemistad contra Dios; nadie busca a Dios.
Necesita amor, ayuda, amistad y una nueva vida.	Necesita una nueva naturaleza (mente, corazón, la voluntad), regeneración.
Comete errores, es imperfecta, necesita el perdón de pecados específicos.	Se rebela contra Dios, tienen una naturaleza pecadora, necesita reconciliación.
Necesita salvación de las consecuencias del pecado: desdicha, infierno.	Necesita salvación de la culpabilidad y de la esclavitud del poder del pecado y del infierno.
Conclusión La humanidad se halla enferma e ignorante.	La humanidad se halla espiritualmente muerta y perdida.
Perspectiva de Cristo	LSalvador del pecado, de una naturaleza
Salvador de fracasos, de pecados y del infierno.	pecaminosa y del infierno.
Él existe para nuestro beneficio	Él existe para edificar un reino y recibir honor y gloria.
Su muerte fue más importante que su vida justa que cumplió la ley de Dios.	Su muerte y su vida, que cumplieron nuestra obligación que Dios demanda, son igualmente importantes.

EL EVANGELIO REDUCIDO

Perspectiva de Dios Punto de contacto con los no cristianos es amor (Dios te ama). La autoridad de Dios es debilitada	Punto de contacto con los no cristianos es creación (Dios te hizo). Dios tiene los derechos de propiedad de tu vida diaria y de tu destino.
Enfatiza su papel de Sacerdote, como Salvador	Enfatiza sus papeles de Sacerdote, de Rey y de Profeta.
Conclusión Una actitud de sumisión al señorío de Cristo es opcional para la salvación.	Una actitud de sumisión al señorío de Cristo es necesaria para la salvación.
Perspectiva de Responder a Cristo Una invitación que espera ser aceptada ahora.	Una orden amorosa que debe ser obedecida ahora.
Nuestra elección es la base para la salvación. Dios responde a nuestra decisión.	La elección de Dios es la base para la salvación. Respondemos a la iniciativa de Dios.
Damos un asentimiento mental a las verdades del evangelio, hacemos una decisión.	Respondemos con toda nuestra personalidad (mente, corazón, voluntad), hay conversión.
El llamado se hace apelando a los deseos del pecador.	La verdad es asentada en la conciencia del pecador.
Salvo sólo por la fe, el arrepentimiento es dejado fuera porque se considera como «obras».	Salvo sólo por la fe, la fe salvadora siempre es acompañada con el arrepentimiento.
La seguridad de salvación viene de un consejero de evangelismo que emplea las promesas de Dios y declara al nuevo creyente como salvo.	La seguridad de salvación proviene del Espíritu Santo que aplica promesas bíblicas a la conciencia y efectúa una vida transformada.
Conclusión Los pecadores tienen la llave en sus manos.	Dios tiene la llave en su mano.

Puesto que la salvación nos beneficia, no hay un contraste absoluto entre las dos perspectivas. Somos ayudados, amados y recompensados en el evangelio de Dios. Dios centra sus planes en salvar a su pueblo. Sin embargo él lo hace en una manera en que él se magnifica a sí mismo. Cuando leemos el Diagrama 1 muchos se encontrarán en algún lugar en medio de estas dos perspectivas. Es importante ser tolerantes en nuestro diálogo dentro de la comunidad cristiana. Sin embargo, no nos atrevemos a descuidar el trato de cuestiones importantes que involucran verdades fundamentales. Si el Diagrama 1 nos estimula a reexaminar nuestro mensaje evangelístico, habrá logrado su objetivo. El punto es que la teología es fundamental y va a moldear (consciente o inconscientemente) nuestros métodos de testificar.

Quiero ahora desarrollar con cuidado lo que me parece una gran diferencia entre el evangelismo bíblico y el evangelismo moderno. Se puede resumir en tres maneras: un evangelio completo contra un evangelio reducido; un evangelio centrado en el mensaje contra un evangelio centrado en el método; un evangelio centrado en Dios contra un evangelio egocéntrico.

UN EVANGELIO COMPLETO vs. UN EVANGELIO REDUCIDO

¡Qué peligroso es cuando una verdad a medias se presenta como una verdad completa! Por ejemplo, la verdad de que Dios es amor es una parte maravillosa del evangelio. Sin embargo, si toda la presentación del evangelio se edifica principalmente sobre esta verdad, resultará en una deformación. Los pecadores se tranquilizarán con la idea de que Dios los ama y buscarán una excusa para posponer el arrepentimiento. Esta verdad bíblica es invertida por el no cristiano para que diga, «el amor es Dios». Por consiguiente se ha substituido por una definición humana del amor (que es algo agradable, tolerante, consentidor), y los pecadores encontrarán gran alivio en esta personificación y deificación del amor. La deidad del amor estará programada para tratarnos sólo con benignidad. Nos habremos hecho un dios de «papilla». Una verdad bíblica de este modo se ha alterado en una excusa para alimentar la auto-complacencia. Tal perspectiva de Dios contribuye a la idea tan común (aún entre cristianos) de que Dios está obligado a salvarme. La humanidad creada es puesta al mismo nivel del Creador y su autonomía, y la salvación por la gracia ha sido socavada diabólicamente.

Pero, ¿qué pasa si la verdad que Dios es amor es equilibrada con la verdad que Dios es luz? Dios es moralmente puro y santo. Él es un juez justo. Él está airado contra el pecado y castigará a aquellos que persisten en él. Con este equilibrio al amor de Dios se le ha impartido ahora una firmeza moral. Se puede percibir como un amor fuerte, no como un sentimentalismo enfermizo. Que Dios pueda todavía amar a pecadores y libremente ofrecerse a todos los que creen llegan a ser noticias asombrosas. Una buena pregunta para evaluar cualquier presentación evangelística de Dios es: «¿Se definió la naturaleza de Dios de una manera clara y sus implicaciones fueron inculcadas en la mente y en el corazón de una manera amorosa y firme?»

Otro ejemplo de una verdad a medias que se encuentra en mucha literatura evangelística es esta: «El hacerse cristiano significa ser feliz, satisfecho, y vivir una vida emocionante y de aventuras». Pero ¿y qué del otro lado de la moneda? En el evangelismo también deberíamos mencionar el sufrimiento y el costo del discipulado. Quizás si usted lee un ejemplo de la literatura evangelística le ayudará a ver lo que estoy diciendo. Presento tres ejemplos, todos ellos pretenden contener suficiente evangelio de modo que respondiendo a lo que está escrito, usted será salvo. No se ofrecen sólo para abrir camino al evangelismo. He aquí un folleto evangelístico que consiste en la mayor parte de citas bíblicas. ¿Qué piensa del título, del final y del énfasis en general?

Le presento a mi Amigo

Él es fiel.
«Aunque mi padre y mi madre me dejaran, con todo, Jehová me recogerá». (Salmo 27:10).

Él es el camino a Dios el Padre.
«Jesús dijo... Yo soy el Camino, la Verdad, y la Vida; nadie viene al Padre, sino por mí». (Juan 14:6).

Él ya lo ama.
«Mas Dios muestra su amor para con nosotros, en que siendo aún pecadores, Cristo murió por nosotros». (Romanos 5:8).
«Por cuanto todos pecaron, y están destituidos de la gloria de Dios». (Romanos 3:23).

Él quiere darle vida eterna.
«Cree en el Señor Jesucristo, y serás salvo». (Hechos 16:31).
«Porque de tal manera amó Dios al mundo, que ha dado a su Hijo unigénito, para que todo aquel que en él cree, no se pierda, mas tenga vida eterna». (Juan 3:16).

Él es el único que puede darle vida eterna.
«Y en ningún otro hay salvación; porque no hay otro nombre bajo el cielo, dado a los hombres, en que podamos ser salvos». (Hechos 4:12).

Él no rechazará a nadie.
«Él que a mí viene, no le echo fuera». (Juan 6:37).
Ahora que ha conocido a mi Amigo, ¿no cree que usted debería entregarle su vida en sus manos ahora y para la eternidad? Ahora mismo usted puede tomar al Señor Jesucristo como su propio Salvador y Amigo personal.[5]

Una falta de entendimiento de las doctrinas del evangelio puede engañar al pecador y al creyente en sus obligaciones. El pecador es engañado en cuanto a quién es Dios y el peligro que le espera. El creyente presenta un evangelio a medias, muy semejante al anuncio tendencioso que invita a la gente a «afiliarse a la Marina y ver el mundo». Muchos de nuestros tratados evangelísticos y la mayor parte de nuestro entrenamiento evangelístico, si no han caído en error, carecen tristemente de cómo ayudarnos a definir exactamente quién es Dios, quiénes somos y qué es el pecado. Cristianos bien intencionados han adoptado fórmulas fáciles que conducen a muchos a «un creyentismo fácil» y a una gracia barata. A. W. Tozer, un predicador y autor renombrado de la Iglesia Alianza, comenta: «Callada y encubiertamente en estos tiempos modernos se ha introducido una nueva cruz dentro de círculos evangélicos populares. Se parece a la antigua cruz, pero es diferente: las semejanzas son superficiales; las diferencias son fundamentales.... Este nuevo evangelismo emplea el misma vocabulario que el antiguo, pero su contenido no es el mismo y su énfasis no es como antes».[6] Sin juzgar motivos, llamémonos los unos a los otros a un estudio renovado de todo el consejo de Dios que pertenece a la planificación, iniciación, ejecución y cumplimiento de la salvación.

UN EVANGELIO CENTRADO EN EL MENSAJE vs.
UN EVANGELIO CENTRADO EN MÉTODOS

¿Qué es evangelismo centrado en métodos? Observe detenidamente el contenido de la mayor parte de conferencias sobre evangelismo y compare la proporción del material empleado en aclarar el mensaje del evangelio con semejantes métodos. Considere la técnica de cantar muchas cantos conectados con invitaciones largas y urgentes al final de un servicio evangelístico. Este método se defiende con el argumento de que «se debe despertar una decisión del no-cristiano». ¿Ha exhortado alguna vez a alguien a «poner a prueba a Dios»? Existe un método entero de evangelismo basado en esta idea de probarlo por una semana. Usted ora, y pone a Dios a prueba por un tiempo y ve si él da mejor resultado que otras cosas que ha intentado. Pero esto es atrevimiento y el atrevimiento no es fe.

En el nuevo evangelismo, el contenido doctrinal es menospreciado, y el énfasis cae en métodos de cómo vender el evangelio a la gente. A menudo esto toma la forma de procurar que la experiencia de conversión de un no cristiano sea semejante a la del que está evangelizando. Sin embargo, las Escrituras declaran la prioridad de la verdad por encima de la experiencia. El énfasis de la Biblia es hacer que nuestra experiencia se acomode a la verdad revelada, no comenzar con nuestra experiencia (sin importar cuán hermosa o provechosa nos haya sido) y luego fabricar una doctrina para que otros la imiten. El modelo para testificar no debe ser un agente de relaciones públicas que habla bonito, sino de un embajador con la proclamación de un Rey.

La doctrina y la vida, la verdad y la práctica de aquella verdad han sido unidas por Dios. Nuestro mensaje va a moldear nuestros métodos evangelísticos y gobernar nuestras experiencias espirituales. No debemos usar medios inapropiados para presentar al Dios de la verdad. Los medios electrónicos modernos (radio, TV, películas, computadoras, etcétera) tienen gran potencial para el evangelismo si retienen el contenido teológico y evitan la manipulación.

Al conocer la verdad, seremos hechos libres. La gente debe ser conducida para buscar a Cristo sólo por la fuerza de las verdades del evangelio y no por nuestra confianza en las últimas técnicas de persuasión del mundo de negocios o por las recientes artimañas psicológicas propagadas por promotores de desarrollo personal. No debemos tratar de atraer a la gente por métodos que apelan principalmente a sus deseos egoístas. Es erróneo apelar a los intereses del no cristiano diciéndole que el evangelio ofrece lo mismo que el mundo: éxito, admiración, salud, sanidad emocional, etcétera. A. W. Tozer señala que cualquier cosa que el mundo bajo pecado está pidiendo en ese momento en una manera sutil resulta ser lo mismo que el nuevo evangelio ofrece, sólo que el producto de la religión es mejor. Las necesidades de la gente deberían ser sólo un punto para comenzar la conversación.

He encontrado tres preguntas provechosas para protegerme contra este error: ¿Se presentaron los puntos de la verdad del evangelio de una manera clara de modo que una respuesta significativa fuera posible? ¿Fue la conciencia sondeada por la porción bíblica apropiada, o sólo reforzó sus deseos pecaminosos? ¿Se dio la impresión de que ellos pueden decidirse por Cristo por sus propias capacidades cuando les sea conveniente?

Considere este tratado evangelístico que fue escrito para conducir a una persona a Cristo, tomando en cuenta estas preguntas.

¿Cuál es su juego favorito?
Los juegos son un pasatiempo común, se dé cuenta uno de ello o no. No hablo de juego de damas o fichas de dominó o el ajedrez, sino de los juegos sociales que ideamos para hacernos sentir más cercanos a otra gente.

Una muchacha pone su radio cada noche justo a tiempo para oír al locutor decir: «Y ahora que tenga muy buenas noches». Es una voz humana que le habla.

Una abuela va de compras y compra otro sombrero innecesario. Ella está decepcionada porque su marido tiene que salir de la ciudad otra vez. De manera que sale para comprar algo nuevo que curará aquel sentimiento de vacío.

Una mujer invita a otra a salir a almorzar. Toman su café y su conversación gira en torno a ellas; pero ellas nunca realmente entran en contacto.

¿Qué es lo que andamos buscando en la vida? ¿Qué es realmente lo que queremos? ¿Qué nos mueve día tras día, mes tras mes, año tras año?

Nuestras necesidades son muchas. Gritamos «dame» con nuestras actitudes, nuestra mirada, nuestra conversación, nuestras acciones. Encontramos muchas respuestas substitutas, pero siempre hay un hueco grande que pide ser llenado. Invertimos tanto en una colección asombrosa de cosas: proyectos de trabajo, televisión, deportes, clubes, viajes, entretenimiento, servicio voluntario, fiestas, drogas.

Pero si somos honestos, tendremos que confesar que la satisfacción humana que recibimos crea un deseo para una satisfacción aún mayor de la que hemos experimentado. La necesidad más profunda de todos es encontrar lo que algunas personas llaman «armonía interior». Algunos le llaman «paz del alma» o «paz con Dios».

La verdad sobre nuestras actividades humanas es que por un lado satisfacen nuestras necesidades más profundas y por otro lado no las satisfacen. La vida se gasta, en el intento de vencer la separación que es común a personas en todas partes. La expectativa de pertenecer realmente a alguien nos conduce en una búsqueda constante. Conocemos la experiencia maravillosa cuando encontramos la persona que comparte lo mismo que nosotros. ¡Pero también sabemos que tarde o temprano esa persona especial no es suficiente!

No hay nada que sustituya el conocer a Dios. Él nos hizo en su propia imagen, y nuestro reencuentro con él es el fundamento para todo lo demás que buscamos. No hay ninguna relación o diversión que satisfaga esta búsqueda insaciable. El único modo de hallar satisfacción es decirle «sí» a Dios, que es amor. Cuando decimos «No» a su voluntad, no sólo estamos fuera de lugar con él, pero también fuera de una relación con nuestro prójimo.

La gente ha estado tratando de unir sus existencias separadas desde que el mundo comenzó. Pero Dios ha pasado ya por encima de ese abismo. Cristo Jesús vino a nuestro mundo en una forma humana que podemos entender. Él vino como un siervo, para decir «sí» a todo lo que Dios demandaba de él. Él se hizo obediente hasta la muerte de cruz de modo que pudiéramos ser salvos de nuestro aislamiento.

Si todo esto es verdad, entonces usted está gastando su tiempo jugando juegos para obtener satisfacción. Considere decir «sí» a Jesucristo, porque para esto usted fue hecho. Y usted no estará satisfecho jamás hasta que usted se «una» con Jesucristo.

EL EVANGELISMO CENTRADO EN DIOS vs. EL EVANGELISMO EGOCÉNTRICO

El evangelismo egocéntrico contiene algunas verdades bíblicas. Sin embargo están distorsionadas, porque el error resulta cuando la verdad es presentada fuera de contexto. Allen Harris ha descrito los resultados de centrarse sólo en la persona de tres maneras:

1. Engaña a los no cristianos: los no creyentes confían en su «decisión» como una seguridad de salvación.
2. Perturba a los ya cristianos: los ya creyentes buscan otra etapa en su vida cristiana, a menudo llegan a desilusionarse.
3. Deshonra a Dios: personas que profesan salvación con vidas que no han sido cambiadas. La mayoría de nosotros probablemente se halla en algún lugar entre un evangelismo centrado en Dios y un evangelismo egocéntrico.

Que Dios nos ayude a no impugnar el carácter de Dios cuando testificamos. Que el Dios de quien testificamos concuerde con el Dios que adoramos. Nuestro evangelismo tiene que enfatizar a un Dios de santidad, no sólo a un Dios que existe para darnos buenos momentos y sentimientos agradables. Obtuvimos la redención a través de un Salvador soberano más bien que a través de una relación con él como un simple amigo. La vida de un cristiano debe ser radicalmente diferente, no semejante al mundo. El evangelismo egocéntrico no es bastante radical en su oposición a la naturaleza humana pecadora. A.W. Tozer otra vez nos ayuda a ver esto, llamándole «la nueva cruz».

La nueva cruz no mata al pecador; lo envía por una nueva dirección. Lo orienta a un modo más limpio y más alegre de vivir y protege su respeto de sí mismo. Al presumido le dice: «Ven y afírmate para Cristo». Al egotista le dice: «Ven y jáctate en el Señor». Al que anda tras las emociones le dice: «Ven y disfruta la emoción de la vida cristiana abundante». La idea detrás de esta clase de cosas puede ser sincera, pero su sinceridad no la guarda de ser falsa. Ignora por completo el significado entero de la cruz. La cruz es un símbolo de muerte. La cruz representa el final abrupto y violento de una persona. Dios salva al individuo liquidándolo y luego levantándolo a una vida nueva. El grano de trigo debe caer en tierra y morir. Dios entonces imparte vida, pero no una vieja vida mejorada. Quienquiera que desee poseerla debe pasar bajo la vara. Él debe negarse a sí mismo y concurrir con la sentencia justa de Dios contra él. ¿Cómo puede esta teología transformarse en vida? Sencillamente, el no cristiano debe arrepentirse y creer. Él debe abandonar sus pecados y luego continuar abandonándose a sí mismo. Que nada encubra, que nada defienda, que nada justifique. Que no procure hacer tratos con Dios, sino que incline su cabeza ante el golpe del desagrado severo de Dios y reconózcase a sí mismo digno de muerte.[8]

A la luz de las palabras de Tozer, ¿qué piensa usted de este siguiente tratado evangelístico?

Usted es una persona hermosa

> Pero—aún la gente hermosa tiene problemas. Problemas como de la Vida (?) de la Eternidad (?) del Pecado (?) de Dios (?) de Dios (?) (!) ¿Qué tiene que ver Él con esto? Todo, Como, trate esto—

Jesucristo dijo:

> Como está escrito, no hay ninguno justo, no, ni siquiera uno. Yo soy el camino, la verdad, y la vida; nadie viene al Padre, sino por mí. Yo soy la luz del mundo; el que me sigue no andará en tinieblas, sino que tendrá la luz de la vida. Yo soy la puerta; el que por mí entrare, será salvo. Él que cree en él no es condenado;

pero el que no cree ya ha sido condenado, porque no ha creído en el nombre del Unigénito Hijo de Dios.

¿Le parece duro? ¡Deténgase!

Le comunico esto porque creo que es el mensaje más importante en el mundo. Dios lo ama, no importa quién sea usted o lo que usted sea. Él envió a Su Hijo, Jesucristo, a morir como pago por sus pecados. ¡Eso es amor! Pero Cristo no sólo murió por usted, ¡Él resucitó de los muertos y ahora vive! Jesucristo es un Salvador vivo. Él vive para darle verdadero gozo, verdadera paz, y una esperanza eterna.

Ahora bien, ¿cómo puede usted conocer a este Cristo como su Salvador personal?

Bueno, Cristo dijo: «He aquí, estoy a la puerta, y llamo; si alguno oye mi voz, y abre la puerta, entraré a él». Recibir a Cristo implica entregarse completamente a Dios, confiando en Cristo para perdón de sus pecados, y permitiéndole tener el control de su vida. La Biblia dice: «Todo el que invocare el nombre del Señor será salvo». ¡Escuche! ¡Ahora es el momento para que usted acepte a Cristo como su SALVADOR! No lo deje para más tarde. Dios advierte en su Palabra, «Ahora es el tiempo aceptable; he aquí, ahora es el día de salvación»[9]

Aunque usted rechace tratados evangelísticos como un medio de evangelismo, sin embargo la mayor parte de nuestras conversaciones y diagramas del evangelio reflejan deficiencias similares. ¿Por qué nos sentimos tan satisfechos con expresiones inadecuadas de las verdades salvadoras del amor de Dios y de las normas de Dios? Preguntas: ¿Hay algo erróneo acerca de cómo hacerse cristiano, en cómo vivir la vida cristiana? ¿Se ha dejado a la persona inexcusable, dándose cuenta de que Dios sería justo en arrojarla al infierno eterno? ¿Se ha explicado el arrepentimiento? ¿Hay un énfasis en la abnegación y en el costo de seguir a Cristo?

¿SE ESTÁ PRESENTANDO EL EVANGELIO VERDADERAMENTE?

En un evangelio centrado en Dios, la gracia es central. Dios es exaltado en cada punto en su ejecución; desde su designio en toda la eternidad hasta su ejecución en Cristo y su aplicación a su pueblo. Nuestro Rey tiene la seguridad de recibir un reino y no será ni frustrado por la resistencia humana, ni se verá obligado a salvar a sus criaturas debido a sus supuestos derechos que ellas reclamen de su favor. Nos regocijamos en los beneficios recibidos de un Dios benévolo, pero nos gloriamos sólo en nuestro Dios y en la defensa de su honor por encima de cualquier bien que venga (o deje de venir) sobre la humanidad.

Unos pueden decir que el ogro del evangelismo egocéntrico no es tan común como lo he indicado. Al contrario, digo que lo es. Sólo tenemos que examinar el ambiente de la iglesia evangélica para encontrarlo. Observe detenidamente los estantes de una librería cristiana y descubra los libros que mejor se venden. Mire a los tele-evangelistas. Escuche las estaciones cristianas contemporáneas de radio. Averigüe lo que se enseña, si es que algo se enseña, en los grupos de juventud de la iglesia después que terminan las actividades y los juegos. Investigue lo que les pasa a todos aquellos que «se convierten» después de dos años. Interrogue a estudiantes de escuelas cristianas que abandonaron la fe cristiana que dicen: «lo intenté, pero no funcionó». ¿Qué evangelio fue el que ellos intentaron?

También podemos observar nuestros propios corazones y nuestra práctica evangelística y descubrir cuán lamentablemente somos inconstantes. Nuestra predisposición a minimizar la existencia del infierno refleja la tendencia que tenemos a poner en riesgo el evangelio. Yo solía evitar aún el mencionar el infierno. No quería asustar a la gente. Estaba consciente de que la gente podría ser manipulada y buscar la salvación como una simple «salida de emergencias».

Pero una parte de decir la verdad es reafirmar la realidad y el peligro del infierno, del cual la Biblia habla tan claramente. Jesús dijo: «Temed a aquel que después de haber quitado la vida, tiene poder de echar en el infierno» (Lucas 12:5). El escritor de la carta a los Hebreos dijo: «Porque si pecáremos voluntariamente después de haber recibido el conocimiento de la verdad, ya no queda más sacrificio por los pecados sino una horrenda expectación de juicio, y de hervor de fuego que ha de devorar a los adversarios...Horrenda cosa es caer en manos del Dios vivo» (Hebreos 10:26-27, 31). El rey sabio Salomón dijo: «El hombre que después de mucha represión endurece la cerviz, de repente será quebrantado sin remedio». (Proverbios 29:1 LBLA). Y el apóstol Juan dijo: «Y el que no se halló inscrito en el libro de la vida fue lanzado al lago de fuego». (Apocalipsis 20:15).

Una vez le pedí a un joven atleta que leyera el folleto Ultimate Questions10 [Preguntas esenciales], el cual es una descripción cuidadosa, breve y comprensible del evangelio. Al final de nuestra segunda plática, salimos del restaurante y nos detuvimos en una intersección ocupada. Yo había cambiado el tema a los deportes, pensando que debería ser amable y cuidadoso de no comunicar presión alguna para responder a Cristo. Pero él de repente confesó: «Will, si yo fuese atropellado por uno de estos carros y muriese, sé que iría directamente al infierno». Desconcertado, sin embargo no queriendo mostrarme indiferente, rápidamente confirmé su conclusión. Dos semanas más tarde él le pidió a Dios que lo salvara. Él vio las consecuencias de la incredulidad y fue humillado y motivado para venir a Cristo. Muy frecuentemente la gente no ve el verdadero peligro en que está. A menudo tienen un sentimiento extraño que el mal es algo real y que algún tipo de castigo o infierno existe, pero no creen que alguna vez ellos serán afectados por estas realidades.

Sintiéndose satisfechos de sí mismos, continúan ignorando los asuntos de la vida y de la muerte. Como cristianos, muchas veces aceptamos también esto. Hay un tiempo para advertir contra la postergación. Mantenerse neutral no es una opción cuando el Rey (Jesucristo) publica una orden de creer y un Salvador que lo llama amorosamente a seguirlo.

Tim Keller es el pastor de una iglesia próspera que alcanza la población cosmopolita de la ciudad de Nueva York. Un alto gerente de empresas que había logrado un gran éxito económico y que había vivido en tres países, le declaró a Tim la objeción principal que las personas seculares tienen contra el cristianismo bíblico. Él dijo: «No puedo creer que la gente va al infierno sólo porque no creen en Jesús.... Dios es amor». Aquí está un resumen de la respuesta de Tim:

> *El pecado esclaviza. Yo no defino el pecado como simplemente quebrantar reglas, sino también como el «fabricar algo más que Dios como objeto de nuestros valores primordiales». Estas cosas buenas, que se convierten en dioses, nos conducirán despiadadamente, esclavizándonos mental y espiritualmente, hasta al infierno para siempre si les permitimos hacerlo.... Cuando el pecado se ve como una esclavitud, y el infierno como el muladar eterno del universo, elegido libremente, el infierno se hace mucho más comprensible.*
>
> *La tolerancia es exclusiva también. Nada es más característico del modo de pensar moderno que la declaración «pienso que creer en Cristo*

está bien, pero también creo que un musulmán devoto o un budista o incluso un buen ateo encontrará ciertamente a Dios». *Esta perspectiva es vista como más generosa o inclusiva.*

Señalo que la religión universal de la humanidad es ésta: Fabricamos un registro de buenas obras y se lo damos a Dios, y luego él nos recompensará. El evangelio es: Dios fabrica un registro de buenas obras y se lo damos a Dios, y luego Él nos recompensa (Romanos 1:17). En resumen, decir que una persona buena, no sólo los cristianos, puede encontrar a Dios es decir que las buenas obras bastan para encontrar a Dios. Pero esta perspectiva aparentemente inclusiva es en realidad totalmente exclusiva. Esta perspectiva dice: «La gente buena puede encontrar a Dios, y la gente mala no lo puede encontrar». ¿Qué significa esto para aquellos de nosotros que somos un fracaso moral? Somos excluidos.

Así que vemos que ambas perspectivas son exclusivistas, pero la perspectiva del evangelio es más exclusiva y más inclusiva. Con júbilo proclama: «No importa quién sea usted o lo que ha hecho. No importa si ha estado en las puertas del infierno. Usted puede ser recibido y abrazado total e inmediatamente por Cristo». La salvación en el cristianismo es más personal. La perspectiva postmoderna «compasiva» en cuanto al infierno declara: «No importa si crees en Cristo, con tal que sigas su ejemplo». Pero decir eso es decir que la esencia de la religión es algo intelectual y ético, no personal. Si cualquier persona buena puede encontrar a Dios, entonces el meollo primordial de la religión consiste en entender y seguir las reglas.

No hay amor sin ira. Yo respondo a la gente que dice: «¿Qué clase de Dios de amor es uno que se llena de tal ira como para enviar a la gente al infierno para sufrir eternamente?» al señalarles que un Dios sin ira no puede ser un Dios de amor. En su libro *La Esperanza Tiene Sus Motivos*, Becky Pippert escribe, «Piense cómo nos sentimos cuando vemos a alguien que amamos destruido por relaciones o acciones imprudentes. ¿Acaso respondemos con una tolerancia benigna como lo haríamos hacia extraños? De ninguna manera.... El enojo no es la parte contraria del amor. El odio lo es, y la forma decisiva del odio es la indiferencia». Pippert luego cita a E. H. Gifford: «El amor humano nos ofrece una verdadera analogía: cuánto más un padre *ama a su hijo, tanto más odia al borracho, al mentiroso, al traidor en él». Ella concluye: «la ira de Dios no es una explosión caprichosa, sino su oposición determinada al cáncer del pecado que está carcomiendo las partes internas de la raza humana que él ama con todo su ser». En última instancia, es sólo debido a la doctrina del juicio y del infierno que la proclamación de Jesús de gracia y de amor es tan maravillosa y sorprendente.[11]*

El evangelismo de hoy a menudo rebaja la suprema majestad de Dios. Mike Yaconelli, un escritor consciente de tendencias culturales, nos recuerda que un temor grande apropiado puede realmente resolver y mitigar muchos de nuestros temores dolorosos pero pequeños.

La tragedia de la fe moderna consiste en que ya no somos capaces de ser aterrorizados. Ya no tenemos temor de Dios, ya no tenemos temor de Jesucristo, ya no tenemos temor del Espíritu Santo. Como resultado, hemos terminado con un evangelio centrado en necesidades que atrae a miles... pero que no transforma a nadie.

Lamentablemente, aquellos de nosotros que se nos ha confiado con las Buenas Nuevas aterradoras y espantosas del evangelio nos hemos vuelto obsesionados en fabricar un cristianismo sin riesgos. Hemos «descolmillado» el tigre de la Verdad. Hemos domado el león y ahora el cristianismo es tan razonable, tan aceptado, tan admisible.

Nuestro mundo está cansado de gente cuyo Dios es un dios domesticado. Tiene anhelos de ver gente cuyo Dios es grande, santo, aterrador, pero a la vez benigno y tierno... un Dios cuyo amor al atemorizarnos nos atrae a sus brazos fuertes y poderosos donde él desea susurrar aquellas palabras aterradoras: «Te amo».[12]

LA VERDAD: LA CINTA MEDIDORA DEL EVANGELISMO

Deberíamos estar preocupados porque el mensaje del evangelio está siendo suavizado en nuestros días, y una de sus consecuencias es la devastación en muchos corazones juveniles. Conozco a aquellos que dicen: «Yo sé que soy cristiano; aquí está la tarjeta que firmé hace cinco años. Además, el consejero me dijo que nunca dudara de mi salvación». Tristemente vemos su Biblia llena de polvo, arrinconada en un estante. Nadie, ni aún el evangelista más dedicado que se centra en Dios, puede evitar abortos espirituales y bebés deformados. Por otra parte, no estoy diciendo que el evangelio se ha perdido totalmente o que Dios no puede trabajar a menudo a través de una presentación evangelística defectuosa. Él es un Dios soberano. Nadie puede reclamar que tiene el resumen perfecto del evangelio o el método correcto para cada situación. Todos somos humillados por el soberano y misericordioso Dios que obra como él quiere para traer a alguien a él mismo. La cantidad de verdad que Dios usará para regenerar a una persona es algo que no podemos dictar. Dios, en el viento del Espíritu, sopla donde él quiere. Pero aún así, es la verdad lo que Dios siempre usa; nunca son nuestras herramientas (folletos, planes, programas u oradores famosos) las que funcionan en el evangelismo. Todo el éxito se debe a Dios. A él solo sea la gloria.

Sin embargo, la soberanía de Dios nunca nos absuelve de nuestra responsabilidad. Si no estamos dispuestos a aprender el evangelio completo, entonces no estaremos dispuestos a glorificar a Dios en todo lo que hagamos. ¿Estamos satisfechos en seguir modelos de evangelismo dictados por evangelistas que predican un evangelio egocéntrico (aun con buenas intenciones) y que han reducido el mensaje e inconscientemente han adoptado técnicas inapropiadas para comunicar el evangelio de la gracia de Dios? ¿Estamos dispuestos a evaluar humildemente nuestra práctica de testificar a otros de Cristo y todo lo demás que usamos que profesa ser material «evangelístico» por este criterio: ¿Qué verdad fue enseñada?

En este esfuerzo de evaluar el carácter del evangelismo contemporáneo, ha sido necesario hablar enérgicamente y por vía de contrastes de modo que yo pudiera comunicar lo que me inquieta en la nueva reducción del evangelio. Las diferencias entre cristianos deben ser entendidas y confrontadas honestamente. Bajo la capa de unidad cristiana, se ha declarado un cese de hostilidades en discusiones doctrinales en cuanto al evangelismo. La doctrina se ha vuelto una mala palabra, ya que se considera como una fuente de división entre cristianos. No estoy interesado en minuciosidades teológicas sobre enseñanzas de importancia secundaria en la Escritura. Lo que estoy diciendo es que las verdades absolutas principales del evangelio están siendo ignoradas. En el interés de la unidad, «algunos evangélicos desechan cualquier intento serio de exponer la verdad. Esto a menudo termina negando, en la práctica si no en teoría, la importancia de la verdad doctrinal como tal. La cooperación y la unidad que no conducen a una pureza de vida y a una pureza de doctrina son tan defectuosas e incompletas como una ortodoxia que no conduce a una preocupación por los perdidos, y cómo alcanzarlos».[13] Yo creo que es una ignorancia del marco de referencia total de nuestro sistemático teológico que causará divisiones entre nosotros cuando cada uno quiera exaltar su propia doctrina favorita. Pero una teología equilibrada nos uniría (Efesios 4:13-16). Es la ignorancia que a menudo divide mientras la doctrina puede unirnos.

Nadie de nosotros es tan ingenuo como para pensar que todas las diferencias entre cristianos serán resueltas en nuestros tiempos si volviéramos a una base teológica de evangelismo. Sin embargo, aún así es imperativo desafiarnos los unos a los otros para examinar las Escrituras una y otra vez a fin de hacernos más conscientes de las doctrinas que desarrollan nuestros métodos. Aún si debamos consentir en discrepar sobre ciertos puntos, sabremos claramente cuáles son estos; nuestro compañerismo será más honesto, y nuestros hijos podrán tomar la tarea en donde la hemos dejado. Nunca debemos dejar de orar para que nueva luz nazca sobre la iglesia cuando ella estudie seriamente la Biblia.[14]

Un lugar para comenzar podría ser en estar acuerdo para cambiar la práctica antibíblica de separar la doctrina de la experiencia, lo cual reduce la doctrina a un segundo lugar de importancia en relación con la práctica. La dirección en el Nuevo Testamento es proceder de la doctrina a la experiencia. El invertir este orden o decir que no importa llevará a una experiencia «cristiana» sin contenido doctrinal. La doctrina y la práctica han sido unidas por Dios. No es la decadencia moral que conduce a la decadencia doctrinal, sino al revés. Romanos 1 muestra claramente que cuando hombres y mujeres se alejan de la verdad, la decadencia moral le sigue. Así que, no queramos acallar a cualquier Priscila o Aquila que nos tomen para hablarnos aparte a fin de exponernos el camino de Dios más exactamente (Hechos 18:26). Estemos dispuestos a examinar nuestras experiencias espirituales y prácticas evangelísticas por la Escritura.

A veces llegaremos a un callejón sin salida en asuntos de doctrina y terminaremos separándonos en el evangelismo. ¿Quiere decir que seremos separados completamente de otros cristianos verdaderos? En tal caso también deberíamos manifestar el amor a través de actividades específicas que podamos hacer juntos, puesto que en ciertas áreas poseemos una unidad de la verdad. Los cristianos deben mostrar su vocación al manifestar el carácter de los atributos principales de Dios de santidad-pureza y amor-humildad en todas sus relaciones personales.

Al buscar la recuperación del evangelio para nuestro día, Dios prohíbe que lo encubramos con asuntos complicados para los incrédulos. «Ningún cristiano sincero tiene la intención de engañar a los pecadores. En su amor por las almas, los evangélicos verdaderos invariablemente presentan algunas verdades profundas cuando testifican. Sin embargo por la omisión inconsciente de ingredientes esenciales del evangelio, muchos fallan en comunicar aún aquella porción de la Palabra de Dios que ellos quieren comunicar. Cuando una verdad a medias se presenta como una verdad entera, esta se vuelva una falsedad».[15] Dios nos ayuda a enseñar la cantidad máxima de la verdad sobre el Dios glorioso que es Creador y Redentor de una manera atractiva, clara, audaz a cuantas personas de este mundo podamos.

Hay «una bomba de verdad» que está corriendo en el cristianismo evangélico que podría hacer explotar ideas falsas en el evangelismo. Los ingredientes de esta bomba son la soberanía de la gracia divina, una dependencia en ruegos piadosos, un evangelismo centrado en la verdad, y un amor y amistad genuinos. ¿Podrían éstos, bajo el Espíritu de Dios, ser el detonador explosivo que traerá un verdadero avivamiento al pueblo de Dios, extendiéndose a una renovación mundial (nuevo nacimiento) de pecadores?

3

El evangelio recuperado

Una cosa es estar dolorosamente consciente de debilidades en mensajes evangelísticos e intentar evaluarlos. Otra cosa es tratar de proponer un ejemplo positivo de la dirección en la cual debemos dirigirnos. Con todos los abusos en métodos evangelísticos simplistas, debemos procurar no excluir cualquier esfuerzo para presentar claramente los elementos principales del evangelio. Es una gran tentación sólo criticar y no tratar de encontrar con honestidad, humildad, y amor una solución.

He usado el tema bíblico del llamado de Dios «de venir a casa» hacia una nueva relación con él para unir cinco pilares de la verdad del evangelio: ¿Quién es Dios? Una vida centrada en Dios, una vida egocéntrica, Jesucristo-el Camino, y viniendo a Casa.

ELEMENTOS DEL EVANGELIO: LOS CINCO PUNTOS PRINCIPALES DEL EVANGELIO
1. Dios: Nuestro Dueño, Padre, Juez. Es instructivo comparar el evangelismo de Pablo entre los judíos con su evangelismo entre los gentiles.[1] Cuando él hablaba en la sinagoga (Hechos 13:16-42), él sabía que su auditorio tenía un buen fundamento sobre el cual edificar. Él podría dar por descontado que tenían una cosmovisión bíblica. Él sabía que los términos tales como Dios y pecado se comunicarían con precisión porque sus oyentes, versados en la revelación del Antiguo Testamento, acomodarían correctamente el contenido con las palabras.

Hoy día, muchos cristianos hacen esta presunción incorrecta sobre sus oyentes; pensando que ellos entienden algunos conceptos básicos de la Biblia. Aunque la mayoría de los países occidentales tengan un fondo histórico cristiano, las cosmovisiones dominantes de las personas no son cristianas en absoluto.

Esto es cierto para países no occidentales también. Incluso si el auditorio es judío, la mayor parte de ellos han abrazado una cosmovisión relativista e ignoran del verdadero sentido de muchos términos bíblicos.

Lo que hoy día se considera como el evangelismo más moderno y actualizado es, de hecho, algo que se ha vuelto caduco en este punto. Los evangelistas recitan automáticamente «términos bíblicos» como justificación, santidad, salvación y pecado, a la gente, y luego piden a los que los oyen que se «decidan» por un Cristo que desconocen. Demandar decisiones como ésta es demandar a que den un salto en la oscuridad. Esta forma de evangelismo opta por soluciones de problemas superficiales por medio de encuentros emocionales con el compromiso mental más mínimo (por consiguiente un poco de humillación) por parte de ellos. Siempre debemos procurar no suponer demasiado de parte de nuestros oyentes, aunque ellos puedan usar las mismas palabras que nosotros usamos. Para los pocos ateos resueltos, encontraremos multitudes de personas que usan palabras bíblicas a las cuales ellos fijarán sus propias definiciones.

Recuerdo un año que estuve en Florida durante las vacaciones de primavera para muchos estudiantes universitarios. Mientras que pasaba persona tras persona en una playa soleada les preguntaba sobre sus escuelas e intereses, luego les planteaba dos preguntas.

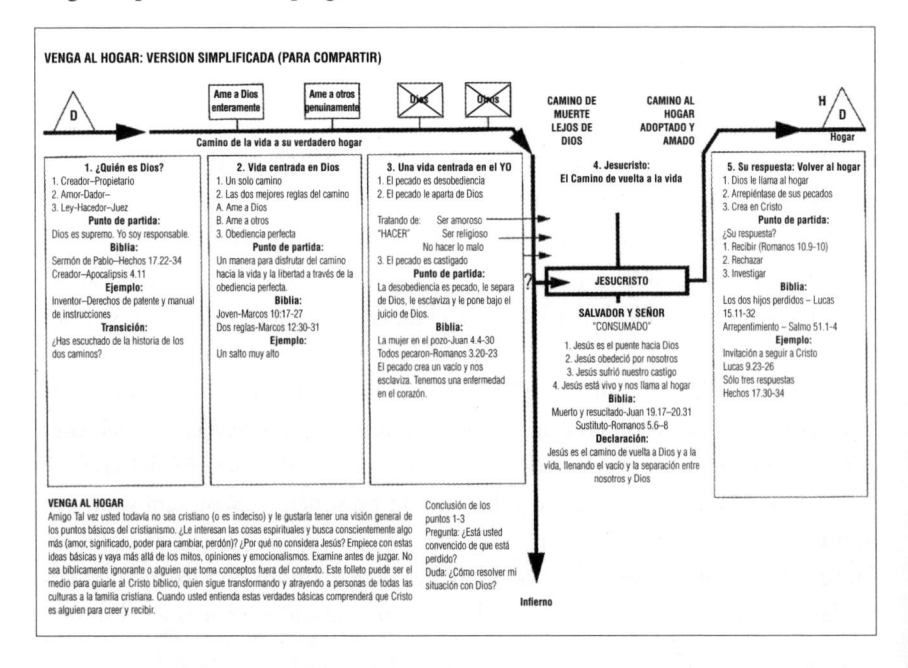

VENGA AL HOGAR: VERSION SIMPLIFICADA (PARA COMPARTIR)

Camino de la vida a su verdadero hogar

1. ¿Quién es Dios?
1. Creador–Propietario
2. Amor–Dador–
3. Ley–Hacedor–Juez
Punto de partida:
Dios es supremo. Yo soy responsable.
Biblia:
Sermón de Pablo–Hechos 17.22-34
Creador–Apocalipsis 4.11
Ejemplo:
Inventor–Derechos de patente y manual de instrucciones
Transición:
¿Has escuchado la historia de los dos caminos?

2. Vida centrada en Dios
1. Un solo camino
2. Las dos mejores reglas del camino
 A. Ame a Dios
 B. Ame a otros
3. Obediencia perfecta
Punto de partida:
Un manera para disfrutar del camino hacia la vida y la libertad a través de la obediencia perfecta.
Biblia:
Joven-Marcos 10:17-27
Dos reglas-Marcos 12:30-31
Ejemplo:
Un salto muy alto

3. Una vida centrada en el YO
1. El pecado es desobediencia
2. El pecado le aparta de Dios
Tratando de: Ser amoroso
"HACER" Ser religioso
 No hacer lo malo
3. El pecado es castigado
Punto de partida:
La desobediencia es pecado, le separa de Dios, le esclaviza y le pone bajo el juicio de Dios.
Biblia:
La mujer en el pozo-Juan 4.4-30
Todos pecaron-Romanos 3.20-23
El pecado crea un vacío y nos esclaviza. Tenemos una enfermedad en el corazón.

4. Jesucristo: El Camino de vuelta a la vida

CAMINO DE MUERTE LEJOS DE DIOS — "CONSUMADO"
JESUCRISTO
SALVADOR Y SEÑOR
1. Jesús es el puente hacia Dios
2. Jesús obedeció por nosotros
3. Jesús sufrió nuestro castigo
4. Jesús está vivo y nos llama al hogar
Biblia:
Muerto y resucitado-Juan 19.17–20.31
Sustituto-Romanos 5.6–8
Declaración:
Jesús es el camino de vuelta a Dios y a la vida, llenando el vacío y la separación entre nosotros y Dios.

CAMINO AL HOGAR ADOPTADO Y AMADO

5. Su respuesta: Volver al hogar
1. Dios le llama al hogar
2. Arrepiéntase de sus pecados
3. Crea en Cristo
Punto de partida:
¿Su respuesta?
1. Recibir (Romanos 10.9-10)
2. Rechazar
3. Investigar
Biblia:
Los dos hijos perdidos – Lucas 15.11-32
Arrepentimiento – Salmo 51.1-4
Ejemplo:
Invitación a seguir a Cristo
Lucas 9.23-26
Sólo tres respuestas
Hechos 17.30-34

Hogar

VENGA AL HOGAR
Amigo Tal vez usted todavía no sea cristiano (o es indeciso) y le gustaría tener una visión general de los puntos básicos del cristianismo. ¿Le interesan las cosas espirituales y busca conscientemente algo más (amor, significado, poder para cambiar, perdón)? ¿Por qué no considera Jesús? Empiece con estas ideas básicas y vaya más allá de los mitos, opiniones y emocionalismos. Examine antes de juzgar. No sea bíblicamente ignorante o alguien que toma conceptos fuera del contexto. Este folleto puede ser el medio para guiarle al Cristo bíblico, quien sigue transformando y atrayendo a personas de todas las culturas a la familia cristiana. Cuando usted entienda estas verdades básicas comprenderá que Cristo es alguien para creer y recibir.

Conclusión de los puntos 1-3
Pregunta: ¿Está usted convencido de que está perdido?
Duda: ¿Cómo resolver mi situación con Dios?

Infierno

«¿Cree usted en Dios?» La mayoría contestaba, «Sí». Entonces preguntaba, «¿Lo separa a usted su pecado de Dios?» Sus respuestas eran breves, pero asombrosas. «No, ¿por qué debería hacerlo?» o «Yo no creo en esa clase de Dios», o «Mi concepto de Dios es de alguien que ama». ¿Cuántas veces cada uno de nosotros ha hablado con alguien que no duda de la palabra Dios, y puede profesar creer en él, sin embargo define a Dios partiendo de valores personales y culturales?

El concepto que queremos enfatizar, indicado bajo «Punto Principal» en el bosquejo «Viniendo a Casa», es que cada uno de nosotros somos propiedad de Dios. Cada uno debe darse cuenta que él no es el amo de su destino, ni capitán de su alma. ¿Qué significa esta propiedad?

En el Medio Oriente antiguo existían «suzerains», monarcas soberanos de una nación. Estos monarcas mantenían un control absoluto sobre sus súbditos. El derecho de un «suzerain» o de un soberano era iniciar un tratado con sus súbditos. Esto no era ningún acuerdo bilateral negociado entre dos partidos iguales, era más bien una ley soberanamente impuesta. Él ligaba sus súbditos a sí mismo, de manera que, en efecto, se adueñaba de ellos mismos. A cambio él prometía (no porque de alguna manera él estuviese obligado, sino simplemente de su voluntad propia) proteger, defender a sus súbditos y ser clemente con ellos. Si ellos guardaran el convenio con su «suzerain» como rey, todo estaba bien, ellos experimentarían la bendición de su misericordia. Si ellos quebrantaban el convenio, se exponían a su justa indignación y maldición terrible. Dios es nuestro rey, nuestro «suzerain».

Ahora veamos como Pablo enfatiza el carácter de Dios como dueño cuando él se mueve entre los gentiles. Cuando él entraba en el mercado pagano (Hechos 17:22-34; vea también Hechos 14:11-18), comenzaba a extender su proclamación a un trabajo de enseñanza porque él estaba preocupado en comunicar algo. Él no trataba de intelectualizar el evangelio a ciertas personas. Cualquiera que hace el evangelio enredado y complejo no está proclamando el mensaje del Nuevo Testamento, sino que está confiando en el entendimiento humano y en su propia sabiduría (1 Corintios 2:4-5). Es exactamente porque Pablo conocía bien el politeísmo primitivo de su auditorio (note qué buen observador era él aun cuando entraba en la ciudad) que él procura diferenciar al Dios verdadero de las ideas religiosas falsas de sus oyentes. Entre tanto que el misticismo y el panteísmo se vuelven una parte creciente de la mezcla de religiones a nuestro alrededor, debemos distinguir con cuidado al Dios de la Biblia instruyendo con paciencia a otros en cuanto a su naturaleza.

En Hechos 17 Pablo enseña los fundamentos sobre la naturaleza de Dios. El Señor es transcendente e inmanente. Él controla la historia y nuestro destino. Él tiene un propósito para la humanidad. Él es el Creador; nosotros somos sus criaturas. Pablo establece primero su definición de Dios por medio de aspectos positivos y luego negativos, enseñando a través de contrastes. Él enfatiza a la conciencia de sus oyentes la diferencia entre sus conceptos de Dios y el mundo y la perspectiva bíblica.[2] Dios es personal (pronombre Él). Él es santo («juzgará en justicia»). Él requiere el arrepentimiento y la obediencia a su autoridad («manda»). La historia tiene un fin («ha establecido un día»). Cristo es el mediador resucitado que juzgará a todos (v. 31). Es asombroso ver cuánta instrucción se da sobre quién es Dios en este resumen de un poderoso sermón evangelístico. Aquí tenemos un mensaje saturado del evangelio que puede ser la base para una conversación con un filósofo o con un niño. Yo lo sé, pues lo he usado con eficacia con ambos. Lucas nos dice que debemos testificar sobre la necesidad de los padecimientos de Cristo (Lucas 24:46-48). ¿Cómo podemos hacer esto sin tratar sobre la naturaleza del carácter de Dios como un Dios justo y amoroso? Estos dos atributos resumen el carácter moral de Dios y forman los motivos y determinan los medios del plan de Dios de la salvación. No podemos explicar la obra redentora de Cristo a menos que presentemos un cuadro verdadero de quién es Dios.

Debemos darle a la gente un fundamento sólido del carácter de Dios como el Creador autosuficiente como parte de nuestro evangelio básico. La teoría de macroevolución (evolución entre especies, contra la microevolución, que es la evolución dentro de especies) se acepta sin cuestionar nada por parte de estudiantes universitarios y por la abuela del barrio. Predicamos el evangelio en una edad espacial en la cual toda la gente siente su condición finita en un nuevo nivel y considera la tecnología como el creador y el sustentador de la vida. Somos criaturas insignificantes, y tan sólo animales; tal es la actitud común. El deterioro en el mundo occidental de la diferencia entre Creador y criatura (que es fundamental para todo pensamiento bíblico) constituye un desafío serio a nuestro evangelismo. La ausencia de esta diferencia crucial forma una barrera para que los no creyentes perciban su responsabilidad ante su Hacedor. Procuramos comunicar a la gente que es responsable por sus acciones y actitudes. Comenzar con Dios como nuestro Hacedor es el fundamento para este concepto. «Sed perfectos como vuestro Padre celestial es perfecto» (Mateo 5:48).

Cuando hablamos a personas que no tienen ningún concepto fundamental sobre Dios el verdadero Creador, demos gracias que Dios ha hablado y se ha definido. Gran parte de mi tiempo que uso en el evangelismo es definir la naturaleza del Dios de la Biblia junto con las implicaciones de su amor y su justicia. Usted puede encontrar gozo al testificar; y con las definiciones de Dios en nuestros labios, reafirmamos «la ley escrita en el corazón» (Romanos 2:15), que es aquel sensor implantado por Dios. Cuando testificamos estamos tocando aquel nervio sensible a la luz divina en el corazón de los no creyentes con el hierro caliente de la verdad reveladora (bíblica).

Me gusta usar la historia del fallo mecánico de una supercomputadora para ilustrar este primer punto del evangelio. La computadora gigantesca responsable de las operaciones extranjeras de una de las corporaciones más grandes en Japón no quería funcionar. Un mensaje urgente fue enviado al fabricante americano para que enviara a su mejor técnico inmediatamente. Más tarde ese día un joven llegó, sin afeitar y vestido de manera informal con pantalones levi o vaqueros. El presidente de la corporación estaba furioso. «Le dije a su jefe que me enviara su mejor técnico y con más experiencia. Estamos perdiendo millones porque esta computadora está descompuesta. Tiene que ser arreglada inmediatamente. Bueno, ¿y quién es usted?» El joven respondió informalmente: «Señor, yo inventé esta tecnología. Por favor lléveme a la computadora». Dentro de una hora la computadora estaba funcionando. Cuando salía, el inventor le dio al presidente el manual de instrucciones, que él había archivado sin haberlo consultado. El joven le dijo: «Señor, yo valoro profundamente esta máquina y en la manera en que es usada. Va a funcionar bien si sólo usted toma el tiempo para leer y obedecer las instrucciones en este libro. Fue hecha para funcionar siguiendo estas direcciones». Así también Dios nos hizo y ama su creación profundamente. Él nos ha dado un libro (la Biblia) que describe los procedimientos para nuestra «operación óptima». Llame a su Hacedor cuando su vida no está funcionando.

2. Vida centrada en Dios: las dos reglas del camino. ¿Qué pasaría si un cirujano estuviera en medio de una operación de vida o muerte y descubriera que su bisturí había desaparecido? Angustiado se quejaría diciendo: «¡Yo no tengo el instrumento correcto para esta incisión!» También nosotros hemos sido llamados para ser médicos, doctores del alma. Se nos ha dado un bisturí, y sin embargo a veces hemos fallado en usarlo. No obstante, es de absoluta necesidad en nuestra operación en los corazones de los incrédulos. Este bisturí nunca ha fallado, no importa qué mano lo ha usado. Siempre ha logrado su objetivo. Su filo es tan agudo que puede cortar entre los pensamientos e intenciones del corazón. Claro que estoy hablando del bisturí de las Escrituras. Este bisturí lleva a la convicción de pecado y revela a un Salvador compasivo, culpabilidad (ley) y perdón (amor).

Aunque toda la Escritura lleva este doble mensaje, hay algunos pasajes que sirven bien como bisturís penetrantes. El arrepentimiento para con Dios y la fe en el Señor Jesucristo (Hechos 20:21) son los objetivos del evangelio, así que examinemos a su vez el uso de la ley y del amor para conseguir este objetivo en nuestro evangelismo. Un entendimiento del lugar que ocupa la ley en el evangelismo es de suprema importancia.

Con la ayuda del Espíritu Santo (que es el agente principal en la convicción de pecado, de justicia y de juicio, Juan 16:8-11) podemos usar el bisturí afilado de la ley para exponer el tumor del pecado en la naturaleza de los incrédulos.3 Como se observó anteriormente, la mayor parte de las personas no son hostiles al cristianismo; simplemente son indiferentes. La psicología y la sociología les han dicho que su culpa no es verdadera; ellas simplemente todavía no se han adaptado a su ambiente o situación social. Ellas no son responsables de muchas de sus acciones. Tales personas «modernas» no se miden por las normas absolutas de Dios, sino al compararse con otros; lo que es normal en la sociedad. Así que su conciencia es tranquilizada, y ellas se vuelven despreocupadas.

¿Qué mostrará a personas como estas su pobreza espiritual? Ellas necesitan ser sacudidas con amor. Ellas nunca se someterán a una cirugía radical del corazón a menos que no vean su culpa verdadera ante un Dios santo. Su seguridad es falsa. Ellas creen que hay paz cuando no la hay. No es de extrañarse que los pecadores indiferentes miren con desaprobación cuando se les dice: «¡Usted necesita a Cristo como su Salvador!» Casi puede leer sus mentes aunque ellos no se lo digan: «¿Yo? ¿Que necesito a un Salvador? ¡Eso es para personas que se hallan perdidas!» Ellos creen que su casa está en orden; no perfecta, pero no tan mal tampoco. Ellos nunca han usado el nivel de la ley de Dios para examinar las deformidades de su alma. Nuestro trabajo es traer ese nivel verdadero a sus emociones, pensamientos, acciones, palabras, deseos. Algunos pasajes de la Escritura son ideales para declarar este aspecto de la historia a un no cristiano. Aquí hay cuatro que tienen el filo de un bisturí.

Los Diez Mandamientos (Éxodo 20). Pida a personas no cristianas que hagan una prueba. Recíteles rápidamente los diez mandamientos; pregunte cuántos de ellos han quebrantado. Muchas personas creen que han guardado más o menos la mitad de ellos o más, y los que no han guardado son aquellos en que todos fallamos de vez en cuando. Luego vuelva a repasar los mandamientos uno por uno y muestre la magnitud y extensión de ellos. La mayoría de las personas entonces verán que han quebrantado cada uno. Si aún no están convencidas, cite Santiago 2:10: el quebrantar tan sólo una norma trae condenación de un Dios enteramente justo.

El Sermón de Monte (Mateo 5–7). Este discurso describe la vida interior del cristiano (que son las Bienaventuranzas) y sus acciones. Usted puede usar esto para explicar las implicaciones completas de los Diez Mandamientos. Para llegar al punto culminante puede demostrar que a menos que la justicia de una persona sea mayor que la justicia de los escribas y fariseos esa persona nunca entrará en el reino de los cielos (Mateo 5:20). Usted puede mostrarles detalladamente la vida escrupulosa de esta gente religiosa judía y preguntar: «¿Ha hecho usted mejor que ellos?» Luego puede explicar la diferencia entre una justicia externa y la justicia del corazón.[4]

El joven rico (Lucas 18:18-30). Aquí tenemos a una persona moral. Jesucristo explica que al quebrantar un mandamiento (codiciar, el décimo mandamiento), el joven rico no está bien con Dios. Su corazón está muy lejos de amar a Dios; él se encuentra culpable. Podemos ver por qué los discípulos preguntan: «¿Quién pues podrá ser salvo?» (Si alguien lo hubiera sido, sin duda era este hombre.) Cristo señala que es imposible para los hombres salvarse a sí mismos; sin embargo, con Dios todo es posible.

La vida de Pablo (Filipenses 3:4-11; Romanos 7:7-13). Pablo era otra persona que parecía tenerlo todo en un sentido religioso. Él era un individuo muy moral y celoso. ¿Qué lo hizo abandonar todas sus credenciales? ¿Qué lo condujo a hacer la declaración que aquellas cosas que formaban la base de su seguridad ya no tenían ninguna importancia? ¿Por qué deseaba él identificarse con Cristo? Él había tenido una conexión formal con la ley de Dios. Ahora veía que esto no era suficiente. Necesitaba la justicia de otro—un representante perfecto—con quien pudiera identificarse por la fe. ¿Qué humilló a este hombre orgulloso?

Fue la ley de Dios; de nuevo, fue el último mandamiento. Codiciar es algo que hacemos con nuestros corazones, no con nuestras manos o con los pies. De repente Pablo vio la espiritualidad profunda de la ley, y esto «lo mató». Esto le reveló su pecaminosidad y puso una sentencia de muerte sobre todos sus esfuerzos de justicia propia, dejando a la misericordia como el único remedio que podría salvarlo.

El segundo punto del evangelio muestra que Dios ha diseñado un camino para que nosotros vivamos. El pensar en la vida como un camino largo que conduce a nuestro verdadero hogar con Dios es una analogía provechosa. El seguir su camino en la vida significa vivir con Dios como el centro de todo lo que hacemos. Es el único camino para vivir y disfrutar realmente de una relación con él ahora y en su hogar eterno. Vivir con Dios como el eje principal pone todo lo demás (otras personas, el universo físico) en una relación apropiada con nosotros. La autoridad del Hacedor sobre nuestras vidas se enfoca en dos mandatos. Estas reglas del camino corresponden con la manera en que fuimos hechos para funcionar. Usted puede creer que es libre cuando va conduciendo a cien millas por hora, pero si el camino fue diseñado para manejar sólo a treinta y cinco millas por hora, usted se destruirá pronto y dañará a otros.

Las reglas de Dios para la vida no destruyen nuestra libertad, sino que nos dicen cómo vivir, y nos llevarán a la seguridad y felicidad. Pero deben ser obedecidas perfectamente. Dios no es como la policía, que puede pasar por alto una infracción por ir cinco o diez millas por hora por encima del límite de velocidad. Él sabe que podríamos hacernos daño, y se desagrada con la desobediencia moral más mínima. Quebrantar un solo punto de su ley es traer sobre nosotros su desagrado paternal (Santiago 2:8-13).

La ley de la vida es realmente la revelación entera de Dios, sin embargo se resume en Marcos 12:30-31 cuando amamos a Dios perfectamente y amamos a otros completamente. Siempre les pido a las personas que respondan «sí» o «no» en cuanto a si han guardado estas dos reglas del camino de la vida. Luego reafirmo esto con una paráfrasis de los Diez Mandamientos o secciones del Sermón del Monte. Con la historia del joven rico y moral que no podía romper con el amor al dinero que lo dominaba (Mr. 10:17-27), trato de exponer los deseos y los ídolos secretos del corazón de una persona. Es esencial que ellos se examinen a la luz de las demandas de Dios. De otra manera van a elegir sólo los aspectos del cristianismo con que ellos están de acuerdo, o rechazar completamente la necesidad de un Salvador. Me gusta ilustrar esto con la idea de saltar con una barra o pértiga de cien pies de altura, que ilustra el alto estándar de Dios. ¡Ellos deberían concluir que el Dios de la Biblia demanda una imposibilidad de nuestra parte! Aunque un reconocimiento mental no sea lo mismo como la convicción personal de esta verdad, esto puede ser un paso en una dirección correcta. Los conceptos de verdad alojados en la mente de una persona pueden penetrar en la conciencia y el corazón cuando son regados por nuestro amor y el Espíritu Santo. Muy pocas presentaciones del evangelio enfatizan lo suficiente la ley de Dios, y esto significa que la gracia de Dios pierde su dulce sabor.

En El Progreso del Peregrino Juan Bunyan ha ilustrado que la función de la ley es revelar nuestro pecado. Al principio, el Peregrino (Sin-Gracia) se confronta con el poder de la ley cuando se desvía del camino estrecho a la Ciudad Celestial. Él es engañado por el Sr. Saber-Mundano, que le señala un camino amplio y fácil que «le conducirá (supuestamente) al mismo destino». Luego se dirige hacia la ciudad de Moralidad, donde él debe conseguir la ayuda del Sr. Legalidad. Pronto el camino se vuelve sumamente acantilado, y se encuentra escalando una montaña. Las rocas cuelgan sobre el camino y amenazan con aplastarlo. Humo y fuego salen de la colina. Con cada paso la carga en su espalda (un símbolo de pecado) se hace más pesada. Evangelista devuelve a Peregrino al camino y lo reprocha por tratar de subir el Monte Sinaí (el lugar donde la ley fue dada en el Antiguo Testamento).

Más tarde, a Peregrino, ahora llamado Cristiano, se le muestra el significado de ciertos principios en la Escritura por un guía llamado Sr. Intérprete. Veamos cómo Juan Bunyan lo describe en sus propias palabras:

> *En seguida Intérprete tomó a Cristiano de la mano y lo condujo a una sala grande, llena de polvo, porque nunca había sido barrida. Después de que la hubieron examinado un poco de tiempo el Sr. Intérprete mandó a uno que la barriese. Luego que comenzó a barrer, el polvo se levantó en nubes tan densas que Cristiano estuvo a punto de sofocarse. Entonces el Sr. Intérprete llamó a una criada que estaba cerca:*
>
> *—Trae agua y rocía la sala.*
> *Hecho esto ya fue barrido sin dificultad.*

CRISTIANO. —*¿Qué significa esto?*
INTÉRPRETE. —*Esta sala es como el corazón del hombre que nunca fue santificado por la dulce gracia del evangelio. El polvo es su pecado original y su corrupción interior que ha contaminado todo el hombre. El que comenzó a barrer al principio es la ley; pero aquella que trajo el agua y roció la sala, es el evangelio. Y como viste que tan pronto como el primero comenzó a barrer, el polvo se levantó de tal manera que era imposible limpiar la sala y estuviste a punto de sofocarte; esto es para enseñarte que la ley en lugar de limpiar el corazón de pecado, lo hace revivir, le da más fuerza y lo aumenta en el alma, por la razón de que la ley descubre el pecado y lo prohíbe sin poder vencerlo. Y como viste que la moza roció la sala con agua y así se facilitó el barrerla; es para demostrarte que cuando el evangelio entre en el corazón con sus influencias tan dulces y preciosas, el pecado es vencido y subyugado, y el alma queda limpia por la fe, por tanto, apta para que habite en ella el Rey de Gloria.*[5]

Calvino explica que la ley es una preparación para el evangelio. Su función es llamar a la conciencia a juicio y alarmarla con temor. La Escritura describe a la ley como un ayo (un maestro antiguo de palabras duras y con un azote) que nos conduce a Cristo (Gálatas 3:24). El enseñar el estándar de Dios es una necesidad hoy día. El usar este ayo ayudaría mucho para humillar a los no creyentes y quitar mucha de la superficialidad del evangelismo egocéntrico.

La ley nos envía al evangelio para que podamos ser justificados. El evangelio nos envía a la ley para saber en qué consiste nuestro deber ahora que somos justificados. El lugar de la ley moral de Dios en la vida de cristiano también ha sido descuidado.[6]

3. Vida egocéntrica: separado y esclavizado. El pecado y Dios son términos correlativos. Si usted redefine al Dios bíblico, usted terminará negando la seriedad del pecado. Pero con un Dios bíblico, se sigue que él debe desaprobar y tomar medidas contra mucho de lo que es aceptable en el mundo de hoy. Al recordarle a la gente quién es Dios, les mostramos quiénes son ellos, tanto en términos de su importancia como en términos del horror de su pecaminosidad. El ser humano es algo noble, es una creación especial de Dios, hecho para reflejar las características morales de Dios. Sin embargo, el mismo ser humano es también un ser vil, estropeado por la Caída y el estropeador de toda la creación. La corrupción de lo que es lo mejor conducirá a los peores resultados. Esta contradicción entre nuestra nobleza y nuestra bajeza se exhibe en todos los periódicos. Una historia humana interesante relata cómo la gente del vecindario había reunido sus recursos para ayudar a un niño cruelmente imposibilitado por un accidente. Dos páginas más adelante otra historia revela que algunas de estas mismas personas rechazan una familia vietnamita sureña «porque ellos son diferentes». ¿Cómo pueden los seres humanos ser tan inconsistentes? En un momento exhiben sacrificio personal, y en el siguiente son todo egoísmo y orgullo. Este punto de tensión se explica por la perspectiva cristiana de la naturaleza humana. Cuando la gente es capaz de ver la razón de la paradoja humana, ellos pueden comenzar a reconocer que el pecado está en su naturaleza y que una solución radical es por lo tanto necesaria. El hombre se hace pasar como Dios y el hombre lucha contra Dios.

Cuando no aprobamos la prueba de dos preguntas de Dios, amar a Dios perfectamente y amar a otros completamente nos hemos separado, cortado, de una relación con nuestro Hacedor. Como flores cortadas, la belleza puede durar un rato, pero sin nutrientes y sin raíz alguna para sostenerlas, ellas mueren. Cuando no centramos nuestra vida en Dios, no es como si no tuviésemos nada en el centro. Otras cosas se precipitan al vacío. Estas pueden resumirse en una palabra: egoísmo. Este «yo» o «mí» es nuestro ídolo. La Biblia llama necedad (insensatez), centrar nuestra adoración (aquello que más venero) en nosotros y otras cosas creadas. «Cambiaron la verdad de Dios por la mentira, honrando y dando culto a las criaturas antes que al Creador» (Romanos 1:25). En este gran intercambio una cosa es segura, la gente fue defraudada. Ellos se encuentran en una caída en picada, lejos de la vida verdadera y de Dios, y dirigiéndose hacia una soledad eterna e infierno.

La gente a veces siente la soledad y la falta de significado de la vida sin Dios y trata de recuperar una relación con él basada en sus propios esfuerzos. Aunque sinceros (pero no necesariamente verdaderos), sus esfuerzos para alcanzar el favor de Dios fracasan. Sólo tenemos que considerar las reglas de Dios que requieren una obediencia perfecta para ver cuán impotentes somos. Nunca podemos decir que somos lo suficientemente buenos. Nuestra desobediencia se llama pecado, y ésta proviene de nuestra naturaleza pecadora, de manera que no podemos cambiar sólo nuestras acciones externas y estar ya bien. Eso es sólo hacer reformas y resoluciones, que nunca traen el cambio profundo necesario. Para la gente religiosa y personas que «hacen cosas buenas», la historia de Pablo (Filipenses 3) o del hijo mayor (Lucas 15) puede conectarlos con su necesidad.

La mujer que Jesucristo se encontró en un pozo (Juan 4) es un relato magnífico para describir el pecado. Ella, como todos nosotros, tenía «una enfermedad del corazón» que no podía ser curada con una aspirina o con cualquier otro remedio superficial. Ella necesitaba un nuevo corazón y volverse en adoración a su Redentor-Hacedor en espíritu y verdad; ella necesitaba ser re-creada. «Por tanto por las obras de la ley ningún ser humano será justificado delante de él, ya que por medio de la ley es el conocimiento del pecado». (Romanos 3:20). Una diagnosis equivocada de nuestra verdadera enfermedad es una negligencia criminal en el área espiritual. Un diagnóstico superficial en el mundo de la medicina es un delito porque es una amenaza a la vida. ¿Acaso no deberíamos estar más preocupados con un evangelismo que nos mal informa sobre nuestra enfermedad espiritual?

El evangelio nos desafía a cada uno de nosotros con la pregunta, ¿Qué es el hombre? ¿Es un mono desnudo o un monstruo genético? ¿Es una máquina química o el simple resultado del capricho de la fortuna? Debemos ayudar a la gente a personalizar las teorías que ellos creen a fin de ver si pueden llevarlas a cabo en la práctica. Debemos hacer que respondan la pregunta, ¿Quién soy yo? en los términos de la lógica de su propia posición. Si ellos finalmente confiesan, por ejemplo, que el ser un naturalista (defensor de la evolución) significa que ellos creen que la gente es el resultado de los caprichos de la fortuna o máquinas complejas, entonces podemos señalarles al mundo de Dios y clamar junto con ellos por anhelos de amor, comunicación, personalidad. Estos dones de Dios muestran al ser humano que él tiene importancia. Pero la cosmovisión de la mayoría de los no cristianos no da base alguna para estos dones de Dios.

En todo nuestro énfasis al enseñar la verdad del evangelio total, estaríamos negando parte de este evangelio si no estuviésemos escuchando y fuésemos sensibles a la persona que estamos tratando. Si no tratamos a la gente como personas cuando les testificamos, estamos negando un principio básico del evangelio que creemos. Si convertimos este bosquejo evangelístico en una simple fórmula, habremos privado de personalidad a aquellos con que tratamos. Podemos ser directos sobre el tema difícil del pecado con una persona, si al mismo tiempo tratamos a aquella persona como un individuo único.

Al explicar lo que significa ser humano, debemos contrastar en una manera vívida el relato de Génesis 2 y 3 (creación y caída) y enfatizar personalmente Romanos 1:18-23 (la criatura trata de ser el Creador). Quiere decir que de estas Escrituras a la gente se le debería mostrar para qué fin fueron hechos, y luego exhibirles lo que en realidad han venido a ser. Tan pronto como hablemos del hombre, por necesidad hablaremos también del pecado.

El pecado es un término, como el de la palabra Dios, que forma parte de la conversación común. Para la mayoría, el pecado se ha limitado con males dramáticos hechos a otros, por ejemplo, violaciones, fraudes, asesinatos, golpear a niños. Todo esto es cierto, pero la gente que piensa en el pecado sólo en estas categorías (de horror y relaciones horizontales) tendrá dificultad en ver por qué ellos necesitan a Cristo. Quizás otra gente lo necesitaría, porque son «los verdaderos pecadores». Pero confesar que soy pecador en mi naturaleza (no sólo que cometo errores o que soy imperfecto), y por el simple hecho de que no amo a Dios (una relación vertical) he ofendido su santidad, exponiéndome al castigo; este es un concepto de pecado totalmente ajeno y desagradable a nuestras mentes.

Ya que la vida de todos incluye acciones y actitudes que causan insatisfacción y vergüenza, cada uno tiene una conciencia mala sobre algo.

El peligro radica en que en nuestro evangelismo nos contentemos en plantear pensamientos de estas cosas y hacer a la gente y hacerlos sentir incómodos por ellas, y luego presentar a Cristo como el que nos salva de estos elementos de nosotros, sin considerar nuestra relación con Dios. A menos que veamos nuestros fracasos a la luz de la ley y de la santidad de Dios, no los veremos como pecado en absoluto. Porque el pecado no es un concepto social; el pecado es un concepto teológico. Al predicar sobre el pecado no significa exhibir las debilidades comunes de la gente (como lo hace el manipulador), sino examinar sus vidas con la ley sacrosanta de Dios. El ser convencido de pecado significa no sólo sentirse que uno es un fracaso completo, sino darse cuenta que uno ha ofendido a Dios.[7]

Si cree que hemos puesto un obstáculo a nuestro evangelismo a menos que logremos que la gente haga una confesión de fechorías horribles y de pensamientos anti-cristianos, permítame explicarme. No estamos procurando solamente exhibir los fracasos de la gente, pero por otro lado, admiramos sus puntos fuertes. Reconocemos las características excelentes que ellos pueden tener. Éstas son áreas de sus vidas en las cuales ellos consideran como el fundamento de su autosuficiencia y seguridad. Les señalamos que tal pensamiento es de hecho una prueba de la profundidad de su depravación y del amor misericordioso de Dios Padre. La gente necesita descubrir que sus puntos fuertes son dones de Dios. Ellos han experimentado la bondad de Dios con el propósito de ser traídos a la humildad, gratitud y arrepentimiento (Romanos 2:4).

Muchas personas tienen una conciencia naturalmente mala por los errores, la imperfección y la incapacidad de alcanzar sus propios estándares. Debemos cuidarnos de no confundir esta clase de conciencia con una convicción espiritual de pecado. J. I. Packer señala que una convicción verdadera de pecado incluye:

1. Estar conscientes de una relación incorrecta con Dios, no sólo conmigo mismo o con otros, o un sentido general de necesidad, sino una necesidad específica de reconciliación con Dios.
2. Convicción de pecados, un sentido de culpabilidad por males particulares cometidos.
3. Convicción de pecaminosidad, un sentido de impotencia para hacer lo recto y la necesidad de un nuevo corazón o renacimiento espiritual. Cualquier virtud que reclame no es inherente, sino que proviene de Dios. Nuestra justicia no es suficiente, ni en cantidad ni en calidad.[8]

Así que no fallemos en grabar sobre los pecadores la verdad básica de su propia condición ante un Dios santo. Aún no estamos en el asunto de medir cuánto nivel de convicción se necesita antes de que una persona esté preparada para recibir a Cristo. Los buenos evangelistas son doctores que usan el bisturí quirúrgico de la ley resumida en los Diez Mandamientos y elaborado en el Sermón del Monte para exhibir el carácter pecaminoso del pecado. Por medio de una enseñanza completa de tales porciones de la Escritura, liberaremos a los "Saulos" religiosos de nuestro día exponiéndolos al estándar sublime de la ley de Dios, aunque el mandamiento pueda matarlos al principio. La repetición y la perseverancia son importantes aquí. No fue sino hasta el décimo mandamiento cuando el joven rico y moral (Lucas 18:18-30) y Saulo de Tarso reconocieron su pecado. «Pero yo no hubiera conocido el pecado sino por la Ley; y tampoco conocería la codicia, si la Ley no dijera: «No codiciarás». (Romanos 7:7).

Aquí hay dos ilustraciones que he visto a Dios usar:

Describa un árbol enfermo como una parábola moderna de la naturaleza humana. ¿Qué hace usted cuándo encuentra fruta deformada y defectuosa en un árbol? ¿Podrá el problema ser solucionado simplemente cortando la fruta mala? Por supuesto que no. Usted tiene que ver la raíz del problema; usted debe cambiar la vida misma del árbol, que se encuentra en la savia. Así también es con nuestras naturalezas pecadoras. No podemos ser cambiados al reformar algunos de nuestros hábitos malos. El reformarnos no nos ayudará, ya que la enfermedad del pecado ha entrado en nuestro mismo sistema de vida. Necesitamos ser regenerados, necesitamos un nuevo corazón.

Relate la historia de alguien registrando cada acción y pensamiento durante las últimas veinticuatro horas en un diario y luego perdiendo ese diario. ¿Cómo se sentirían ellos? El pecado no sólo nos separa de Dios, el pecado nos esclaviza. Estamos entregados a un estilo de vida egocéntrico, y nadie puede romper ese hábito sin la intervención de Dios. Lo que parecía ser un simple hábito inocente de «hacerlo a mi manera», como el hijo pródigo en Lucas 15, se vuelve una esclavitud para mí. Dios conoce nuestros pensamientos más íntimos, y un día compareceremos ante él y nada permanecerá oculto (Mateo 10:26; 1 Corintios 4:5). Tras las nubes oscuras de las malas nuevas, las buenas nuevas brillan en un arco iris de colores brillantes. Pablo anuncia su tema como el evangelio en Romanos 1:16-17, ¡Sin embargo no representa ninguna otra cosa más que malas nuevas en todo su discurso hasta Romanos 3:21! Los incrédulos necesitan verse como rebeldes culpables bajo juicio e incapaces de salvarse a sí mismos. ¿Tiene usted temor de sonar la alarma?

Las conclusiones de los tres primeros puntos del Evangelio deberían ser repasadas cuando se le testifica a alguien antes de proseguir. Culpabilidad es aquello con que Cristo vino a tratar. Es algo real, no simplemente psicológico o sociológico; es teológico y muy doloroso. No nos atrevemos a minimizar el pecado, con su impacto mental y emocional de culpabilidad. Esta es la manera en que Dios convence a la gente de su desgracia total. Tampoco nos atrevemos a manipular personas cuya conciencia registra culpabilidad. Esto lo hacen las sectas y es destructivo y cruel. La convicción inducida por el Espíritu Santo de nuestros pecados es tremenda y humillante. Dejando a las personas a solas con el Salmo 51 (lo cual es una descripción del rey David reconociendo su necesidad de perdón y su arrepentimiento genuino) es una manera para ayudarlos a discernir si su tristeza es simplemente egocéntrica o es un dolor producido por Dios (2 Corintios 7:10).

En el diagrama del evangelio «Viniendo a Casa», he incorporado «una pausa para reflexión» en este punto, para dar tiempo para preguntarle al oyente lo que está pensando y sintiendo. He puesto varias preguntas solemnes para ayudarles a confrontar personalmente las implicaciones de las verdades de los puntos uno a tres. Deles el tiempo para absorber, dejando que el Espíritu Santo los impacte. Averigüe si ellos tienen alguna comprensión y preocupación sobre el dilema que la Biblia dice (no sólo su opinión) en que ellos se encuentran: ¿Cómo puede un Dios santo y perfecto perdonar a una persona pecadora?

4. Jesucristo: El camino a la vida. La ley trae convicción, pero es impotente para convertir a una persona. Tal conversión ocurre cuando los incrédulos son atraídos por el amor de Dios, por ejemplo, cuando oyen la historia de la vida y muerte de Cristo. El Espíritu Santo en la regeneración infunde en los corazones de no creyentes un cambio de mente sobre su vida antigua (arrepentimiento) y una atracción irresistible hacia Uno que es misericordioso (fe). La conversión es tanto volverse del pecado y volverse hacia Dios. Pablo sabía que los tesalonicenses eran elegidos por el efecto que el evangelio tuvo en sus vidas. Ellos se habían vuelto a Dios de los ídolos (1 Tesalonicenses 1:4-10).

Como ya hemos mirado el lugar de la ley, ahora veamos el lugar del amor en el evangelismo. Es necesario para un incrédulo no sólo ser convencido de pecado, sino también necesita percibir la gracia de Dios, así asiéndose de Cristo crucificado y resucitado. Si sólo exhibimos el pecado como algo que expone a la gente en caer bajo la justicia de Dios, entonces Dios será tenido como un monstruo de quien una persona huirá. Dios, fuera de Cristo, será aterrador a incrédulos cuyas conciencias han sido iluminadas. Por lo tanto, la doctrina del arrepentimiento siempre debe ser presentada junto con la gracia. «El arrepentimiento y el perdón de pecados serán predicados en su nombre» (Lucas 24:47). Esta última frase no significa sólo «en su autoridad», sino que el significado de «nombre» según el Antiguo Testamento denota lleno de la misericordia y del carácter de Dios. En Hechos 26:20 vemos a Pablo resumir su ministerio como una predicación de arrepentimiento y conversión hacia Dios. Pero ¿qué es lo que motiva a una persona a convertirse a Dios? Tres versículos más adelante vemos a Pablo presentando a un Salvador crucificado y prometiendo vida. Sí, necesitamos confrontar a los incrédulos con la ley tal como se ve en pasajes que hablan de juicio en la Escritura, pero es el Salvador que muere en una cruz que nos hace aborrecer el pecado y rendirnos al amor de Dios.

Primero, la cruz nos muestra cuán detestable es el pecado. ¿Por qué fue colgado Cristo allí? Para dar su vida como un rescate por las ovejas perdidas. ¿Qué le estaba pasando mientras que estaba allí? Él estaba tomando todo el castigo que debería haberse extendido a los pecadores. Él estaba siendo hecho pecado. Así que el significado de la cruz no debe buscarse en el ejemplo de sacrificio propio, ni en el sufrimiento físico, ni el desprecio y abandono por parte de los discípulos. Dios no escatimó a su propio Hijo, sino que lo entregó libremente de modo que pudiéramos ser libres. Toda otra manifestación del juicio divino contra el pecado ha sido siempre un juicio merecido. En el Calvario, el Hijo inocente fue castigado. Aquí vemos la pecaminosidad máxima del pecado.

Segundo, la cruz revela un camino de perdón en armonía con la justicia de Dios. ¿Cómo puede Dios ser justo y sin embargo no condenar al pecador? Él proveyó un escape al hacer que el juez se interpusiese en el lugar del condenado.

Tercero, la cruz demuestra el amor de Dios. Dios amó de tal manera que él dio. Los atributos de Dios de misericordia y su disposición para perdonar son manifestados aquí. ¿Cómo puede uno mirar sus propios pecados contemplando el Calvario y no ser conmovido?[9]

C. John Miller, el fundador de World Harvest Mission, a menudo recordaba a evangelistas aspirantes que deberíamos tener cuidado de no separar el arrepentimiento del amor de Dios. Si lo hacemos, sólo conduciremos a la gente a hacer penitencias. Más bien, debemos presentar la ley de Dios dentro del contexto del amor de Dios. Sí, hemos pecado contra la ley, ¡pero también hemos pecado contra la gracia! Pero aún así, Dios todavía ama. Él tiene gracia gratuita para pecadores. Nadie debería pensar en la gracia como encerrada con llave en una caja. Como John Newton, el comerciante de esclavos que se convirtió y llegó a ser un escritor de himnos, proclamamos la gracia de gran costo, pero gratuita. Si tiene sed, usted puede venir y comprarlo. Pero no necesitará dinero porque el precio ha sido pagado ya por otro. ¡Sin dinero, venga a Jesucristo y compre! (Isaías 55:18). Cuando testifiquemos hagamos todo lo que sea posible para presentar a Cristo con sus brazos extendidos, ofreciendo gracia a pecadores. Ellos han pecado contra la bondad de Dios (que fue diseñada para conducirlos al arrepentimiento). Ellos han pecado contra Cristo mismo, no sólo contra un estándar ético teórico. Como Miller dice: la gracia está disponible a pecadores arrepentidos. Cubrirá aún el pecado de despreciar la cruz.

Abramos el amor de Dios a pecadores en una manera atrayente y cautivadora. ¿Cómo? Presentando a Cristo ante los ojos de los no creyentes. Luego podrán contemplar a Jesucristo como Israel contempló en el desierto la serpiente de bronce (Juan 3:14-15). ¡Entre tanto que los judíos abandonaban todo otro remedio, la fe se derramaba a través de sus ojos abiertos! ¿Podemos decir con Pablo que ante los ojos de los incrédulos hemos presentado claramente a Cristo como crucificado (Gálatas 3:1)? Hay una necesidad de que se predique más de los Evangelios en nuestro día. Deberíamos también usar relatos de los Evangelios cuando testificamos personalmente. Los encuentros tiernos que Cristo tenía con los pobres, enfermos, ciegos, leprosos, publicanos, hipócritas religiosos y prostitutas necesitan ser vivamente recreados en las mentes de pecadores. Ellos necesitan identificarse con esta gente. El poder transparente de estas historias simples pueden descubrir los más íntimos pensamientos de muchos incrédulos, mostrando a Jesucristo como el Salvador fascinante, atractivo y sobrecogedor que él es. Una y otra vez debemos concentrarnos en el increíble y extenso amor de Jesucristo. Se predica mucha moralidad en los púlpitos evangélicos pero no se amplía lo suficiente la gracia que hay en Jesucristo. Muchas secciones de la Escritura nos impresionan con el amor de Dios. He aquí algunos pasajes que derriten corazones duros:

La mujer samaritana en el pozo (Juan 4). Veamos cuan tiernamente Cristo pone su dedo sobre su pecado. Él habla la verdad en amor. Cuan apropiadamente usa agua como algo que calma la sed para un alma insatisfecha. Ella buscaba amor, pero en el lugar equivocado. Él conoce su vida vergonzosa, pero aún así él se ofrece a sí mismo. Compare la historia de Oseas que elige a una mujer ramera como esposa.

El hombre ciego (Juan 9). Jesucristo sana a este hombre y le restaura la vista. Pero él no ve con suficiente claridad por un rato. Él tiene un entendimiento limitado de la persona que lo curó. Sus amigos tienen dudas de él, es abandonado por sus padres y ridiculizado por los ministros religiosos. Jesucristo va y lo encuentra, completando su entendimiento y fortaleciendo su fe. Sin embargo toda esta demostración del amor de Dios armoniza con la ceguera de este hombre ordenada por Dios. Porque la gente realmente desafortunada son aquellos que afirman que pueden ver, pero están espiritualmente ciegos, y por lo tanto su culpa permanece. Su ceguera era para manifestar la gloria de Dios, y esto le ayudó para su propio bien. ¡Como estaba ciego él podía ver su necesidad de Jesucristo más claramente!

Lo perdido y encontrado (Lucas 15). Las tres historias en éste capítulo tienen el mismo propósito. Jesucristo había sido criticado por la gente religiosa por dedicar tiempo con los necesitados. Él muestra en los incidentes de la oveja perdida, la moneda perdida y los hijos perdidos que parte de su naturaleza es buscar lo que se ha perdido. No deje pasar por alto la historia del hijo mayor, cuya perdición se exhibe por su relación legalista y obligatoria con el padre. Cuando usted es encontrado de esa manera hay alegría en el cielo. Dios ama a los pecadores. Ellos le son preciosos. Él se regocija en ellos. Su bandera sobre ellos es de amor.

La mujer a la que se le perdonó mucho (Lucas 7:36-50). Una mujer que vivió una vida muy pecadora vino a Jesucristo mientras él comía en casa de un líder religioso. Ella lavó los pies polvorientos de Jesucristo con perfume caro y lágrimas. Luego los enjugó con su cabello. La gente religiosa se quejó de que Jesucristo permitiera que tal mujer lo tocase. Él responde que Dios ama ser generoso, cancelando aún las deudas más grandes. Ella mostraba el amor magnánimo que había experimentado en el perdón de sus numerosos pecados.

Una de las declaraciones protestantes teológicas más antiguas y sabias es la Confesión de Westminster (1640). En ella leemos esta definición del arrepentimiento (las cursivas son mías):

«Al arrepentirse, un pecador se aflige por sus pecados y los aborrece, movido no sólo por su contemplación y el sentimiento de peligro, sino también por lo inmundos y odiosos que son, como contrarios a la santa naturaleza y a la justa Ley de Dios. Y al comprender la misericordia de Dios en Cristo, para aquellos que se arrepienten, el pecador se aflige y aborrece sus pecados, de manera que se aparta de todos ellos y se vuelve hacia Dios, proponiéndose y esforzándose para andar con Él en todos los caminos de sus mandamientos.»

¡Los cirujanos del alma de hoy día no están usando su mejor cuchillo! No es de extrañarse que falte a menudo la convicción de pecado y el arrepentimiento, que están apuntando a la recuperación próxima del paciente. El Espíritu Santo usa la ley para convencer. Como un ejemplo del lenguaje del corazón de un pecador convencido, estudie el Salmo 51. Tanto la ley como el amor son ingredientes básicos al relatar la historia de Evangelio.

Una vez que hemos ayudado a la gente a ver la naturaleza verdadera de su enfermedad, hay sólo una cura. Las otras religiones no tienen esta perspectiva radical de la pecaminosidad; por consiguiente, la salvación que ellas ofrecen tampoco es radical. Aquellos que tienen dificultad en entender por qué Cristo es el único camino a Dios y que quieren argumentar cuán injusto es esto (la teoría de que «todos los caminos llevan al cielo») no han visto probablemente el verdadero carácter del hombre (que es una criatura con una naturaleza pecadora), ni el carácter verdadero de Dios (el Creador que es santo y amoroso). La mayor parte del evangelismo es traer a la gente a comprender y sentir el grado de su impotencia y corrupción. Ya que la mayoría viene a nosotros con un conocimiento escaso de Dios y con un poco sentido de su pecaminosidad, a menudo el contenido de los dos primeros puntos del bosquejo (el carácter de Dios, las dos leyes) deben ser reforzados de una manera creativa una y otra vez.

Francis Schaeffer hizo una vez la pregunta, «¿Qué haría usted si se encontrara con un hombre moderno en un tren y usted tuviese sólo una hora para hablarle del Evangelio?» Él contestó: «He dicho repetidas veces, yo pasaría 45-50 minutos en el aspecto negativo, para mostrarle realmente su dilema—que él está moralmente muerto—luego tomaría 10-15 minutos para predicarle el Evangelio. Creo que la mayor parte de nuestro trabajo evangelístico personal hoy no es claro simplemente porque estamos demasiado preocupados en que el hombre responda sin procurar que él se dé cuenta de la verdadera causa de su enfermedad, que es la culpabilidad moral genuina (y no simplemente sentimientos de culpabilidad psicológica) en la presencia de Dios».[10] Usted encontrará que cuando la gente comienza a comprender la importancia de Dios como Creador y del hombre como una criatura pecadora, comenzarán a percibir que Cristo ha hecho exactamente lo que es necesario para su dilema.

Sin embargo, aquí otra vez el evangelismo egocéntrico es a menudo deficiente. Pues tiende a concentrarse en uno de los papeles de Cristo y excluir los otros. Puede estar bien versado en presentar a Cristo como el que cargó con el pecado, quien, a través de un sacrificio substituto de sí mismo por el pecado, efectuó una reconciliación entre el pecador y Dios. Sin embargo lamentablemente, a menudo pasa por alto la importancia de su vida en cumplir perfectamente todas las obligaciones de la ley (obediencia activa) y así obtener una justicia perfecta para aquellos que él representa. En su muerte (obediencia pasiva), Cristo cargó por nosotros la pena de la ley quebrantada. Pero aún así Cristo no nos ha puesto de regreso en el jardín del Edén (a un estado de inocencia o de un período de prueba moral), sino que ha puesto sobre nosotros un manto de justicia. Un lápiz común de escribir puede usarse para ilustrar esto. La goma de borrar es la sangre de Cristo que nos limpia de todo pecado (1 Juan 1:7). La punta es la vida justa de Cristo por la cual él cumplió todos los mandatos que Dios requiere de nosotros. No sólo todos nuestros pecados han sido borrados, pero también una señal de justicia ha sido escrita al lado de nuestros nombres (Romanos 8:3-4). Él es el que cargó con el pecado y el que otorga pureza.

Hay otros dos términos que resumen las funciones de Cristo. Él es un amo (rey) y un maestro (profeta). Veamos su papel de rey primero. ¿Puede usted tener sólo al Salvador (uno que carga con el pecado) Cristo en su corazón? No, es imposible dividir a Cristo. Si él realmente entra en su vida, todo lo que él es entra. El uso preponderante del término Señor en el Libro de los Hechos nos muestra claramente cómo Cristo fue presentado a los no creyentes. La frase «acepta a Cristo como tu Salvador personal» no se encuentra en ningún lugar. Al contrario, «Dios hizo... a Jesús... tanto Señor como Cristo» (Hechos 2:36); «¿Quién eres, Señor?» (Hechos 9:5); «Cree en el Señor Jesús» (Hechos 16:31).

Estos apóstoles no predicaban la salvación «haciendo a Cristo Señor de su vida» en la manera de hacer buenas obras. Él ya es el Señor; por lo tanto, nuestro llamado evangelístico debe ser de venir a él, como ante los pies de un monarca, en sumisión a su persona y autoridad. No podemos venir ante un rey con los hombros erguidos, manteniendo reservaciones secretas y estando indispuestos en rendirle el control de nuestras vidas. No estamos en posición para negociar. Debemos doblegarnos con ambas manos extendidas y abiertas. La segunda parte hablará de las ramificaciones de esto. Este es el cuadro de la actitud del corazón de un pecador que se ha arrepentido verdaderamente (no que somos capaces de rendir una obediencia perfecta). Pues como no somos personas enteras no podemos dar una respuesta total. Pero aún así Dios recibe la parte por el todo; la semilla como evidencia de que la flor florecerá. En la misericordia de Dios, más adelante en nuestra vida cristiana es donde se nos exhiben las implicaciones de nuestra sumisión inicial a él como rey.

No puedo señalar el día específico cuando atravesé la línea para estar al lado del Señor. Puedo recordar bien que yo tenía dieciséis años cuando primero comencé a tener una actitud de amor hacia Cristo y de rendirme a su voluntad. Yo solía vivir para divertirme los fines de semana, pero en la noche del domingo yo regresaba a la soledad de mi dormitorio y expresaba mi profunda insatisfacción, diciéndole que tomase el control de mi vida. Yo conocía muy poco de la teología del señorío de Cristo, pero aún así yo ya la abrazaba. Quería que alguien gobernara mi corazón rebelde.

Ahora me doy cuenta cuán misericordioso fue Cristo al no abrumarme en aquel punto con las formas específicas que su dominio ejercería sobre mí. No entendí dentro de su señorío que incluiría mi coche de lujo, mi vida de novio, mi dinero, mi profesión. Sin embargo, le entregué el cuaderno de mi vida y sinceramente le pedí que escribiera en él lo que quisiese. Todos los nuevos cristianos son bebés nacidos espiritualmente; no esperamos que ellos sean discípulos hechos y derechos inmediatamente. Sin embargo hay una actitud instintiva de querer abrazar el señorío de Cristo en cada persona realmente convertida. Cristo ejercerá su soberanía al traernos diariamente a una esclavitud complaciente bajo un yugo fácil y una carga ligera en la cual sus órdenes no son gravosas. ¡Qué liberación tan tremenda!

¡Hay buenas nuevas! Dios el Padre ha proporcionado un puente para volvernos a él de modo que usted puede volver al camino de la vida. Como un Padre amoroso y un Juez justo él envía a su Hijo, el Dios-Hombre Jesús, para salvarlo. Él hace esto no porque merezcamos algo, sino porque él desea glorificarse siendo clemente. Esto se llama amor y gracia por aquellos que no merecen amor y capacitación para aquellos que son incapaces para salvarse. Él nos provee dos cosas que su Padre requiere de nosotros. Primero él cumple las reglas de la vida. Él nunca pecó. Nuestra obligación de vivir una vida moralmente perfecta es efectuada por Jesucristo por nosotros. Él es nuestro sustituto que cumplió con la ley. Segundo, él toma el castigo que merecemos por desobedecer la ley santa de Dios. Él muere por medio de una crucifixión cruel y dolorosa en nuestro lugar. Él es nuestro sustituto que cargó con el pecado. Luego él resucita, mostrando que ha derrotado el poder del pecado que nos esclavizaba. Cristo ha hecho todo lo que es necesario para nuestra salvación. No hay nada que podamos hacer para hacer lo bueno; descansamos en lo que él ha hecho. El camino se nos ha abierto para entrar en una relación con Dios, para ser adoptados en su familia y venir a casa. En el esquema «Viniendo a Casa» me he alejado de los versículos comunes presentados en esquemas evangelísticos con el fin de recomendar la lectura simple de la historia de la resurrección y de la crucifixión. Quizás esto es así porque fue fundamental en mi propia conversión. Muchos no conocen la historia y la encuentran muy poderosa.

La ilustración «Hacer contra lo que ya se ha hecho» es también provechosa. Usted despierta la curiosidad de una persona diciendo que hay una gran diferencia entre la religión y el cristianismo.

La religión habla de hacer buenas obras, como orar, ser agradable a otros, o dar dinero a los pobres, a fin de tratar de ganarse el camino al cielo. El problema es que ellos nunca saben cuantas buenas obras tienen que hacer. Y peor aun, la Biblia dice que ellos nunca pueden hacer lo suficiente para merecer la vida eterna. Pero el cristianismo habla de que ya se ha HECHO. Jesucristo ha hecho por nosotros lo que nunca podíamos hacer por nosotros mismos. Él vivió la vida perfecta y murió como nuestro sustituto para pagar por toda nuestra maldad. Pero el simplemente saberlo no basta. Debemos recibir a Jesucristo como nuestro perdonador y líder. ¿Está preparado para dar ese paso?[11]

Como nuestro Maestro-Profeta, él es quién revela supremamente a Dios mismo y a su voluntad. Cuando aclaramos esto en el evangelismo ponemos la plataforma para que una persona sepa a donde él debe ir de aquí en adelante en busca de dirección y quién es el único que tiene las palabras de vida eterna. En su comisión especial a sus discípulos, Jesucristo los designó para redactar la interpretación escrita, inspirada de su revelación en la historia. Cristo como nuestro profeta hizo esto por el Espíritu Santo al hacerles «recordar todas las cosas», para que los creyentes desde entonces puedan tener «una palabra profética más segura»; la Biblia (Juan 14:26; 2 Pedro 1:19-21). No debemos consultar a videntes, místicos, espiritistas o aun a nuestros propios presentimientos, profecías supuestas o revelaciones personales y sentimientos para determinar la voluntad de Dios.

Jesucristo está vivo hoy, una verdad que sobrecogió y avivó a los primeros evangelistas en el Libro de los Hechos. Él verdaderamente resucitó; si no fue así, entonces estamos gastando nuestro tiempo. Imagínese a un barco en medio de una tormenta furiosa destruido entre rocas grandes a cierta distancia de la costa. La gente de la ciudad conduce un pequeño barco y lucha contra probabilidades aparentemente insuperables para rescatar a la tripulación del buque. Angustiados por la espera alguien grita desde la orilla si hay sobrevivientes. Cada segundo parece una eternidad, y luego la respuesta breve y aplastante llega: «No, todos se perdieron». El grupo en la costa, aturdidos, no saben qué hacer o qué decir. Finalmente, un hombre lanza un grito con las pocas fuerzas que le quedan, «Tres hurras por el intento», y la muchedumbre hace todo lo posible para elevar su voz en conformidad.

¿Y qué de la resurrección de Jesucristo? Si él realmente no conquistó la muerte, entonces lo mejor que se puede decir es «Tres hurras por el intento».

Deseamos que la gente vea a Jesucristo como el Dios-hombre quien es el único camino a la vida. Un fuego de pradera se extendió por el viento tan rápido que alcanzó a todas las criaturas en su camino. Una familia, viendo la imposibilidad de apagar el incendio, comenzó un pequeño fuego y luego se cubrieron con la tierra al hallarse ellos en medio del círculo ya quemado. El fuego rugiente se encontró el pequeño fuego y sólo quemó el borde del área ya quemada, luego fue directamente alrededor de esa parte, siguiendo su curso destructor. Aquella familia se salvó. Ellos sabían que el único lugar seguro era donde el fuego ya había quemado.

El fuego de la ira de Dios ha llegado a un punto particular en la historia. Y cuando lo hizo, consumió completamente a un hombre mientras él colgaba sobre una cruz. No quemó un área grande, pero esto terminó la obra del juicio de Dios. El fuego de la ira de Dios vendrá otra vez a la historia. Esta vez consumirá la tierra entera. ¿Habrá algún lugar para esconderse? Sólo en la colina donde aquella cruz estuvo de pie, donde el fuego ya ha quemado. Una persona es perdonada si se identifica con Cristo quien cargó con el juicio de Dios por el pecado en la cruz. Jesucristo es el que ha llevado la ira de Dios, el único escondite seguro. En la presentación de todo el evangelio, debemos presentar vívidamente a Cristo enteramente en todos sus papeles o dignidades.

5. Nuestra respuesta necesaria: venir a casa a Jesucristo. Una parte natural del evangelio bíblico es responder al llamado. Ningún evangelista es digno de nuestro apoyo, no importa cuán magnífica sea su presentación de la verdad sobre Dios, el hombre y Cristo, si luego se aleja sin hacer un llamado amoroso a la gente a responder.

Por otra parte, el evangelismo centrado en los métodos es demasiado activo. Considerando cuán importante es no «dejar al pez que escape», manuales enteros se han escrito para obtener una pesca «segura». A menudo los pecadores son confundidos más bien que ayudados en este punto. Un acto físico (como el llenar una tarjeta, repetir una oración, pasar adelante, levantar la mano, ponerse de pie, etcétera) es considerado como señal de una realidad espiritual interior. El evangelista con un evangelio egocéntrico se convierte en un vendedor, creando una presión sicológica excesiva. Es aquí donde delatamos más gráficamente nuestra teología débil. Si Dios es soberano, y si la convicción de la persona es del Espíritu Santo, entonces Dios puede terminar lo que él ha comenzado. Nuestra desconfianza del poder del Espíritu Santo es muy seria en este punto.

En vez de emplear estas tácticas, presentemos pasajes como Isaías 53:1-11, Salmo 51:1-17 y Gálatas 2:20, y luego en muchos (pero no en todos) los casos dejamos a la persona a solas. Dios terminará lo que él ha comenzado. Podemos instarlos a que oren y busquen misericordia de parte de Dios y seguir haciéndolo hasta que Dios conteste. Necesitamos dirigir a pecadores bajo convicción a que vengan y que se regocijen con nosotros cuando ellos saben que Dios ha contestado (como el haber recibido el testimonio interno del Espíritu de Dios, Romanos 8:14-16), y que ven que sus motivos y acciones comienzan a cambiar (pruebas externas, 1 Juan). Entonces podemos complementar la obra del Espíritu Santo ayudándoles a que se fortalezcan por medio de la Escritura e involucrarlos en el compañerismo cristiano.

No debemos usurpar la obra del Espíritu Santo cuya tarea es traer a la gente al arrepentimiento y a la fe, y luego sellar a los nuevos creyentes. Muy a menudo hemos tratado de impartir la seguridad de la salvación cuando escuchamos sus oraciones, vemos sus lágrimas y los recibimos como personas sinceras. Luego los dirigimos a que pongan su nombre en Juan 3:16 y que nunca vuelvan a dudar de Dios («Porque de tal manera amó Dios a _____»). Pero es el Espíritu Santo el que atestigua que tenemos vida eterna y no un consejero. ¡No es de extrañarse que la iglesia esté llena de personas que profesan el cristianismo, pero que pocos lo posean en realidad!

El arrepentimiento y la fe. El mandato «de convertirse a Dios por medio del arrepentimiento y tener fe en nuestro Señor Jesucristo» resume el llamado del evangelio (Hechos 20:21). Es importante insistir en estos dos elementos a personas no cristianas que están bajo convicción. La falta de énfasis en el arrepentimiento en la enseñanza de «una creencia fácil» es deplorable. Aunque el convertirse y confiar pueden ser presentados por separado a veces en la Biblia, cuando los comparamos la Escritura con la Escritura, vemos que son los dos lados de una moneda. Debemos evitar en insistir en una sin la otra en los incrédulos. El arrepentimiento sin la fe conducirá a un simple remordimiento y sólo resoluciones legalistas (2 Corintios 7:10; cf. Caín, Saúl y Judas). La fe sin el arrepentimiento es un optimismo infundado, que conducirá al autoengaño. Como J. I. Packer tan adecuadamente lo dijo: «Una simple creencia sin confiar y un simple remordimiento sin conversión no salvará a nadie».[12] De nuevo, vemos la importancia de definir nuestros términos y no hablar en términos generales sin una aplicación específica a la vida de los no cristianos. (Vea el capítulo trece, «Nuestra meta: Discípulos».)

Resumiendo este breve comentario de los rasgos distintivos de un evangelio centrado en Dios, concluyo con la importancia de definir la fe. La fe salvadora tiene como su objeto la persona de Cristo, el que expía el pecado, no sólo ciertos hechos sobre la expiación. Esto último hace de la fe equivalente con un mero asentimiento mental. Y la iglesia está llena de gente que añade un hecho más a sus mentes. Pero la persona entera debe responder a un Cristo entero. La esencia de la verdadera fe es una confianza que se representa como bebiendo, comiendo, sometiéndose, e identificándose con una persona. Tal fe no recibe a medio Cristo, sino a un Cristo entero. No hay una exhortación en la Escritura a que cristianos «acepten a Cristo como Señor». Antes bien, ellos deben vivir todo aquello que envuelve su relación inicial con él. A los cristianos se les exhorta a rendirse diariamente después de su rendición inicial que ocurrió en su regeneración (Romanos 6:17-18, 22; 12:1-2; Colosenses 2:6). La fe salvadora no es una mirada hacia atrás a la cruz en el pasado, sino una mirada hacia Cristo en el presente y en el futuro. Es poner en práctica una actitud.

La historia en Lucas 15 de los dos hijos es perfecta para mostrar a la gente como ellos deberían responder a Dios. ¡Aunque la aplicación de la respuesta del hijo más joven es obvia, la historia del hijo mayor quizás no parezca tener mucha aplicación, porque no incluye una respuesta del hijo mayor! Aún así es apropiada, ya que muestra como la gente religiosa puede «vivir con» Dios el Padre (estar familiarizado con él y servirle diligentemente) sin embargo no tienen una relación salvadora con él. «Su padre salió y le rogaba que entrase» (Lucas 15:28). Así ahora él ruega a personas amargadas que se creen autosuficientes pero que nunca han experimentado la gracia de venir a casa, para encontrar salvación y hacer banquete. La ilustración que sugiero a la gente es de una persona de pie ante ellos (pues el hacerse cristianos significa entrar en una relación) y no seguir un simple código de ética. Esto ofrece la oportunidad apropiada para una respuesta personal, de la cual hay sólo tres posibilidades. La gente puede eludir esto, pero creo que vemos esto en las tres reacciones al sermón de Pablo en Atenas (Hechos 17:32-34) y la invitación propia de Jesucristo (Lucas 9:23-26). La opción de permanecer neutrales o no responder de ninguna manera no está disponible; el no responder es lo mismo que rechazar.

Cuando hablamos de hacer un llamado al arrepentimiento y a creer la proclamación del evangelio, quiero hacer una súplica particular de enseñar la doctrina magnífica de la justificación por la fe. Imagínese una escena en la sala de tribunal. Dios se ha puesto su túnica de juez, y nos hallamos de pie ante él. Esperaríamos oír la palabra culpable cuando el mazo del juicio de Dios cae con un ruido ensordecedor. ¿Pero qué oímos? Absuelto. ¡Sí! Justificación significa que Dios está declarando «están libres», a pecadores sin ningún mérito. No somos condenados porque su ira contra nuestro pecado ha sido totalmente satisfecha por el don gratuito de una justicia ajena a nuestro favor.

Es increíble ver cómo pocos evangélicos realmente entienden esto; por consiguiente, ellos tienen un énfasis incorrecto tanto en el evangelismo como en la vida cristiana. Las verdades de la justificación imparten un fundamento para el evangelismo. Robert Horn dice: «La justificación mantiene todos los aspectos del evangelio en un enfoque apropiado. En efecto este es el evangelio: sin ello no tenemos buenas nuevas que contar; dejemos fuera la justificación y dejamos fuera mucho más que sólo una palabra.... Sin la justificación, todo lo demás se vuelve superficial.... El punto es que la justificación representa una perspectiva total».[13] Cuando respondemos con gratitud inevitablemente encendida por un sentido de gracia gratuita, nuestra conversión y confianza agradan a Dios.

Seguridad de Salvación. La Biblia enseña que cuando la gente responde al evangelio, ellos pueden tener y deberían tener la seguridad de su salvación. Este es el propósito de Juan cuando escribe en su primera carta: «Estas cosas os he escrito a vosotros que creéis en el nombre del Hijo de Dios, para que sepáis que tenéis vida eterna, y para que creáis en el nombre del Hijo de Dios» (1 Juan 5:13). Hay aquellos que se consideran salvos que necesitan descubrir primero que se hallan perdidos. Hay también aquellos que se consideran perdidos y que en realidad son salvos. ¿Cómo puede ser esto? Permítame describir dos tipos de personas.

El primer tipo tiene la seguridad de su salvación que está basada en el autoengaño. Ellos creen que Dios los ha salvado, pero siguen viviendo deliberadamente una vida de pecado. Esto es presunción, no seguridad de salvación. Ellos abusan de la gracia de Dios más bien que tener la seguridad de que la poseen. Ellos aun siguen perdidos, y necesitan examinar el fundamento de su seguridad.

El segundo tipo duda sobre la certeza de su propia salvación. Ellos no dudan que Dios pueda salvar, pero más bien dudan que Dios los haya salvado.

Ellos pueden tener muchos motivos para estas dudas, y aún pueden ser o no ser incrédulos. Ya que la seguridad de salvación no ocurre de inmediato cuando uno se hace cristiano, las personas pueden ser creyentes verdaderos y aún carecer de la seguridad de que ellos son salvos. Los creyentes verdaderos pueden verse confundidos sobre su salvación debido a dudas no resueltas, al fracaso de tratar con pecados de los que están conscientes en sus vidas, a la tentación, a la fatiga física y emocional, a una conciencia demasiado sensible, a enseñanzas erróneas o a Dios mismo que les envía pruebas y luego se retira de ellos. Así que los que se hallan confundidos, junto con los que presumen de la gracia de Dios, necesitan un entendimiento claro de la teología de la seguridad de la salvación.

La pregunta es, ¿cómo sé que soy cristiano? Esta es una pregunta diferente de ¿cómo me hago cristiano? y por lo tanto tiene una respuesta completamente diferente. Sin embargo muchas veces la gente responde a estas preguntas de la misma manera, y aquellos que buscan ayuda en obtener la seguridad de salvación no la encuentran. La respuesta a la segunda pregunta es: «Usted se hace cristiano a través del arrepentimiento para con Dios y la fe en Cristo solo como Salvador y Señor». La respuesta a la primera pregunta es: «Usted sabe que es cristiano (que Dios ha contestado la oración y lo ha regenerado) por un resultado triple en su vida».

El primer pilar de la seguridad de salvación es una confianza en las promesas de Dios como promesas que le son dirigidas a usted. Usted las considera como verdaderas y las abraza personalmente. El segundo pilar es el comienzo de un cambio de sus actitudes y acciones que corresponden al fruto del Espíritu (Gálatas 5) y a las señales de salvación (1 Juan). El tercer pilar es el testimonio interior del Espíritu de Dios a su espíritu de que usted es su hijo (Romanos 8). Estos tres pilares son como antorchas gigantescas cuya luz revela nuestra naturaleza regenerada. La Escritura nos exhorta a «examinarnos para ver si estamos en la fe; examinarnos a nosotros mismos» (2 Corintios 13:5). Esto no es una introspección mórbida. En el auto examen bíblico miramos lo que Dios dice que debería ser verdadero un creyente y vemos si eso es verdad de nuestras vidas durante la semana o mes pasado. No sólo debemos considerar la última hora o día sino también períodos de tiempo más largos, ya que encontramos inviernos cuando ningún fruto es evidente, aún en las almas de cristianos verdaderos.

Sin embargo, no debemos eximir la desobediencia persistente y prolongada a la voluntad conocida de Dios por parte de cristianos profesantes.

El propósito de Dios es destruir tal «seguridad de salvación», ya que esto no es más que mera presunción. Este es el punto de todas las advertencias en la carta a los Hebreos. Los cristianos profesantes no escaparán si tienen en poco la gran salvación de Dios. Cuando tales personas son simplemente llamados «cristianos carnales», están siendo conducidos a una seguridad falsa y peligrosa. El usar el término «carnal» como un adjetivo para calificar la palabra «cristiano» conducirá a la idea falsa que una persona puede ser del mundo (siguiendo una vida caracterizada por actitudes y acciones carnales) y ser de Cristo. La Biblia en ninguna parte permite esto. Habla de cristianos que tienen áreas de carnalidad en sus vidas (celos, pleitos, etc., 1 Corintios 3:1-4), pero nunca de cristianos cuyas vidas enteras durante un período prolongado están saturadas de desobediencia. ¿Cómo puede Cristo vivir en la vida de alguien, pero no estar en el trono de esa vida? ¿En dónde más que en nuestros corazones podría Cristo el Rey residir sin gobernar el trono de nuestras vidas?

¿Qué se les necesita decir a la primera clase de personas que carece de seguridad de salvación, aquellos supuestos creyentes cuyas vidas están caracterizadas por el pecado? ¡Sería traer confusión al instarlos a buscar «más del Espíritu Santo» cuándo quizás aún no se han convertido! La cosa más amable que podemos hacer es dirigirlos a las Escrituras para que puedan examinar su vida presente, no sus hechos o experiencias pasadas. Aquí encontrarán descripciones imparciales de las actitudes y acciones de creyentes verdaderos. Ellos no deben medirse por sus propias (o de otros) tradiciones y estándares personales de espiritualidad verdadera, ya que esto los conduciría a un cenagal de incertidumbre. Al instruir sus conciencias con la enseñanza de la Palabra de Dios sobre las tres marcas de la fe salvadora los liberará de una esclavitud a sus conciencias oscurecidas, de expectativas de otros, y del uso de sentimientos como criterios de su fe.

¿Estamos demostrando amor al deshacer las esperanzas de salvación de una persona? Sí, porque sin ningún fundamento bíblico, todo eso no es más que esperanzas falsas. Una esperanza de ser aceptados por Dios basada en tales cosas como pasar adelante en una reunión, repetir una oración, imitar las experiencias de otros, unirse a una iglesia, asistir a muchas reuniones cristianas, ser bautizado, estudiar la Biblia con regularidad, ayudar a otros, sentirse bien al asistir a un servicio religioso o tener una convicción fuerte de que uno está bien con Dios es una esperanza no fundada en verdades bíblicas. Quizás la gente puede confiar en la doctrina de la elección o en algún detalle teológico, o en el bautismo. Ellos pueden tener una creencia sentimental en la providencia general de Dios. «Dios ha sido bueno para conmigo; Dios tendrá cuidado de mí». Sin embargo la gente puede estar envuelta en algunas de estas actividades, o en todas ellas, sin haber tenido algún encuentro con Jesucristo como el único Salvador y Señor. Sin esto no hay salvación. Sin esto no hay ninguna seguridad de salvación. Amonestemos con amor a estas personas a las cuales Cristo les dirá en el día del juicio final: «No todo el que me dice: Señor, Señor, entrará en el reino de los cielos, sino el que hace la voluntad de mi Padre que está en los cielos. Muchos me dirán en aquel día: Señor, Señor, ¿no profetizamos en tu nombre, y en tu nombre echamos fuera demonios, y en tu nombre hicimos muchos milagros? Y entonces les declararé: Nunca os conocí; apartaos de mí, hacedores de maldad». (Mateo 7:21-23).

Supongamos que estamos tratando con el segundo tipo de personas que carecen de la seguridad de la salvación, que son creyentes verdaderos pero que se ven atormentados y que necesitan saber de su seguridad en Cristo. De nuevo, el demostrar amor significa traer la Palabra verdadera de Dios, con sus promesas infalibles, junto a la gracia que ellos encuentran presente en sus corazones transformados. El Espíritu luego capacitará a los creyentes a decir con certeza, «Soy un hijo de Dios y lo seré para siempre». Este gran consuelo y estímulo no vienen a través de revelaciones personales del Espíritu Santo (el testimonio del Espíritu Santo aparte de o en añadidura a la Biblia). La seguridad de salvación no se imparte a través de nuevas revelaciones al corazón de una persona, sino al aplicar lo que ya ha sido revelado en las Escrituras, a saber, la verdad que los creyentes serán salvos.[16]

Cuando pecamos debemos suponer que la seguridad de nuestra salvación será debilitada. Dios nos guarda de la autocomplacencia y nos advierte a no jugar con el pecado. Dios, misericordiosamente, no permitirá que sus hijos lleguen a sentirse cómodos en el pecado. Él nos incomodará, aun hasta al punto de hacernos dudar de nuestra salvación, de manera que no presumamos de su favor, sino, al contrario, que gustemos su gracia. A menudo percibiremos la realidad de nuestra salvación no por la victoria sobre el pecado, sino por el combate que continúa dentro de nosotros. El consuelo y el ánimo no provienen de circunstancias externas de «éxito», sino cuando nos acercamos a Dios con un corazón sincero en plena certeza de fe, cuando sabemos que nada puede separarnos del amor de Dios en Cristo Jesús nuestro Señor. El resultado es el denuedo unido con la humildad. Nuestra certeza debe estar fundada, edificada y establecida solamente en la misericordia de Dios. Puede ser más fomentada cuando nos examinamos ante Dios; y podemos encontrar pruebas de que él mora y reina dentro de nosotros por las obras que él nos ha permitido hacer.[17] Nuestra seguridad espiritual debe enfocarse no en acciones lejanas del pasado, sino en nuestra actitud presente hacia Cristo. Así como los padres terrenales pueden esperar que haya crecimiento físico en sus hijos, así también podemos esperar ver un cambio gradual en las vidas de los hijos de Dios.

Quiero concluir al mencionar algunas pautas específicas. Como no podemos leer los corazones de otras personas y discernir su posición (salvos o perdidos) verdadera ante Dios, así tampoco debemos tratar de presumir la obra del Espíritu Santo.

Antes bien, deberíamos ayudarles a examinarse con la norma de Dios, es decir, su Palabra. Al hacerlo evitaremos minimizar el pecado, presentaremos la gracia de Dios como realmente gratuita, y les recordaremos los tres tiempos de la salvación: he sido salvo (Efesios 2:8), estoy siendo salvo (1 Corintios 1:18), seré salvo (Romanos 5:9). La base para la seguridad de la salvación es triple: las promesas de Dios aplicadas al corazón, el testimonio interior del Espíritu de Dios a nuestro espíritu, y la producción de actitudes y acciones que armonizan con el fruto del Espíritu y los mandamientos de Dios. Este último pilar actual se describe en la primera carta de Juan. Es provechoso sugerir a una persona que ha hecho una profesión de fe que lea esta carta poniendo atención a los siguientes puntos:

1. Prueba de conciencia de pecado (1 Juan 1:8, 10)
2. Prueba de obediencia (1 Juan 2:3-5, 29)
3. Prueba de libertad de pecado habitual (1 Juan 3:9; 5:18)
4. Prueba de amor por otros cristianos (1 Juan 3:14; 4:7-8)
5. Prueba de fe (1 Juan 5:1)
6. Prueba de vencer el mundo y Satanás (1 Juan 2:13-14; 5:4)

El vocabulario de los cinco pilares del evangelio de Dios es moldeado por la potencia del amor de la Trinidad. Medite sobre estas palabras del poeta John Donne:

Sacude mi corazón, Divina Trinidad;
Sacude, inspira, brilla, y procura enmendarme;
Para poderme levantar y estar de pie, derríbame, y que
Tu fuerza prevalezca, para quebrantarme, postrarme, y hacerme nuevo.
¡Yo, como un pueblo conquistado por otro,
Lucho para recibirte, pero ah, sin ningún fin!
La razón, Tu virrey en mí, debería rendir auxilio,
Pero, ella, se halla cautiva, débil o engañada.
Aún así te amo mucho, y me alegraría también ser amado.
Pero estoy comprometido en matrimonio con Tu enemigo;
Divórciame, desata otra vez ese vínculo de esclavitud,
Tómame, encarcélame, pues si no me subyugas,
Nunca seré libre, ni casto a menos que me conquistes.[18]

DECLARANDO EL EVANGELIO: EL DIAGRAMA «VINIENDO A CASA»
La importancia de tener un resumen o presentación del evangelio
Tengo un vivo recuerdo de haber leído todo el libro de Hechos de corrido con algunos amigos. Ernie Reisinger, un amigo de la iglesia durante mis días de universidad, llevó una media docena de estudiantes un sábado a los bosques y colinas del centro del estado de Pennsylvania. Hicimos un estudio de Hechos, buscando el contenido del evangelio proclamado por la iglesia primitiva. Nunca olvidaré lo que leí del mensaje evangelístico de aquellos creyentes primitivos. Su método, así como el de Jesucristo, nunca fue estereotipado o encasillado. Era teológico y personal.

Al estudiar el libro de Hechos descubrimos que los evangelistas sacaban ciertas verdades del evangelio una y otra vez. Su testimonio también se adaptaba a las condiciones del momento. Ellos consideraban a los no creyentes como individuos en situaciones únicas. Aún así, había un patrón fundamental, «una forma de sanas palabras» que servía como un punto de partida que ayudaba a los evangelistas a recordar el mensaje. Esto los mantenía en el camino correcto. Una y otra vez regresaban a los puntos fundamentales del evangelio. No era, sin embargo, una camisa de fuerza, que les impidiese ser creativos por su parte.[19]

El diagrama «Viniendo a Casa» no es perfecto, pero sí es un intento para fijar en nuestra mente ciertos puntos direccionales alrededor de los cuales las verdades del evangelio se fijarán de modo que tengamos un entendimiento claro cuando hablemos con los incrédulos. Cualquier actitud que dice «ya lo tengo» será señal de ignorancia y de orgullo. Igualmente, una actitud de «debo esperar», cuando testifique «hasta que comprenda el evangelio» es una actitud pecadora. A menudo, junto con la idea de aprender tal diagrama creemos que hay muchas personas que sólo están esperando oír estos cientos de palabras y deseosos de creer. Esta suposición, generalmente, no es verdadera. Hay excepciones, por ejemplo, cuando encontramos que se convierten rápidamente en el Nuevo Testamento (como el ladrón en la cruz o el carcelero de Filipos), pero estas personas habían estado bajo convicción de pecado y el Espíritu de Dios ya las había preparado.

No debemos cometer el error de pensar que la gente se convierte porque siguen nuestro razonamiento cuando les explicamos el evangelio. Es muy importante que los incrédulos vean el cuadro total. Pero ellos pueden hallarse aún lejos de cualquier sentido del temor de Dios como Creador, de convicción de pecado personal y de tener deseos de ser redimidos.

Por otra parte, es ciertamente provechoso para los creyentes que tengan un orden o estructura para comenzar a construir una comprensión más sistemática de nuestra gran salvación. Semejantes diagramas deberían ser saturados con una meditación cuidadosa en las Escrituras, con una comunión personal con Dios, y escuchar diligentemente una predicación sólida que expone y aplica la Palabra.

El Diagrama del Evangelio: viniendo a casa a Dios y a una familia. Cada persona tiene dentro de sí un deseo impartido por Dios de buscar cariño y propósito en la vida. Detrás del universo hay un Dios personal que existe en tres personas. Esto significa que tanto unidad como individualidad son la esencia de la existencia misma. No tenemos opción para elegir el Uno o los Muchos como el origen y centro total del universo. La cualidad especial de la Trinidad bíblica (uno en tres y tres en uno) tiene resultados increíbles para el pensamiento intelectual y para la vida práctica. Dejaré a otros que expliquen esto y me concentraré en la aplicación al evangelio.

El Dios de la Biblia es una persona. Por lo tanto, él tiene varios nombres, y se le designa con el pronombre personal de «Él», no «esto» o «aquello». Las referencias a un Dios trino—Padre, Hijo y Espíritu Santo—abundan en las Escrituras, con atributos divinos dados a cada uno. Esto significa que hay una interacción, relación, en el centro de esta vida. Cuando Dios hizo a la humanidad a su imagen significa que él nos creó para estar relacionados los unos con los otros. A los hombres y a las mujeres se les manda que se unan y produzcan hijos para que haya más relaciones. La unión de una sola carne (unidad, aunque su individualidad no se elimina) glorifica a Dios, aun si no hay hijos.

Sin embargo, las relaciones de familia son parte de su plan fundamental para la humanidad. La gente debe vivir en una relación de amor con Dios, su Creador, con su familia nuclear (madre, padre, hermanos), con su familia de parientes cercanos, y con toda la demás gente como hermanos y hermanas. Compartimos una humanidad común a partir de un origen común. Como el apóstol Pablo lo expresó a algunos politeístas intelectuales en la Grecia antigua: «El Dios que hizo el mundo y todas las cosas que en él hay... Él es quien da a todos vida y aliento y todas las cosas. Y de una sangre ha hecho todo el linaje de los hombres... para que busquen a Dios, si en alguna manera, palpando, puedan hallarle... 'Porque en él vivimos, y nos movemos, y somos', como algunos de vuestros propios poetas también han dicho, 'Porque linaje suyo somos'». (Hechos 17:24-28).

Los creyentes en Cristo son adoptados en la familia de Dios. Él viene a ser su Padre espiritual, Cristo es su hermano mayor, y los demás creyentes son hermanos y hermanas espirituales, es decir, una nueva familia que trasciende e incorpora toda clase de diferencias raciales, de género, étnicas, y culturales; una unidad en diversidad que exhibe la naturaleza de un Dios trino; poseyendo igualdad espiritual pero con papeles y talentos diversos. La obra de redención restablece las relaciones que ya se habían determinado, tanto en la tierra ahora como en los nuevos cielos y nueva tierra en el futuro. El hogar y la familia habían sido determinados para ser lugares de seguridad, interacción, seguridad, amor, gozo, amistad, esfuerzo creativo y adoración conjunta de Dios. Esto ahora se hace una realidad, aunque imperfecta, en la familia cristiana y en la iglesia. Cuando entramos en el reino eterno, adoptados tanto legalmente como de hecho, experimentamos la consumación perfecta de un hogar y familia verdaderos que estará más allá de nuestros sueños y que satisfará nuestros más profundos deseos. Diremos: «¡De alguna manera, yo sabía que así debería ser!»

El deseo universal de cariño en las relaciones personales es obvio hoy en día. Esta sed puede ser una entrada en la satisfacción de encontrar la amistad verdadera (compañerismo profundo) con Dios y con otros. Esto puede significar divorciarse de amistades presentes y de su familia natural. Jesucristo advirtió que nuestro amor por él debe sobrepasar nuestro amor por los demás y que aún nuestra propia familia puede distanciarse de nosotros si seguimos a Cristo. Sin embargo, la promesa hecha a sus discípulos que dejaron todo para seguirlo no ha sido revocada:

> «*Respondió Jesús y dijo: De cierto os digo que no hay ninguno que haya dejado casa, o hermanos, o hermanas, o padre, o madre, o mujer, o hijos, o tierras, por causa de mí y del evangelio, que no reciba cien veces más ahora en este tiempo; casas, hermanos, hermanas, madres, hijos, y tierras, con persecuciones; y en el siglo venidero la vida eterna*». (Marcos 10:29-30)

He usado el tema «Viniendo a Casa» para unir las cinco verdades fundamentales del evangelio: Dios, su ley, nuestro pecado, la salvación de Cristo y nuestra respuesta. Los conceptos claves están organizados bajo estos cinco encabezamientos. Los cinco «grupos de verdades» están unidos por el Camino de la Vida, que conduce ya sea al infierno o (si Cristo, el puente, es cruzado) al cielo y a nuestro hogar (casa). Comenzando con Dios como el Creador establece su autoridad y nuestra responsabilidad. Delineando las dos «Reglas del Camino» (la ley de Dios), establece normas para vivir, un elemento tan ausente en muchas presentaciones del evangelio hoy día. Una enseñanza breve y clara pero cabal sobre el pecado (una vida egocéntrica) muestra cual es nuestra verdadera necesidad. El cuarto punto amplía sobre la gracia de Dios en Cristo que nos lo provee como nuestro Salvador y Restaurador, quien nos regresa al Camino de la Vida centrado en Dios. Finalmente, nuestra respuesta de arrepentimiento y fe se requiere de nuestra parte para entrar en una relación con Dios y por lo tanto entrar a nuestro verdadero hogar (casa) en el universo.

Entonces llevaremos a cabo el gran diseño de nuestro Dios que desea estar en un pacto mutuo con su creación: «Yo seré su Dios y ellos serán mi pueblo» (Jeremías 31:33). Aunque esta relación de pacto tenga su trasfondo en una provisión soberana de un rey a favor de sus siervos, la Biblia deja en claro que la consumación de esto es una relación de amor como familia entre el Señor y sus hijos. «En pos del Señor caminarán, Él rugirá como un león; ciertamente Él rugirá, y sus hijos vendrán... y yo los estableceré en sus casas [su hogar] —declara el Señor». (Oseas 11:10-11, LBLA).

PARTE DOS:

El objetivo de nuestro mensaje

4

Profesando pero no poseyendo

Mientras revisaba este libro, mi teléfono sonó. Lo que sigue es un resumen de lo que una mujer frustrada me dijo. Ella identificó su membresía por treinta y cinco años con una iglesia local y denominación que se consideran sanos en su teología y entusiastas en su evangelismo. En su credo «las doctrinas de la gracia» son explícitas. Su entrenamiento en el evangelismo ha sido extensamente usado. Su escuela ha educado a miles. Además de enseñar en la escuela de la iglesia por veinte años, esta mujer se había dedicado a un ministerio evangelístico a los niños durante veinte años. ¿Por qué estaba molesta y pedía mi consejo? Ella dijo: «Hay pruebas muy pequeñas de un cambio profundo en las vidas de muchos de aquellos que han profesado la fe en Cristo, sobre todo en la gente joven a la que enseño».

Esta es una mujer que ha sido entrenada en lo que muchos consideran como el mejor programa de evangelización. Ella ha observado por dos o más décadas los «resultados». Lo que ella describe se ha extendido por todas partes en el ambiente evangélico. Esto es un problema global: gente joven cristiana «salva» que se adapta simplemente externamente a las ideas y valores de su iglesia. Las iglesias que funcionan bajo el principio de una «presunta regeneración», un término usado entre los puritanos en América en sus primeros tiempos que confrontaron el mismo dilema, dando por hecho que los hijos de padres cristianos eran regenerados mientras reflejaban una conducta externa moral y un conocimiento teórico de las Escrituras. Los jóvenes que no muestran pruebas externas de una desviación moral a la edad de doce (más o menos) años son inscritos en una clase de membresía de la iglesia aproximadamente por seis semanas. Al finalizar, un líder de la iglesia escucha pasivamente su testimonio. Si usan las frases correctas son formalmente recibidos en la iglesia local el próximo domingo. En las iglesias bautistas, el procedimiento es por inmersión en agua basado en una profesión creíble de fe. Pero ¿se hacen preguntas que examinen profundamente a la persona? ¿Cómo podemos protegernos contra una gracia barata y un simple asentimiento intelectual que dan pruebas pequeñas de una vida cambiada? ¿Cómo podemos descubrir a algún ídolo que todavía está arrinconado en el corazón?

Comenzamos a notar el predominio del testimonio «de dos etapas», típicamente resumido en palabras como éstas: «Recibí a Jesucristo como mi Salvador cuando yo tenía seis años y oré con mi maestra de Escuela Dominical, pero lo hice mi Señor cuando realmente comencé a vivir como cristiano a los veintidós años en mi primer año de la universidad». La autocomplacencia en iglesias doctrinalmente ortodoxas en cuanto al contenido de entrenamiento evangelístico y una confusión en cómo evaluar profesiones de fe conduce a «cristianos» que se engañan a sí mismos y a un Dios que es deshonrado. Existen recursos provechosos que tratan sobre si Cristo puede ser Salvador, pero no Señor.[1]

¿Qué podemos hacer para evitar engañar a la gente, causando profesar fe en Cristo sin poseer realmente a Cristo? Es triste observar que son frecuentes las falsas profesiones de fe en la iglesia. La mayoría de nosotros conocemos a personas que parecían ser atraídas hacia el evangelio pero que, sin embargo, no cruzaron la línea de fe. ¿Podría ser esto lo que explica el conflicto entre estadísticas que muestran un número grande de cristianos que profesan haber nacido de nuevo y el desorden moral persistente en el mundo? Lo que deseo hacer en esta sección es presentar la perspectiva bíblica de la conversión, una conversión de la persona entera en todas sus facultades, y contrastarla con tipos de conversiones sintéticas o falsas.

Nuestro deseo no debe ser nada menos que ver al individuo convertido totalmente. Aguardemos en Dios para que haya personas cambiadas, no una simple respuesta de una parte de su personalidad. La obra regeneradora de Dios es una renovación completa que envuelve a todas las facultades de la mente, emociones y voluntad. El lenguaje bíblico llama a esto como una «nueva creación», un «nuevo nacimiento». La gente es salva o está perdida. Si suprimimos esta separación radical, pero bíblica, de la humanidad sugiriendo una tercera categoría estaremos atacando la doctrina bíblica de la regeneración. No hay tal cosa como ser un cristiano a medias; por ejemplo, ser «cristiano» pero no un cristiano bautizado por Espíritu Santo en el cuerpo de Cristo; ser «cristiano» pero no aceptar a Cristo como Señor; ser «cristiano» pero vivir una vida que es caracterizada por la carnalidad, lo cual es adulterio espiritual.

Un cristiano tiene el Espíritu Santo, ha sido bautizado por él, habita en él, ha sido sellado y santificado por él (Hechos 2:38-39; Romanos 8:9, 11, 13-15; 1 Corintios 3:16; 12:12-13; Efesios 1:13). Un cristiano ha reconocido el señorío de Cristo (Hechos 22:10; Romanos 10:9-10; 1 Juan 5:1-5). Todo cristiano se aparta del pecado (Romanos 6:1-14; 1 Juan 3:3-10). El nivel bajo de espiritualidad entre nosotros ha hecho que el término cristiano se vuelva tan insípido que ofrecemos varios adjetivos para restaurar su sabor. No tengo contiendas contra cualquiera que quiera levantar la norma de nuestra vida espiritual. Sugiero, sin embargo, que la mejor manera para hacerlo es profundizar nuestro entendimiento de la regeneración, y no agregar nuevas dimensiones. Si Dios nos ha dado ya el regalo mayor del mundo, ¿nos prohibirá que lo abramos? Sin embargo, nuestra gozo radica en el regalo no en las decoraciones (Romanos 8:32).

SIMPLEMENTE CONVERSIÓN

La regeneración y la conversión son términos para describir dos modos diferentes de ver la salvación. La regeneración ve la salvación desde la perspectiva de Dios; es la comunicación instantánea de nueva vida al alma. Podemos estar o no conscientes del momento exacto en que esto nos aconteció. La conversión, por otro lado, ve la salvación desde nuestra perspectiva. Ésta es un proceso de la obra entera de la gracia de Dios desde del primer amanecer de nuestro entendimiento y finalmente abrazar a Cristo en el nuevo nacimiento. Para unos, esto ocurre en un período de años; para otros simplemente en una hora. Nosotros respondemos en el tiempo a la acción de Dios en la eternidad.[2]

El no entender las etapas normales de la conversión ha conducido a la confusión en la consejería por parte de evangelistas bien intencionados. Para disipar esta confusión, una mirada más detenida a las fases de la conversión es importante. Pero tome en cuenta, el Espíritu Santo no siempre obra según nuestro horario. Dios no se limita a un diseño específico. Hay un modelo, sin embargo, aún entre las circunstancias únicas que rodean una conversión, por ejemplo, como la de Pablo.[3] Es importante entender que la gente no siempre es regenerada en la primera vez que comienzan a invocar el nombre del Señor. El confundir los primeros inicios de responder al llamado en el proceso de conversión con el final es muy peligroso, ya que los no cristianos pueden ser engañados en creer que son salvos antes de que verdaderamente lo sean. Nuestros antepasados hacían ciertas distinciones provechosas en estas áreas. Ellos denominaban a un incrédulo, que aparentemente aún no había sido tocado por cualquier operación salvadora alguna del Espíritu de Dios, como «un pecador adormecido». Un «pecador despertado» o uno «que busca cómo ser salvo» era uno que había comenzado a responder a la operación previa del Espíritu de Dios. La respuesta positiva se manifestaría en una convicción de pecado y ruegos genuinos a Cristo para salvación, que haría que el pecador voluntariamente ejerciera fe y arrepentimiento. Cada una de estas etapas recalca una relación diferente con Dios. Hoy, sin embargo, la tendencia es apresurar a una persona a entrar al reino de Dios a la menor señal de interés por cosas espirituales. Jesús era precavido (por ejemplo, con Nicodemo, con el joven rico) y examinaba la convicción espiritual de los que querían ser sus discípulos.

¡Qué gozo es encontrar a personas preparadas por el Espíritu de Dios para recibir el evangelio! Oramos para que el poder convencedor del Espíritu Santo venga en estos pecadores que han sido despertados. No requerimos de ellos que se queden fuera del reino de Dios por meses, sino decirles, en palabras de un himno:

Venid, necesitados, venid, y sed bienvenidos;
glorificad la abundante gracia libre de Dios;
La fe verdadera y el arrepentimiento verdadero
son gracias que nos traen cerca;
Sin dinero... Venid a Jesucristo y comprad. ...
Jesús se halla presto para salvaros,
Lleno de compasión y con poder:
Él es capaz... Él quiere; ya no dudéis más.[4]

Estamos deseosos, en una buena manera, de ver tales personas que avancen más allá de una sensibilidad general al evangelio, por eso les señalamos y los instamos a que acudan a Cristo, la puerta. ¿Qué podemos hacer cuándo encontramos a alguien que está bajo convicción? A veces esta gente se estanca en el borde de la decisión. He aquí algunos principios para dirigirlos.[5]

Primero, aconséjelos en una manera que se enfoca en hacer, no en hablar. En otras palabras, evite ofrecer consejos con muchos detalles sin darles también órdenes para actuar.

Segundo, impúlselos a postrarse y aguardar en la misericordia del Señor. Nosotros no debemos oír sus confesiones ni volvernos su sacerdote, pues esto podría ser un modo en que ellos alivien su culpa.

Tercero, use la Biblia con el propósito de hacer hincapié en el consejo de Dios, no en su propia sabiduría.

Finalmente, debemos ser genuinos. Toda nuestra preocupación emocional debe ser la de presentar al Señor y ayudar al que ha visto su necesidad. Particularmente debemos:

1. *Animarlos. Dios los está trayendo a una crisis.*
2. *Amonestar al que titubea y al obstinado. No es que ellos no puedan ser salvos, pero el hecho es que ellos no quieren ser salvos. Dígales que le pidan a Dios que les conceda fe.*
3. *Hacer resaltar el pecado en que se incurre al recaer. Mayor juicio se acumula cuando hay mayor conocimiento (Hebreos 6:4-6; 2 Pedro 2:21).*
4. *Animarlos a no descuidar las reuniones cristianas. «La fe viene por el oír, y el oír de la Palabra de Dios» (Romanos 10:17).*
5. *Guiarlos al Salvador personal, no sólo a buscar significado de la vida, paz espiritual o cosas semejantes, porque la raíz de nuestra rebelión es el pecado propio contra Dios (Jeremías 29:13).*
6. *Enfatizar un búsqueda solícita, urgente y seria (Deuteronomio 4:29).*
7. *Desafiarlos a reconocer el pecado que no quieren abandonar.*
8. *Enseñarles cómo orar; sugiérales el Salmo 51.*

Una respuesta parcial al evangelio

¿Es posible para una persona profesar sinceramente la fe en Jesucristo, pero no poseer esa fe de ninguna manera? Sí, ciertamente. Un amigo me dijo cómo él despertó al hecho de que algo estaba mal en el cuerpo (la iglesia) de Cristo. Él había estado esforzándose para incitar el amor cristiano y la obediencia entre algunos jóvenes de la iglesia y había sido invitado a hablar a estos «cristianos». El retiro espiritual del fin de semana se acercaba rápido, pero él no se sentía tranquilo sobre el mensaje que debería traerles. Él comenzó a preguntarse por qué era siempre necesario que la fe de estos jóvenes fuese «avivada». Él comenzó a preguntarse si ellos tenían en realidad fe en primer lugar. Él tenía temor de ser considerado como un fanático o súper crítico, pero decidió comenzar haciéndole al grupo algunas preguntas básicas.

La primera noche del retiro espiritual llegó, y abrió con dos preguntas: «¿Cuántos de ustedes, si murieran en esta noche, sabrían que irían al cielo?» Todos levantaron sus manos. «¿Cuántos de ustedes verdaderamente quieren hacer la voluntad de Dios—aunque saben que no pueden obedecerlo perfectamente—pero, sin embargo, se proponen sinceramente en su corazón hacerlo?» Sólo una quinta parte levantó sus manos. ¿Cómo podría él conciliar las respuestas a estas preguntas con la clara enseñanza bíblica que dice que la salvación verdadera no sólo logra el perdón de rebeldes, sino su obediencia también (Hebreos 5:9)? Él decidió predicar evangelísticamente en toda esa conferencia y vio a muchos venir a la fe en Cristo.

En un colegio de mujeres yo estaba almorzando en el comedor con una estudiante que había asistido con regularidad al InterVarsity Christian Fellowship (grupo universitario de estudios bíblicos). Ella parecía tener altas normas morales y era amable con los demás. Tenía muy poco que decir cuando se tocaba el asunto de cómo las Escrituras formaban parte de su vida; también fallaba en comunicar contenido bíblico cuando testificaba a los no cristianos. Era amigable y sociable. Muchos pensaban que era cristiana. Yo le pregunté a qué atribuía su confianza de que se había convertido. «Cuando yo tenía trece años», contestó, «permanecí en el santuario de mi iglesia después del servicio de la mañana. Era un día hermoso, y el sol brillaba a través de las vidrieras de colores, creando vivos dibujos. Me sentí cálida, a gusto y tranquila». Me quedé allí esperando que dijera más, ¡pero eso fue todo! Muchas personas tienen una buena esperanza, pero que carecen totalmente de fundamento para ello.

Otra muchacha en una universidad estatal se me acercó totalmente frustrada. Por un año ella había estado muy activa en varias actividades cristianas. Ella oraba, leía la Biblia y cantaba con todo su corazón. Sus compañeros pensaban que ella era cristiana, pero estas eran sus palabras: «Yo necesito la amistad y la aceptación de otros. Esta escuela es muy grande. Este es un lugar de soledad. Yo no encajo con las muchachas más vagas. El grupo cristiano es muy amigable. Sí encajo en él fácilmente, pero ya no puedo soportarlo más. No soy realmente una de ustedes. He venido a la conclusión de que no soy cristiana». Sin un entendimiento cabal del método global hacia el evangelismo, tales personas que nunca se han convertido pueden seguir siendo engañadas sobre su estado verdadero y así volverse un obstáculo a la iglesia, o terminarán apartándose de la fe, uniéndose a las filas de los desilusionados y volviéndose indiferentes u hostiles a toda clase de religión. Endurecidos por años de que no han respondido a la Palabra de Dios, relativamente pocas de estas personas parecen convertirse verdaderamente. Nosotros debemos ayudarles y no engañarlos. La Palabra de Dios habla mucho sobre este tema.

La parábola del sembrador (Mateo 13:1-23). Dos de las semillas sembradas por el sembrador comienzan a crecer, pero no maduran porque el terreno es malo. Hay una respuesta inicial de gozo, de oír, de crecimiento, pero esa respuesta no continúa por falta de raíces y por la sombra. Los espinos mostraron que el terreno del corazón no era bueno.

Simón el hechicero (Hechos 8:9-24). Este hombre es descrito como uno que creyó y que deseaba más poder espiritual en su vida. Él también fue bautizado. Sin embargo no se convirtió verdaderamente ya que ofrece dinero para comprar ese poder espiritual (simonía). Pedro le dice que él debería perecer y que Simón no tiene «ninguna parte en ese ministerio, porque su corazón no es recto para con Dios.... Está lleno de amargura y en prisiones de maldad».

Herodes (Mateo 2:1-18). Como estamos tan familiarizados con los resultados de la indagación de Herodes sobre Cristo, olvidamos que él impresionó al principio a muchos por su celo «cristiano». Él tomó un interés por la Biblia; él mando llamar a sabios para que le ayudasen a entender las profecías; él se tomó molestias para encontrar a Cristo. Él no pidió que le trajeran a Cristo ante él, sino, en aparente humildad, quería ir a él. No sólo eso, sino también profesó una perspectiva correcta de Cristo, ya que él dijo que él quería adorarlo.

La multitud de judíos en la fiesta de la Pascua (Juan 2:23-25). Aquí tenemos testigos personales de los milagros de Jesús quienes aún «confiaron en su nombre». Sin embargo su falta de una fe salvadora es clara, pues dice que Jesús no se confiaba de nadie. Él conocía a todos los hombres; él sabía lo que había en el hombre. En Juan 8:31-59 vemos otra vez a un grupo de personas descritas como creyentes pero que no abrazan la enseñanza de Cristo; ¡estos terminan con quererlo apedrearlo!

Los judíos iluminados (Hebreos 6:4-9). Estas personas experimentaron la influencia del Espíritu de Dios, pero no su influencia salvadora. Lo que se dice de ellos (que «han crucificado de nuevo al Hijo de Dios y lo han expuesto a vituperio», y que es imposible para que ellos «sean otra vez renovados para el arrepentimiento») no puede decirse de un cristiano verdadero. En el versículo 9 el escritor dirige su discurso a aquellos que son cristianos: «En cuanto a vosotros, oh amados, estamos persuadidos de cosas mejores, y que pertenecen a la salvación, aunque así hablamos».

Las personas del señorío de Cristo (Mateo 7:21-23). Estos que aquí profesan fe parecen haberlo captado todo. No sólo confiesan el Señorío de Cristo, sino lo hacen de una manera fervorosa. Su teología y espiritualidad parecen ser sanas. Manifiestan poder espiritual en profetizar, expulsar demonios y hacer milagros. Pero sus voluntades no han sido convertidas. Su falta de haber experimentado una verdadera regeneración es evidente porque Cristo los consigna al infierno como malhechores.

Claramente, tenemos bastante amonestación tanto de nuestras experiencias con otros como en las Escrituras de que una reacción parcial al evangelio no es sólo peligrosa, sino muy frecuente. Deberíamos ser cautelosos en no identificar las reacciones externas favorables con la regeneración. La mejor y más provechosa manera de identificar personas que muestran un interés genuino por el evangelio son aquellas que ven su necesidad y que buscan salvación. Al principio, es mejor decir que alguien ha profesado fe, que decir que tal persona se hizo cristiana la semana pasada.

¡Qué pensamiento tan horrible que muchos vendrán ante Cristo pensando que serán incluidos pero se den cuenta que serán excluidos! No podemos esquivar nuestra responsabilidad de animar a la gente «a examinarse para ver si está en la fe» (2 Corintios 13:5). Ellos necesitan una confrontación con amor, no un remedio rápido espiritual diseñado para hacerlos sentir a gusto con su desobediencia. Ellos necesitan salvación. Podemos dirigirlos a las Bienaventuranzas, a la Primera carta de Juan y al Salmo 51, exhortándolos a leer esto y pedir a Dios que les muestre en dónde se hallan en relación con él. Este es el auto examen bíblico; usando ese aspecto de la ley de Dios que da evidencias de una nueva vida. Esto es muy diferente de la introspección mórbida, ya que el auto examen bíblico usa un criterio basado en hechos y evita revolcarse en un análisis sentimental y emocional.

Entonces, ¿en qué confiamos que Dios haga? ¿Qué queremos decir cuándo afirmamos que el evangelio entero es para la personalidad entera? Para responder adecuadamente estas preguntas debemos examinar las facultades que constituyen nuestra personalidad. También tenemos que ver cómo una conversión falsa puede resultar cuando cualquiera de estas facultades no es tocada por el Espíritu de Dios.

5

El evangelio entero a la mente
No intelectualismo sino usando la verdad para informar y humillar la mente

Hice una visita de cortesía a la oficina del capellán mientras visitaba una pequeña universidad privada. El capellán me saludó con una gran sonrisa y un cálido apretón de manos. Hablamos amablemente de nuestra preocupación en cuanto a cómo ministrar estudiantes y las necesidades del campus universitario. La Biblia, Cristo y el testificar eran las palabras que salían naturalmente de sus labios. Estaba entusiasmado por encontrar un cristiano con esta vocación. Todo lo que decía parecía ser exactamente lo que yo quería oír.

SÓLO CONOCIMIENTO EN LA CABEZA
Más tarde ese día, investigué los programas que él ofrecía. Hablé con estudiantes que lo conocían. Algunas preguntas brotaron en mi mente, así que regresé para preguntarle al capellán sobre sus propias creencias. Aunque algo desconcertado por mi valor, accedió de una manera condescendiente a responder. Habiendo crecido en un hogar cristiano evangélico, él siempre había querido ayudar a la gente. Él sintió que el papel de un ministro en el campus de una universidad le daría la mayor libertad de supervisión y de estereotipos para influir en otros en el desarrollo de su potencial.

En uno de los seminarios liberales principales él había «madurado» y había rechazado la ingenuidad de sus raíces evangélicas. La Biblia le era un libro de fuente «de la fe de la iglesia primitiva», y la tradición judeocristiana era una de entre muchas expresiones válidas de la búsqueda humana del bien supremo. ¿Y qué de Jesús? Bueno, él fue simplemente un hombre sabio, pero uno tenía que despellejar los mitos y leyendas que habían crecido alrededor de él para encontrar al «verdadero» Jesús. Me alejé de la oficina de aquel capellán entristecido por saber la verdad sobre un hombre con conocimiento religioso, pero que no personificaba ni proclamaba las verdades del evangelio. Yo había impuesto mi interpretación a palabras que él consideraba como meros símbolos.

Lamentablemente, este no es un ejemplo aislado. A menudo cristianos piensan que ellos han conducido a alguien a Cristo, pero, en realidad, la persona sólo estaba dando las respuestas que el cristiano quería oír.

La parte contraria, sin embargo, es igualmente peligrosa.

POCO CONOCIMIENTO EN LA CABEZA

En mi ministerio a estudiantes universitarios, tengo la oportunidad de dar la bienvenida a nuevos estudiantes al mundo universitario. Recuerdo a un estudiante que parecía feliz de encontrar a otras «personas de Jesús», (según él nos llamaba). Su entusiasmo era contagioso. Más tarde encontré que sus encuentros anteriores con Cristo y con el compañerismo cristiano radicaban en un ambiente que desconfiaba y despreciaba profundamente la mente. La espontaneidad, la autenticidad, la alegría y la amistad en relaciones personales eran los sellos del grupo en el cual él fue nutrido. Pero no había mucha enseñanza bíblica.

Apenas había pasado un mes cuando desapareció de nuestro compañerismo y no estaba en ningún otro grupo cristiano. Él no tenía el tiempo para estudiar las Escrituras, y cuando lo hacía, él tenía el hábito de abrir la Biblia en cualquier parte, buscando «una bendición».

Él había elevado las experiencias vivas y emocionales, de primera mano, como el criterio y el contenido de la fe. Ahora en la universidad él encontró a otros con una variedad de experiencias y opiniones que ni se acercaban al cristianismo.[1] Pero sus experiencias eran igualmente intensas. ¿Qué le daba más validez a su «experiencia religiosa?» se preguntaban. Dentro de poco terminó negando abiertamente la fe y lo sigue haciendo hasta este día. Él verdaderamente nunca se había convertido, pues no tomó la verdad como el criterio de experiencia. No había ninguna sumisión de su mente rebelde a la autoridad de la Escritura.[2] Si el contenido del evangelio es Jesucristo, la intención del evangelio es someter la mente del incrédulo a la autoridad del Nuevo Testamento y al señorío de Jesucristo. Éstas no son dos entidades separadas. El Nuevo Testamento es la Palabra de nuestro Señor Jesucristo, y por lo tanto, una de las señales de la fe salvadora es una disposición en guardar sus enseñanzas (1 Juan 2:3-5).[3]

EL EQUILIBRIO: PENSANDO LOS PENSAMIENTOS DE DIOS, NO JUZGANDO LOS CAMINOS DE DIOS

Brevemente, la enseñanza bíblica acerca de la mente consiste en que nuestra mente no debe ser excluida en nuestra fe cristiana, pero tampoco debemos confiar en ella como juez final. Nuestra mente es dada por Dios. John Stott lo expresa así:

> Nuestra racionalidad es parte de la imagen divina... El negar nuestra racionalidad significa negar nuestra humanidad, significa que nos volvemos menos que seres humanos. La Escritura nos prohíbe conducirnos como caballos o mulos que carecen de «entendimiento» [Salmo 32:9] y nos manda que seamos «maduros» en nuestro entendimiento [1 Corintios 14:20].... Muchos creen que la fe es algo completamente irracional. Pero la Escritura nunca contrapone la fe y la razón como cosas contrarias. Al contrario, la fe sólo nace y crece dentro de nosotros por el uso de nuestra mente. «En ti confiarán los que conocen tu nombre» [Salmo 9:10]; la confianza nace del conocimiento de la fidelidad del carácter de Dios. De nuevo, «Tú guardarás en completa paz a aquel cuyo pensamiento en ti persevera; porque en ti ha confiado». [Isaías 26:3]. En este versículo 'el confiar en Dios' y 'el pensamiento que persevera en Dios' son sinónimos, y 'completa paz' es el resultado.[4]

La Caída ha infectado nuestra mente de manera que aparte del Espíritu ella no pueda llegar a conclusiones moralmente rectas. Ella no interpreta «hechos» (evidencias) como Dios lo hace. La función apropiada de la mente es pensar los pensamientos de Dios como él lo hace. El uso incorrecto es juzgar a Dios y sus caminos. Nuestras mentes no son «neutrales»; ellas no responderán naturalmente ni tampoco seguirán la verdad del evangelio aun cuando puedan funcionar bajo ciertos principios de racionalidad como la ley de contradicción, un principio de lógica. Ellas suprimen las implicaciones morales de la verdad (Romanos 1:18). Ellas se hallan en enemistad contra Dios (Romanos 8:7). Como hombres y mujeres caídos, debemos arrepentirnos del deseo de querer ser mentalmente autónomos. Debemos despojarnos de nuestras imaginaciones vanas y pensamientos arrogantes de nosotros mismos. Ninguno de nosotros será llamado mientras siga su propia sabiduría.

Una historia un poco cómica ilustra esta verdad. Un hombre entró a la oficina de un psiquiatra un día, insistiendo que él estaba muerto. Después de varias sesiones con este hombre «muerto», el psiquiatra pensó que le había dado al clavo al problema de su paciente. Él ordenó a su paciente que fuera a la biblioteca y escribiera un ensayo largo sobre las características de personas muertas. El doctor no oyó de él durante varios meses. Entonces un día él recibió en el correo un manuscrito grande, el fruto del trabajo de su paciente sobre el tema. Una de sus conclusiones principales era el hecho interesante de que la gente muerta no sangra. Encantado, el psiquiatra llamó al hombre para una cita. Tan pronto como el paciente llegó, comenzó otra vez a proclamar que él estaba muerto. En aquel momento el doctor sacó de repente un alfiler grande y pinchó el dedo del hombre. La sangre brotaba profusamente. «Y ahora, ¿qué conclusión saca usted de esto?» preguntó el doctor. Después de un momento de vacilación, pero sin parpadear, el paciente miró al doctor directamente a los ojos y exclamó: «Bueno, ¡pues parece que la gente muerta sangra después de todo!»

De igual manera, a pesar de toda evidencia, la mente de hombres y mujeres pecadores se aferran a opiniones torcidas como un niño que se aferra a su juguete favorito. Cambiamos toda evidencia para que encaje con nuestras presuposiciones.

Sin embargo, no estamos animando a no cristianos de ningún modo a cerrar sus mentes cuando consideran los reclamos de Cristo. Los invitamos a usar sus mentes. Como dice el profeta «Venid ahora, dice Jehová, y razonemos juntos»[5] (Isaías 1:18 RV2009). Pablo discutía o argumentaba. Él usaba la lógica. Él hizo todo lo posible para clarificar y ayudar a los incrédulos a entender. Los apóstoles usaron un evangelismo educativo. En efecto, el mismo vehículo —palabras— por el cual Dios nos dio su revelación presupone el uso de nuestra mente.

Al testificar a la persona entera deberíamos usar métodos que se dirigen a la mente. Es verdad que nuestra cultura (y peor aún, algunas partes de la iglesia) se apoya en otros métodos para ejercer influencia sobre la gente, por ejemplo distraer la mente para evadirla de cualquier modo. (Francis Schaeffer usa la ilustración del ladrón que usa un pedazo de carne para distraer el perro mientras él se ocupa en su verdadero negocio de robar.) Así se ganan las elecciones, se venden productos y se producen convertidos creando imágenes agradables y obteniendo reacciones que carecen sentido crítico, en vez de razonar asuntos, cuestiones o méritos.

Debemos abandonar cualquier clase de evangelismo que eleva con exageración la mente o que la descuida excesivamente.

6

El Evangelio entero a las emociones
No sentimentalismo sino mostrando amor y tocando el corazón

Jill se sentó a mi lado llorando, ¡y yo nunca llevo un pañuelo a la iglesia! Oí por casualidad a alguien decir que había sido un servicio «poderoso». Ya había terminado, y estaba sentado con mi amiga en la banca tratando de recordar el servicio. Uno de los que había estado testificando por la emoción no pudo terminar. Entonces el predicador comenzó a hablar del amor de Dios. Usted hubiera sido un tonto en no responder.

SÓLO REACCIÓN EMOCIONAL

Mi amiga Jill entonces vino a mis recuerdos. «¿Cómo sabía él cuánto quiero ser amada? Parece que él me estaba hablando a mí directamente. Todo lo que quisiese, él decía, Jesús me lo dará.... Entonces aquel largo canto al final. La música me hizo algo, y siguió suplicándonos. Después de unos momentos entendí, de como yo había estropeado mi vida. Quería hacer algo. No quería decepcionar al predicador, entonces levanté mi mano. Algo, no estoy segura lo que era, me hacía sentir apenada, con esperanzas y confundida a la misma vez. Me hallaba tan conmovida que no podía pensar nada con claridad. No sabía lo que me estaba pasando». ¿Se había convertido Jill? ¿Qué piensa usted? Veamos el extremo opuesto de este estado emocional.

NINGUNA REACCIÓN EMOCIONAL

«Bueno, esa es la verdad y usted puede tomarla o dejarla». No estoy seguro que el predicador quiso decir exactamente eso, pero ciertamente esa fue la impresión que él comunicó. Su complacencia y presentación de hechos comunes caracterizó el sermón entero, y lo terminó de la misma manera, tan abrupta y tan fría. Él habló del amor de Cristo por los pecadores, pero él no dio ninguna indicación de que él quisiera que la gente respondiera. Él no mostró ningún interés a su audiencia. No había exhortaciones para venir a Cristo. Esto me recordó del estudiante que se me acercó y que quería mostrarme un folleto del evangelio. Él se hallaba a la mitad de su presentación cuando me miró a la cara y vio que quería hablar. Era todo tan mecánico. Tan impersonal. Tan artificial. Él también hablaba del amor de Dios, pero sentí que no se preocupaba en absoluto por mí.

MANTENIENDO EL EQUILIBRIO: LAS EMOCIONES CONDUCIDAS POR LA VERDAD

El ambiente evangélico particular en el cual nos hemos convertido a menudo plantará el modelo de nuestro crecimiento posterior, actitudes y perspectivas de espiritualidad. Una clase de ambiente particular producirá convertidos emocionalmente atrofiados que a menudo llevan máscaras puestas. Ellos a veces dan la apariencia de ser tiesos, poco naturales y sentirse avergonzados cuando la conversación va más allá de clichés y se les pregunta «¿qué significado tiene esto para usted?» Otra clase de ambiente tiene a muchos que exhiben un entusiasmo que todavía es más hueco. Quizás tratan de cubrir lo que falta en su fe; tal vez esto es una mímica inconsciente de lo que sus líderes de grupo comunican como «espiritual». ¿Qué podemos hacer para cuidar que nuestro evangelismo no llegue a los extremos de indiferencia o sentimentalismo?

En el tema de las emociones, los evangélicos sufren de desequilibrio emocional. Unos han sido amenazados tanto por las acusaciones de sentimentalismo que marchan hacia atrás con toda la fuerza que pueden. A menudo caen en un engreimiento apático. Un editor religioso elogia los credenciales académicos de sus colaboradores, o el presidente de la universidad cristiana fanfarronea su gran porcentaje de facultad con doctorados. Otros se han aburrido tanto con la esterilidad de las vidas de supuestos creyentes que van buscando experiencia tras experiencia, y siguen a cualquiera que exhibe una personalidad carismática. Todos los esfuerzos evangelísticos deben ser positivos, llenos de vida y tener a un líder que pueda «atraer a la gente joven» (de un buen aspecto, atlético y agradable humor). Si cree que mi análisis es extremista, simplemente le invito a leer detenidamente algunas revistas evangélicas y libros populares, o visite iglesias y grupos de compañerismo fuera de sus círculos normales.

De nuevo, abrazamos sólo una parte de la verdad mientras que ignoramos el equilibrio hermoso de las Escrituras. Las emociones son parte de la imagen de Dios en nosotros. Si nuestros sentimientos han sido legítimamente despertados, ellos deberían ser expresados, no suprimidos. Las emociones tienen un lugar válido en nuestras vidas, pero no deben dirigir nuestras vidas. La verdad debe dirigir, mientras que las emociones y la voluntad se someten. Debemos permitir que la verdad se posesione de nosotros.

Nada enciende al corazón con fuego como la verdad. La verdad no es fría ni árida. Al contrario, es cálida y apasionada. Y siempre que nuevas perspectivas de la verdad de Dios se nos presentan, no podemos permanecer indiferentes. Antes bien somos movidos a responder, ya sea al arrepentimiento o a ira o amar o adorar. Piense en los dos discípulos que iban a Emaús en la primera tarde de la resurrección mientras el Señor resucitado les habló. Cuándo él desapareció, se dijeron el uno al otro: «¿no ardían nuestros corazones dentro de nosotros mientras que él nos hablaba en el camino, mientras que él nos abría las Escrituras?»... ¿Cuál era la causa del ardor en su corazón? ¡Era Cristo que les abría las Escrituras!... Tal como F. W. Faber lo puso una vez: «La teología profunda es el mejor combustible de la devoción; ésta fácilmente prende fuego, y una vez encendida arde por mucho tiempo».[1]

Pablo prorrumpe en una doxología apasionante cuando presenta doctrina (Efesios 1:6-10). Es agradable ver nuevo énfasis sobre nuestras emociones por parte de evangélicos. Dios nos hizo a su imagen. Él tiene emociones. ¡Dejemos de negar las nuestras!

Cuando testificamos debemos ser emocionales. ¿Puede evitarse serlo? Estamos hablando del amor más grande en el mundo. Estamos amonestando a una conciencia insensible de la horrible ira de Dios contra pecados personales y contra la injusticia social. Estamos comunicando la paz de reconciliación de Dios. Nuestro tema es el gozo de ser libres de condenación para aquellos que están en Jesucristo, el mismo Jesucristo que lloró por la incredulidad de Jerusalén. ¿Lo ha hecho usted? Se cuenta que algunos de los puritanos manchaban el suelo con sus lágrimas mientras oraban. ¿Hay dolor y agobio incesante en nuestros corazones por alguien que no se ha convertido aún? ¿Y qué si experimentamos estas emociones por pecadores en privado? ¿Es correcto exhibirlas en público? Claro que lo es.

Una noche de otoño mi esposa, Suzanne, y yo estábamos en casa juntos. El teléfono había sonado varias veces con llamadas de una clase o de otra. Yo comenzaba a volverme un poco delicado sobre mi privacidad. En ese momento el teléfono sonó otra vez. Con poca voluntad contesté y oí la voz áspera de un hombre anciano que decía, «¿Es este Willie Metzger que solía vivir en Baltimore?»

«Sí», contesté con vacilación. Cuando me llamó por mi nombre «Willie», yo sabía que esta debía ser una voz del pasado distante. Yo esperaba que él no me mantuviese adivinando. No lo hizo.

«¿Recuerdas estar en un autobús cargado de estudiantes que se dirigía hacia la Convención Misionera del IVCF en Urbana, Illinois?»

Mi respuesta fue: «Por supuesto». Pero yo no fui completamente honesto, pues para este tiempo yo había estado en muchas de estas convenciones trienales, y con el tiempo se borraban cada vez más de mi memoria. Habían transcurrido diecisiete años desde aquel viaje particular en autobús.

La voz brusca continuó: «Bien, yo era el chofer de aquel autobús, y durante el viaje a través de la noche hablaste conmigo de mis problemas familiares y de Jesucristo. Me alojé cerca de la convención, y aún viniste a mi cuarto una noche para pedirme que te acompañara a una reunión. Rehusé y seguí bebiendo mi cerveza y mirando la televisión. Luego, de regreso a casa me exhortaste a considerar hacerme cristiano. Yo era un escéptico e incrédulo. ¿Cómo podría un joven como tú conocer la solución a los problemas difíciles de mi matrimonio, trabajo y dinero que estaba confrontando?»

En ese momento se desempolvó mi memoria, «¡Alberto! Sí, sí, ya lo recuerdo ahora. Continúe». Escuché atentamente mientras el conductor del autobús me dijo cómo él había puesto la Biblia y una nota que yo le había dado en su armario junto con una carta en la que su papá le había escrito exhortándolo a ponerse a cuentas con Dios. Luego, cinco meses más tarde, extendió sus manos a aquel armario para tomar su chaqueta. Allí encontró la Biblia y las dos cartas. Las tomó y comenzó a leerlas. Su corazón fue ablandado. Más adelante en ese verano fue a oír a un predicador del evangelio por la invitación de su hijo.

«En verdad me convertí», dijo él. «Desde la última vez que nos vimos me he vuelto un camionero. Tú conoces esos trailers grandes de dieciocho llantas. He sobrevivido milagrosamente dos accidentes terribles. Dios me ha guardado todos estos años. Fui bautizado y me afilié a una pequeña iglesia aquí. Mi esposa y otros en mi familia también son cristianos. Encontré tu número de teléfono en Baltimore escrito en aquella Biblia. Así que llamé, y tu papá me dio tu nuevo número. Yo a menudo pensaba en ti, y sólo quería hacerte saber lo que ha pasado. No recuerdo mucho de lo que me dijiste hace años, pero recuerdo tu preocupación y sinceridad, y todavía tengo tu nota y la Biblia. Sigue amando a la gente para el Señor Jesucristo, Willie, no importa cuánto tiempo tome».

Debemos hacerles saber a nuestros amigos no cristianos cómo nos sentimos con respecto a su condición espiritual. Muchos de nosotros somos apáticos, entumecidos por nuestra cultura. Debemos afirmar verbalmente a otros cuando vemos en ellos los dones de Dios para ellos. Debemos esforzarnos en expresar a otros que los amamos. Bien recuerdo el tiempo cuando sabía que yo no podía decir nada más en una conversación que tuve con una joven de la familia. Me parecía apropiado abrazarla, y luego las palabras salieron, «¡Ah, cómo deseo que te hagas cristiana!» En otra ocasión yo estaba inconsciente del tono profundo de la preocupación que brotaba de una conversación intensa con un tío mío. Él comentó que esperaba que yo no me viera frustrado ni deprimido a consecuencia de su indisposición para convertirse. Él podría ver que me preocupaba por él.

¿Le sorprendería que no sólo los estudiantes vengan a Cristo, pero también personas de toda edad? La mujer que me corta el pelo encontró que las palabras cortantes de Jesucristo penetraron su corazón. El hombre que vino a mi oficina para venderme una póliza de seguro se «vendió» a Jesucristo y ahora está en el ministerio. ¿A quién ha traído Dios en su vida?

Cuando testificamos debemos procurar tocar el corazón de los incrédulos. Queremos que se enamoren de Jesucristo. ¿Acaso no es el amor de Cristo que atrae a los pecadores? Demos lugar a las diferencias en cuanto a la constitución emocional de las personas. Pero nunca olvidemos involucrar sus emociones.

Una palabra de precaución. Si usted tiene una personalidad enérgica y puede convencer a la gente de cualquier cosa, tenga cuidado de manipular a otros. Este es un peligro grave en el evangelismo entre niños o con personas emocionalmente inestables. El considerar a niños u otros como salvos basándose en reacciones emocionales sin pruebas adicionales en realidad podría impedirlos a que busquen a Dios verdaderamente y podría causarles enfado con el evangelio. Es más fácil generar entusiasmo que una obediencia duradera.

Reconocí la dificultad en abstenerme de pronunciar a mis hijos «salvos» cuando eran jóvenes por el hecho de repetir una oración espontánea, mostrar interés en historias de la Biblia o cantar en voz alta «Jesús me ama». Como su padre, me sentía tan emocionado en verlos reaccionar emocionalmente a Cristo. ¿Pero fueron convertidos verdaderamente? Es una gran tentación decir que sí, ¿pero estaban haciéndolo para recibir aprobación o era de corazón? Sólo el tiempo y las pruebas de vida pueden confirmarlo. Es sólo cuando confrontamos la decisión en que nuestra voluntad debe ser suprimida a fin de hacer la voluntad de Cristo lo cual nos manifiesta lo genuina que es nuestra salvación. Me alegro en los frutos de gracia que ahora se ven en sus vidas como hombres de Dios, reflejando a Cristo en su familia, iglesia y lugar de trabajo.

7

El evangelio entero a la voluntad
No apelando a deseos naturales sino invitando, persuadiendo y dirigiendo la lealtad a un nuevo Líder

El deseo de éxito y de posición es poderoso. A veces la iglesia lo alimenta en vez de llamarlo por su nombre verdadero: orgullo. Aquí presento la parte de una carta escrita por un pastor a una persona joven que estaba pasando por un período de depresión.

> Escribo para ayudarte a sacudir este sentimiento de inutilidad que te ha venido. Varias veces me has dicho que no ves cómo Cristo puede usarte en modo alguno, que tú no eres nadie en modo alguno.
>
> La iglesia es en parte responsable por hacerte sentir así. Estoy pensando en la mentalidad que estriba en relatos de éxito en la iglesia. Las revistas que publican las iglesias cuentan la historia de Alberto Adinerado que usa su posición influyente para testificar de Cristo. En el banquete juvenil de la iglesia tenemos el testimonio del estrella de fútbol americano Patricio Pateador, quien inspira el respeto de sus compañeros de equipo cuando testifica de Cristo. Te hemos hecho pensar que si no tienes el potencial para llegar a la fama o a una posición grande en el mundo de los negocios, te sería mejor mantener tu boca cerrada.... Nadie se preocupa de lo que Cristo ha hecho por ti.[1]

Además, enfatizamos «la aventura de la vida cristiana», o decimos: «prueba con Jesús porque las cosas salen mejor con él». Éstos son llamamientos directos a la voluntad expresados en términos de un desafío emocionante. ¡La gente recibe la impresión que ellos pueden tomar a Jesús del mismo modo que adoptarían un programa de ejercicios! Éstos son esfuerzos para estimular la voluntad de una persona al apelar a sus deseos humanos. Esto se convierte en un evangelio que apela a mis deseos egoístas. Por un lado me he encontrado con personas cuya historia prosigue de esta manera:

> Por un buen tiempo me vi impedido en acercarme a Dios. Yo disfrutaba de mis amigos cristianos, y sabía que yo no tenía lo que ellos tenían; pero simplemente no quería confrontar la necesidad de hacerme cristiano. Era algo fácil sólo asistir a las reuniones. Nadie me confrontó alguna vez sobre el asunto de mi salvación. Ahora que soy cristiano, cómo hubiera deseado que alguien me hubiera confrontado con esto antes. Necesitaba oír que alguien me dijera que yo no podía dejar esto para después.

O esto:

> No estoy listo aún para acercarme a Dios. Mis motivos son tan egoístas. Además, no entiendo aún lo suficiente. Quiero que todas mis preguntas sean contestadas primero. Quiero prepararme más y acercarme a Dios sólo de la manera correcta. El pastor me exhortó a esperar a que Dios me mueva. Él no trató de persuadirme en absoluto.

MANTENIENDO EL EQUILIBRIO: DIOS QUE MUEVE A PECADORES POR LA PERSUASIÓN

Es un error apelar directamente a la voluntad del incrédulo si tal apelativo no es acompañado con contenido bíblico. ¿Por qué? Porque tal contenido es necesario para instruir la mente en sus decisiones y para humillar sus deseos pecaminosos.[2] Es posible animar a los incrédulos a llegar a decisiones basadas en motivos falsos. Ellos «se vuelven cristianos» en base del beneficio que ellos pueden sacar de ello, por ejemplo, desear fervientemente tener la experiencia del predicador o felicidad o éxito en la vida. La razón verdadera para hacerse cristiano no es para que podamos tener una vida maravillosa, sino para que podamos estar en una relación correcta con Dios. Muchos de nuestros métodos evangelísticos dependen en los beneficios que ofrecen. Las frases como «la aventura de la vida cristiana», «la emoción y el entusiasmo», «y Cristo me hizo feliz cada día» no están equilibradas con el costo del discipulado. «De todos los peligros el más serio es producir decisiones como resultado de ejercer presión sobre la voluntad del oyente».[3] Existe el peligro de usar nuestra personalidad o historias para obligar a los oyentes a responder a nuestro llamado. La verdad no los ha convencido ni los ha compungido. La música puede producir el mismo efecto. La gente puede cantar un coro repetidamente hasta que finalmente se vuelva intoxicada con ello. Hay valor en tales cosas como la música, la diversión, el drama y videos para acompañar al evangelismo, pero estos no deberían tomar la posición suprema ni la primera. Estos son recursos y ayudas, no lo que produce verdaderamente los resultados. El relacionarse con la gente a través de sus necesidades o deseos es un comienzo. Sin embargo moldear el contenido del evangelio para satisfacer a la gente terminará engañándolos y producirá «cristianos» centrados en sí mismos. Al contrario, confrontemos el narcisismo (auto—idolatría) extremo de nuestra cultura, cambiando a las necesidades humanas de dirección aún las que son legítimas y humillando al soberano «yo». ¿Se enfoca su evangelismo sólo en desarrollar relaciones? Tenga cuidado.

Por otra parte, la Escritura sí apela a la voluntad. La Escritura no subraya una política de no intervención. «Escoged en este día a quién serviréis» (Josué 24:15). «Venid, todos los sedientos, venid a las aguas» (Isaías 55:1). «Venid a mí todo que estáis cansados y trabajados» (Mateo 11:28). «Cree en el Señor Jesucristo, y serás salvo» (Hechos 16:31). Los evangelistas verdaderos presentan la propuesta de matrimonio para unirse con Cristo. ¡De hecho, nosotros deberíamos rogar, mandar, invitar y pedir! Es incómodo cuando ponemos a las personas en aprieto, sin embargo no debemos descuidar de demandar una respuesta. Puedo recordar las veces cuando he luchado para hacer esto.

Me he encontrado diciéndole a alguien: «Esto es muy importante; usted debería decidir. Quizás piensa que estoy presionando, pero sólo quiero reflejar la presión del Espíritu de Dios quién le está llamando a responder. Si usted siente en su conciencia la fuerza de la verdad que está en Cristo (no simplemente porque no quiere decepcionarme), entonces ríndale toda su vida a él». Nuestras palabras que envuelven grandes consecuencias pueden traer convicción espiritual a la gente. Queremos que se confronten con Dios ahora, pues es un asunto de vida o muerte. Debe haber un tono de urgencia y persuasión en nuestra voz.

Los sermones de los grandes evangelistas como Bunyan, Whitefield, Edwards y Spurgeon fueron todos marcados por preguntas directas y súplicas dirigidas a incrédulos. Así también lo fue su testimonio personal. Se nos dice en la autobiografía de Spurgeon de una mujer que había venido a él varias veces para pedir consejo. Ella había visto su necesidad de Cristo después de escuchar sus sermones y necesitaba enseñanza adicional en cómo hacerse cristiana. Spurgeon repasaba laboriosamente el evangelio con ella en cada ocasión.

Ella siempre terminaba la sesión con «Sr. Spurgeon, por favor ore por mí». Spurgeon comenzó a molestarse y finalmente le dijo: «Señora, ore por usted misma, yo no lo voy hacer». Esto la sorprendió tanto que ella buscó a Dios directamente y pronto fue convertida. Hay beneficios sorprendentes que, por supuesto, reciben los creyentes (por ejemplo la seguridad de ir cielo, el perdón, el gozo, el amor y la paz). Los incrédulos sólo pueden desear estas cosas de un modo egoísta, así que no deberíamos comunicarles la idea que deben esperar hasta que sienta los motivos correctos para venir a Cristo. Ellos nunca van a venir, simplemente porque ellos no pueden. A los pecadores se les manda que vengan ahora.

EL ERROR DE PONER ETIQUETAS

Este asunto de la voluntad y nuestra necesidad de hacer «llamados» es un área particularmente delicada entre evangélicos debido a ciertas presuposiciones teológicas. Existen aquellos que ponen gran énfasis en la teología y procuran definir con cuidado cada aspecto de su evangelismo. Ellos me recuerdan del refrán, «¡Después de que todo se ha dicho y hecho, se ha dicho más de lo que se ha hecho!» Tienen tanto temor en hacer cualquier cosa que sea antibíblica que se niegan a hacer algo nuevo y diferente. Un deseo de ser bíblicos es recomendable; pero si se lleva a un extremo, es reducirse a la esclavitud de la letra y no al espíritu de la ley. Una cosa es sostener firmemente nuestros principios; otra cosa es caer en una aplicación demasiado escrupulosa de un principio de una manera mecánica. Thomas Jefferson sabiamente dijo: «Cada diferencia de opinión no es una diferencia de principio.» Ser inflexibles significa esclavizarse a una tradición o a un pastor o a un principio, pero no al Señor. No debemos ser simplemente críticos ortodoxos, sino ser hacedores motivados por el Espíritu Santo.

Otros evangélicos son teológicamente ignorantes de por qué hacen ciertas cosas al hacer «llamados» del evangelio. Estos evangélicos deberían estar dispuestos a examinar su teología. En vez de abrazar ciegamente ideas sobre la voluntad que brotan de presuposiciones no bíblicas, deberían examinar detenidamente la base bíblica de sus métodos. Los evangelistas deberían estar más conscientes de su teología por motivo de su propio ministerio y de los que los siguen. Muchas organizaciones e iglesias «evangelizan» en cierta manera sólo por el hecho de que «así siempre lo han hecho». Mientras pasan los años, hay cada vez menos un examen del fundamento teológico para un método particular. Por consiguiente, la gente es más leal a un cierto método, pero no a las Escrituras. Esto produce cristianos «sabelotodo». Nunca olvidaré la respuesta de un estudiante cuando le pregunté sobre su estilo de evangelismo. «La tomé de mi líder que me dijo que este es el modo que nuestro grupo siempre lo ha hecho en la universidad.» Cuando seguí insistiendo por una mejor respuesta él no podía dar ninguna razón bíblica de su método de evangelismo. Sin embargo, esto no lo hizo dudar de que «personas en otros grupos cristianos que hacen lo mismo estén equivocadas.»

El catalogar a personas resulta mortal ente círculos cristianos. Por ejemplo, cuando se toca el tema de la voluntad, inmediatamente ciertas opiniones son clasificadas como reformadas o arminianas. La discusión entonces termina porque se cree (incorrectamente) que tan pronto que uno ha dado un nombre a algo o a alguien, uno entiende lo que se está hablando. Al contrario, todos deberíamos mantener un diálogo continuo basado en las Escrituras. Mantengamos una lucha constante contra este error de poner etiquetas. ¿Cuáles son los fundamentos de las diferentes perspectivas sobre la voluntad?

Una perspectiva consiste en que la Caída sólo ha debilitado la voluntad de los pecadores y que tenemos el potencial (o capacidad) para creer. Aparentemente, esto proporciona una base para apelar a incrédulos para responder, lo cual protege la doctrina bíblica de la responsabilidad humana. En la práctica esta perspectiva puede conducir a aceptar cualquier método que evoca el potencial latente para creer. Este es el método que se enfoca en el individuo, el método egocéntrico. Comenzando con el deseo de buenas intenciones (los pecadores son responsables y deben ser exhortados a creer), una conclusión injustificada es alcanzada: puesto que en la Escritura las personas son exhortadas a creer, entonces ellas deben poseer semejante capacidad.

La otra perspectiva ve claramente que la voluntad está muerta en delitos y pecados. No hay quien haga lo bueno (Romanos 3). Esta perspectiva honra la iniciativa de Dios en la salvación y establece la gracia; pero si la voluntad está bajo esclavitud, unos pueden titubear al llamar a cualquier persona a creer. Comenzando con un deseo de exaltar a Dios, se saca lo que también parece ser una conclusión lógica, pero no bíblica.

Ambas perspectivas tienen al menos esto en común: como consecuencia de tratar de ser fiel a la Escritura, uno podría comenzar con cualquier perspectiva e ir más allá de la Escritura, no manteniendo el equilibrio de las doctrinas de soberanía divina y de responsabilidad humana.

Los escritores de la Biblia no se sienten incómodos en poner lado al lado enseñanzas que no encajan con nuestra lógica.[4] Por ejemplo, Pedro acusa a sus oyentes durante el día del Pentecostés por la maldad de matar a Cristo y sin embargo confiesa que todo encajaba en el plan de Dios (Hechos 2:23). Jesús dice: «Nadie puede venir a mí si el Padre que me envió no lo trajere.» Y sin embargo donde dice: «El que a mí viene, no le echo fuera» también es verdad (Juan 6:37, 44). ¿Cómo puede ser esto? A nuestras mentes finitas tales enseñanzas parecen estar en desacuerdo la una con la otra. Tratamos una y otra vez para reconciliarlas. ¡Quizás no deberíamos considerar estas dos doctrinas de la soberanía y de la responsabilidad humana como enemigas sino verlas como la Biblia las mira: como amigas!

La teología de carácter egocéntrico le agrada a la gente (pues se enfoca en la habilidad, potencial, y capacidad del hombre caído) y lleva a la responsabilidad humana a un extremo. Su base histórica se encuentra en la obra de Pelagio en el siglo quinto y en los escritos posteriores de Jacobo Arminio (1560-1609), quién reaccionó contra un énfasis incorrecto que él creía que existía en las iglesias de los Países Bajos. Arminio pensó que los credos aceptados en estas iglesias negaban que las personas son responsables de sus acciones morales, y en efecto la predicación en las iglesias pueden haber descuidado este aspecto de la Escritura. Así que sus seguidores enseñaban que la soberanía divina no encaja con la responsabilidad humana y que la capacidad humana pone límites a nuestra obligación.[5]

Horrorizado por las implicaciones de esta enseñanza, el sínodo de la iglesia reafirmó la soberanía de Dios en la salvación (los pecadores no se salvan a sí mismos ni contribuyen a su salvación de modo alguno), insistiendo que era una obra de gracia desde el principio hasta el fin. Cinco declaraciones fueron formuladas en reacción a cinco artículos propuestos por los arminianos. Erramos, por consiguiente, si creemos que los cinco puntos de este sínodo son una declaración doctrinal equilibrada. Los «cinco puntos del Calvinismo», tal como fueron más tarde conocidos, es teología sana, pero necesitan ser además llenados con todo el consejo de Dios porque estos puntos son simplemente una reacción a un error teológico. Un énfasis bíblico sobre la soberanía divina y la responsabilidad humana debería estar en el centro de una perspectiva correcta de la voluntad humana y de una recuperación de un evangelismo ferviente hoy día. Cuando testificamos confiamos en el poder «de la palabra y del Espíritu». Declaramos la verdad y oramos por los pecadores, y por este medio ordenado por Dios, el final ordenado por Dios se lleva a cabo. Dios ha ordenado tanto los medios como el fin. Trataré este tema extensamente en la parte tres.

ALCANZANDO A LA PERSONA ENTERA

Para analizar la naturaleza humana la he dividido en las tres partes de mente, corazón y voluntad. Pero éstos son sólo aspectos de una personalidad humana unificada; no quiero dejar la impresión de que estas partes son independientes la una de la otra.[6]

Las personas no pueden dar una respuesta holística (entera). Como el pecado ha traído fragmentación no somos personas enteras. La manera en que las personas vienen a Cristo variará según como el pecado las ha incapacitado (puede tener un dominio más fuerte en un aspecto que en otro) y en sus temperamentos particulares. A unos los guiarán sus emociones, dejando que sus mentes los alcancen más tarde. Una persona cerebral, por otra parte, puede tener dificultad en responder emocionalmente. Hoy día es raro que la gente use su voluntad para tomar decisiones ya que nuestra cultura sensualista influye en ellos para reaccionar según sus deseos.

Al mismo tiempo, no quiero dar a entender que la gente puede responder apropiadamente a Cristo en cierto nivel, pero no en los demás. La mente, el corazón y la voluntad están todos envueltos hasta cierto punto en cada acción. Nuestro evangelismo debe ser por lo tanto a la persona entera, dando lugar a que la respuesta esté de acuerdo con cada personalidad particular.

Que Dios nos conceda que mientras guiamos a incrédulos a Cristo seamos cada vez más personas convertidas en su totalidad, personas de quien podemos decir, «Pero gracias a Dios, que aunque erais esclavos del pecado, habéis obedecido [voluntad] de corazón [del centro de su personalidad] a aquella forma de doctrina [mente] a la cual fuisteis entregados». (Romanos 6:17). El guiar a personas a confiar en Cristo puede ser un trabajo difícil. Esto requiere valor y que mantengamos nuestra mirada en agradar a Dios, no a otros.

Hace cientos de años atrás Juan Bunyan encomendó este ministerio de «saber tratar fielmente» con personas que son simplemente locuaces, pero que no tienen ninguna fe verdadera.

Hiciste bien en hablarle fiel y claramente. Hoy día no se trata con fidelidad a las almas, y la ausencia de esto hace que la gente tenga en poco la fe cristiana. Y cuando estos charlatanes, cuya religión consiste sólo en palabras y que son disolutos en sus vidas y vanos en su conversación, son admitidos en el compañerismo cristiano con la esperanza que ellos puedan convertirse o contribuir dinero, la gente del mundo se queda perpleja, los sinceros son afligidos, y el cristianismo es amancillado. Desearía que todo cristiano tratara con tales como tú lo has hecho. Entonces ellos se convertirían, o mostrarían verdaderamente lo que son y abandonarían las congregaciones de los que son salvos.[7]

El examinar en una manera teológica la regeneración y la fe salvadora ha causado un cambio en el testimonio personal de unos, incluso del mío. Ahora considero mi interés inicial en Jesucristo como el principio de mi despertamiento pero no de mi conversión. Yo pondría la fecha de mi conversión mucho más tarde, aunque todavía no sé el día. Ahora considero mi conversión que estaba más cerca al tiempo cuando comencé a seguir a Jesús como mi líder. Mientras que mi vida tomaba una nueva dirección, yo recibía cada vez más seguridad de mi salvación. Esta nueva comprensión de lo que Dios estaba haciendo en mi vida parecía coincidir con la enseñanza bíblica. Yo sugeriría que les hagamos dos preguntas a las personas que han hecho una profesión de fe y que han venido a pedirnos consejo:[8]

«¿Qué ha hecho Cristo por usted?» (¿Existe alguna comprensión verdadera del contenido principal del evangelio?)

«¿Qué ha hecho Cristo en usted?» (¿Existe alguna prueba palpable de nueva vida, de un cambio de corazón?)

A menudo la gracia y el mensaje de la cruz significan poco a la gente porque ellos no tienen ningún entendimiento de su peligro. Dios es considerado como un Papá Noel simpático que no alberga ninguna ira contra el pecado. Ellos se consideran como gente básicamente buena que más o menos merece el cielo. El decirles «Jesús murió por usted» les parece agradable y consolador, pero ellos pueden preguntarse, ¿por qué tuvo que tomarse la molestia en pasar todo eso? Para que entienda mejor este punto, trate de completar esta historia basada en cierto individuo del libro de James Denney, La Muerte de Cristo.

Un hombre está sentado tranquilo en un embarcadero de pesca en un día de verano. De repente otro hombre viene corriendo al embarcadero, se arroja al agua, y se ahoga. Después de presenciar esto, le explico al pescador: «¡Este hombre murió por usted!» El pescador, sin embargo, le resulta difícil entender por qué el hombre tenía que morir por él. Después de todo, él no estaba en ningún peligro de que él estuviese consciente.

Ahora, vuelva a escribir la historia de modo que el pescador pueda ver que él está en peligro y que tiene una necesidad desesperada.

Denney dice que la parábola del pescador inconsciente de su peligro refleja el modo en que los evangelistas y pastores modernos a menudo presentan el evangelio. Ellos rebajan la doctrina de la depravación humana, y por consiguiente la predicación de la cruz pierde su poder. ¿Por qué se considera la voluntad humana como una fortaleza impenetrable que Dios no puede asaltar? El dilema de la humanidad es considerado más como un asunto psicológico que judicial ante un Dios santo. Con esto en mente, ¿por qué será este evangelismo afable tan popular hoy día?[9]

8

Gracia es sólo para el impotente

Llegué tarde. El almuerzo con Rob[1] era algo que yo anticipaba con una mezcla de entusiasmo y recelo. Me quité mi abrigo y miré alrededor del cuarto. En el bullicio, no lo miré. Mi corazón comenzó a hundirse. Entonces, en el lado opuesto de la cafetería, vi una mano que me daba la bienvenida.

Rob y yo éramos simplemente conocidos por un interés mutuo al fútbol. Cuando volvíamos de un partido le pregunté sobre su trasfondo religioso. Él encogió los hombros y dijo que solía asistir a la iglesia durante la escuela secundaria, pero no tenía el tiempo o el interés ahora. Dije: «¿De veras, qué le hizo perder el interés?» (Yo había aprendido a no aceptar una simple respuesta y dar por terminada la conversación sobre el tema.) Sonreí y esperé.

Él respondió: «Bien, fue por varias cosas, pero sobre todo porque no vi la importancia, y me enfermaba ver a todos aquellos hipócritas fingir que se creen ser santos en el servicio de la iglesia del domingo. Yo sabía lo que ellos eran en la noche anterior».

Lo escuché y escogí mis palabras con cuidado. «Rob, se sorprendería saber que Jesucristo hubiera tenido una reacción similar. Me gustaría oír más sobre sus experiencias. ¿Quiere que almorcemos la próxima semana?»

Así que, aquí nos hallábamos. Hice una oración rápida y me senté. Para la siguiente hora, puse mucha atención mientras entraba al mundo de Rob. Le dije que quería oír sus críticas, dudas y cualquier otra cosa más que él quisiese decirme. Le hice saber que yo era cristiano y que podría aprender de él cómo otros ven el cristianismo. Eso pareció ayudarle a tener confianza. En un momento apropiado repetí que «Jesucristo se identificaría con algunos de sus pensamientos. Ha escuchado la historia que Jesucristo dijo sobre un líder religioso que dijo: 'Te doy gracias Dios porque no soy como los demás. Sobre todo como aquel pecador que está ahí'». Mientras que la conversación continuaba, introduje ideas falsas que yo solía tener. Resumí, diciendo: «Yo pensaba que la religión consistía simplemente en ser una buena persona. Solía encontrar seguridad en todas mis actividades religiosas. Entonces me di cuenta de que yo nunca podía cumplir con todo lo que se me pedía. Tan sólo necesitaba confiar en lo que Jesucristo había hecho por mí». El rostro de Rob se iluminó. «¿De veras? ¿Jesucristo confrontó y expuso a hipócritas? Bien por él». En ese momento llegó la cuenta y después de dividir rápidamente el costo, Rob dijo: «Gracias. Me has dado algo en qué pensar. Es bueno saber que Jesucristo está de mi lado contra hipócritas religiosos. Voy a intentar en guardar mejor mis resoluciones de Año Nuevo, y ser una mejor persona. Nos vemos».

Por segunda vez mi corazón se hundió. Cuántas veces, después de dar la explicación más clara de que el auto-esfuerzo no nos reconcilia con Dios, tenía que oír la respuesta, «Bueno, no soy una persona muy buena, pero trato de serlo». Aun cristianos verdaderos caen con regularidad en la mentalidad de que las buenas obras les dan puntos adicionales para con Dios. Una obsesión por ganarse la salvación está profundamente arraigada en la naturaleza de la humanidad caída. ¿Qué es lo que la desarraigará? Comenzaremos viendo por qué el auto-esfuerzo está condenado a fallar.

LA SALVACIÓN ES IMPOSIBLE PARA LA GENTE BUENA

Tenemos un Dueño. Pertenecemos a Aquel que nos hizo. Somos responsables de servirlo con una obediencia de amor. El objetivo es estar centrados en Dios, no ser egocéntricos. Existimos para beneficiar a Dios, no viceversa.

Como criaturas de Dios y propiedad de él, somos a la vez dignos e indignos. Nada podría indicar más claramente el valor que Dios nos da que la historia de Adán y Eva en Génesis. Los atributos especiales que tenemos (y que vienen por el ser hechos a la imagen de Dios) nos separan de todas las demás criaturas. El que se nos haya confiado el cuidado del resto de la creación es un grande privilegio. La declaración por Dios que éramos «buenos» ante sus ojos al ser creados y el compañerismo de nuestro Creador personal habla del valor que él nos otorga, así como la oportunidad que Adán y Eva tuvieron en decidir libremente creer en su palabra viviendo en obediencia cada día.

Como humanos, somos también indignos. Nuestro papel era regocijarnos como seres creados, como vice-regentes bajo nuestro Rey Creador.

No teníamos derechos inherentes. No podíamos hacer ningún reclamo de obligación a nuestro Hacedor. Todo derecho concedido eran sólo sus dones; recibidos, no naturales. Fuimos hechos para ser dependientes. Sin embargo, nuestros primeros padres, actuando como nuestros representantes, tomaron la opción de desobedecer a su Hacedor, y su pecado ha afectado a cada ser humano desde entonces, con la excepción de Uno. Cuando Adán y Eva pecaron, la imagen de Dios fue desfigurada, pero no borrada. Nuestras voluntades se hicieron cautivas a nuestros deseos, que, mientras Dios no influya en ellas, siempre estarán centradas en el «yo». Por lo tanto, ya no tenemos una voluntad que es libre para elegir lo que es bueno y correcto, lo cual nos deja en un gran dilema. Somos incapaces para salvarnos a nosotros mismos, y no merecemos que Dios nos salve.

Las siguientes historias ficticias describen a dos individuos «agradables» o «simpáticos» atrapados por su naturaleza pecadora. Uno estaba entregado a una obediencia fiel de buenas obras, por consiguiente el perdón y la gracia resultaban incomprensibles. La otra estaba casada con sus deseos de riquezas y reputación y por consiguiente no era libre para elegir «matrimonio» con Jesucristo. ¿Podrían ellos cambiarse a sí mismos?

Historia 1. Hi Chon Son acababa de recibir una carta acerca de su hermano, que estaba en Ámsterdam sin alimento ni dinero. Años atrás su hermano había desatendido a su padre, había tomado su parte del dinero de un lucrativo negocio familiar y desapareció.

Durante la comida en una tarde, Hi Chon Son compartió su reacción a la carta que él había recibido.

«Mi hermano más joven merece cada problema que tiene. ¿Se da cuenta qué efectos han tenido sus acciones sobre mí, sobre papá y sobre el negocio estos cuatro años pasados? Nadie lo sabe, y si mi hermano lo supiera, ciertamente tampoco le importaría. Sí, quedó la parte que era de mi propiedad, pero el impacto de que él consiguiera rápidamente dinero en efectivo fue horrendo para el negocio. Muchos empleados perdieron sus empleos, y yo tuve que sufrir la reducción de la empresa. Pensé que después de los dos primeros años trabajando casi día y noche podría recibir alguna ayuda. Bueno, todavía sigue mal».

«¡Mi hermano no se divierte! ¡Bueno, ni yo tampoco! Nunca me he divertido. He tenido que tomar más responsabilidad en los dos años pasados. Papá ha envejecido mucho en estos cuatro años. Ahora, por favor ni le mencione esta carta. Yo soy el que lo cuido así como la oficina del negocio. Él siempre sabía que podría depender de mí, no en su hijo más joven. Aquel hijo suyo siempre se quejaba queriendo ser independiente. Él era un haragán, y lograba evitar el trabajo de la compañía aun cuando estaba todavía en casa. Él nunca ayudó. La libertad era su gran clamor, como de un bebé. Yo renuncié a mi libertad para trabajar duro. Él debería pensar en eso. Ni aún papá entiende lo que yo he hecho por él. Él tampoco muestra ningún aprecio. Mi conciencia está limpia. He cumplido con mi deber, y papá siempre puede contar conmigo. Ustedes los americanos no tienen ni idea de cómo mi papá fue deshonrado. Todos nuestros parientes lo sabían. Incluso los socios del negocio cambiaron su opinión de papá y de mí. Esto es algo que los asiáticos entienden. Ustedes no entenderían. A veces creo que ni Dios entiende».*

En este punto hice lo que pensé que era una observación bastante inofensiva. «Mire usted, me parece que está muy sensible sobre todo esto. Suena como si estuviera enojado con todos, no sólo con su hermano sino también con su papá».

Su cara se enrojeció y apretó sus puños. Me lanzó palabras de enojo a un alto volumen que incomodó también a los que estaban alrededor. «Déjeme decirle algo. Tengo derecho para estar enojado. ¡En el mismo tiempo que ese hijo se iba, yo estaba enamorado de una muchacha y ella estaba enamorada de mí! Pero con toda esta responsabilidad sobre mí, la perdí. No había tiempo para nada más que para el trabajo. ¿Usted cree que eso no duele todavía? Aquí estoy, treinta y tres años y todavía solo. Nunca me he divertido. Y como mi deber a papá viene primero, probablemente nunca me divertiré. ¿Amigos? Todos ellos están casados y se han ido. ¿Conoce usted la única clase de hombres y mujeres de mi edad que todavía son solteros? Olvídelo. Incluso si yo tuviera el tiempo, ya no estaría más interesado. Perdí la única mujer que me amaba».

«¿Por qué le digo todo esto? Mire usted, la cuenta ya está aquí. Voy a pagar, como tengo que hacer siempre. Si ese hijo quiere quitarse la vida, que lo haga. Sería mejor también para papá. Él siempre está pensando en él por alguna razón descabellada. Creo que es un peso sobre su mente. Su suicidio sería mejor *para mí y también para el negocio. Yo siempre sospechaba que algún día él se presentaría sobre sus rodillas, esperando a ser aceptado. ¿Por qué? Para pedir más dinero, por supuesto. ¿Recuerda esa canción 'Es mi fiesta y gritaré si quiero'? Bien, para él no habrá ninguna fiesta para que se queje si trata de regresar. Nadie le va a dar una. No me moleste otra vez sobre él. He honrado a mi padre. He cumplido con mi deber».*

Identifiquemos quién es este hombre enojado. He actualizado, con mucha libertad, parte de una historia relatada por Jesucristo en Lucas 15:11-32. Ambos hermanos en la historia de Jesucristo se perdieron. Ellos se enajenaron de su padre, que representa a Dios. Ninguno estaba buscando a Dios. Dios, el que busca verdaderamente, los buscó. La historia nos recuerda que no merecemos el amor del Padre.

La indignidad del hijo mayor para recibir la salvación puede parecer menos obvia. ¿Qué revela su vida de duro trabajo? Un esfuerzo para ganar el favor del padre sin amar al padre. Las buenas obras no pueden salvarnos. Su enojo nos dice mucho. Él culpa al padre y desprecia «al hijo de su padre». Él no ha experimentado la gracia salvadora aunque haya estado con el padre todos estos años. Este es el triste cuadro de muchos líderes y miembros de iglesia que sólo tienen nombre de cristianos, pero que están tan perdidos como el hijo más joven (de quien hablaremos más adelante), pero que no se dan cuenta de ello.

Nos quedamos con el hijo mayor que está de pie fuera de la celebración de la familia. ¿Qué le pasará? Él no sólo rechaza sino tampoco merece la gracia salvadora. ¿Continuará siendo semejante a tantos líderes religiosos (buenas personas) que murmullan críticas cuando Jesucristo come con pecadores (Lucas 15:2)? El padre sale para buscar también a este hijo. No se nos dice de su respuesta final, haciéndonos reflexionar lo que él, y lo que nosotros, podríamos hacer. Henri Nouwen, un escritor contemporáneo, se ha visto a sí mismo como el hermano mayor y ha escrito una exposición conmovedora de la pintura de Rembrandt, La Vuelta del Hijo Pródigo, en su libro que lleva el mismo título.

Cuando escucho con cuidado las palabras con las cuales el hijo mayor ataca a su padre— palabras de autosuficiencia, de lástima de sí mismo, de celos— oigo una queja más profunda. Es la queja que proviene de un corazón que siente que nunca ha recibido lo que merece. Es la queja expresada en maneras innu-

merables, sutiles y no tan sutiles, formando un fundamento de resentimiento humano. *Es la queja que lanza el grito de: «Me esforcé tanto, trabajé por tanto tiempo, hice tanto, y de todos modos no he recibido lo que otros consiguen tan fácilmente. ¿Por qué la gente no me agradece, por qué no me invitan, por qué no juegan conmigo, por qué no me honran, mientras que prestan tanta atención a aquellos que llevan un vida tan fácil y tan informal?»*

...Esta experiencia de no poder regocijarse es la experiencia de un corazón resentido. El hijo mayor no podía entrar en la casa y compartir la alegría de su padre. Su queja interior lo paralizó y permitió que las tinieblas lo sumergieran.

...¿Podrá el hijo mayor que está en mí venir a casa? ¿Podré ser hallado tal como el hijo más joven fue hallado? ¿Cómo puedo volver cuando estoy perdido en el resentimiento, cuando estoy atrapado por los celos, cuando me hallo encarcelado en la obediencia y cumplo con mi deber como si fuera un esclavo? Está claro que yo solo, por mí mismo, no puedo encontrarme. Más desalentador que el curarme a mí mismo como el hijo más joven es curarme como el hijo mayor. Confrontado con la imposibilidad de auto-redención, ahora entiendo las palabras de Jesucristo a Nicodemo: «No te maravilles cuando te digo: 'Te es necesario nacer de nuevo [de arriba]'». En efecto, algo tiene que ocurrir que yo mismo no puedo hacer que ocurra. Yo no puedo nacer de nuevo de abajo; es decir con mis propias fuerzas, con mi propia mente, con mi propia comprensión mental. En esto no tengo dudas pues me he esforzado tanto en el pasado para curarme de mis quejas y he fallado... y he fallado... y he fallado, hasta que llegué al borde de un colapso emocional completo y aún de agotamiento físico. Sólo puedo ser curado de arriba, de donde Dios extiende su mano para hacerlo. Lo que es imposible para mí es posible para Dios. «Con Dios, todo es posible».[2]

La historia del hermano mayor está dirigida para pecadores respetables. Él se habituó en hacer las cosas rectas. Él tenía una religión basada en deberes, pero carecía de una relación personal con Dios como Padre. Él se quejaba de que su padre nunca le daba nada. Piense en lo que él perdió todos aquellos años de vivir en una manera legalista. A causa de su ceguera espiritual, él se volvió amargado e incapaz de amar a su hermano (su corazón carecía de perdón) o a su padre (él no conocía nada de una relación de amor). Su amargura consideró que una celebración era injusta, pero el padre dijo que no sólo era justo alegrarse, sino que también era correcto hacerlo. Debía haber celebración y alegría.

Dos hermanos: un pecador «disoluto» por fuera, el otro un pecador «respetable» por dentro. Sus voluntades están endurecidas por egoísmo y arrogancia. Ambos se hallan totalmente sin esperanza y sin remedio… a menos que la gracia salvadora intervenga.

Historia 2. En una noche ya avanzada el siguiente correo electrónico misteriosamente apareció en mi pantalla.

Me he dado cuenta que estoy estancada en mi situación. No estoy hablando de mi carrera o de mi estilo de vida de soltera, sino espiritualmente. Cómo llegué a este punto es un misterio. Todo lo que puedo hacer es relatar los hechos que me hicieron darme cuenta de esto. Ya que no puedo estar segura de que los estoy interpretando correctamente, trataré de dar una descripción imparcial. Usted trató de ayudarme hace tiempo. No escuché.

Como usted sabe, provengo de una familia trabajadora, religiosa y muy decente. No éramos ricos. Había una inseguridad dominante por no tener suficiente dinero, lo cual traía muchas congojas a nuestro hogar. La meta de nuestra familia estaba clara. Mi hermana y yo entraríamos a la universidad, nos graduaríamos y conseguiríamos buenos empleos (definidos como empleos de salarios altos). Mi hermana se volvió despiadada en estas metas y pronto desechó la familia, la decencia y la religión. Yo no lo hice.

La honestidad y la espiritualidad fueron incorporadas a mi escalera del éxito. Incluso en una edad temprana entendí que el comprometerme con un hombre me desviaría. No quiero decir que yo no salía con muchachos, pero yo sabía controlar mis emociones. Me gradué, pero mi primer trabajo no vino fácilmente. Las mujeres tienen que demostrar más que los hombres que pueden. Pronto aprendí a hacer conexiones con personas claves y con otras compañías. Desarrollé mi curriculum vitae. Esto tomó cinco años, pero se me presentó una oferta oportuna en otra compañía. Oí de ella por mi red de socios. Mis calificaciones eran excelentes: tenía experiencia, era una profesional, equilibrada, elocuente, una trabajadora concienzuda con un enfoque práctico. Lo que se destacaba era mi reputación para ser una persona de confianza y de honestidad. La integridad era importante para la imagen pública de esta nueva compañía. Fui contratada y puesta en la vía rápida para promociones.

Voy a saltarme muchos años. A los treinta y siete, he tenido éxito financieramente con inversiones, compra de acciones, un sueldo grande y beneficios. Tengo todo lo que quiero: siempre tengo ropa nueva, una casa hermosa, dos casas de vacaciones, coches, un barco, y un avión privado a la orden (¡de veras!). Lo que me da la mayor satisfacción, sin embargo, no es el dinero, sino mi posición y el reconocimiento que recibo. Me encantan los títulos de gerente ejecutiva y doctora (recuerda, que continué mi escuela y obtuve mi doctorado). Realmente destaco, ya sea en tener amenidades en casa, en la escena social o encabezar una reunión de negocios. Soy conocida por mis logros. Para terminar, y lo que muchos reconocen como extraño, es que he mantenido mis actividades religiosas y me he hecho prominente en el mundo de la caridad. Por supuesto, no me he olvidado de proveerles seguridad financiera también a mis padres. Yo soy todavía soltera y sigo mi meta. No necesito tener marido como trofeo. Tengo muchos trofeos.

Soy el 90 por ciento feliz con mi vida. Sin embargo es en la misma área que impresiona a la mayoría de la gente —buenas obras y espiritualidad— en que yo sé que algo falta. Esto puede parecer insignificante, pero es similar al sentimiento que me da cuando no puedo encontrar el vestido apropiado para una ocasión especial. Sé lo que quiero. Lo reconozco tan pronto como lo veo. Así también es con ese estado incompleto en mi vida espiritual. Todo está bien para la vida en este mundo, pero estoy convencida de que hay una vida después de la muerte. No estoy segura de que he hecho todas las cosas correctas que me darían entrada a aquel mundo futuro llamado cielo. Es este factor de 10 por ciento que ha estado fastidiándome por buen tiempo. Tengo una biblioteca de libros provenientes de las secciones de autoayuda y de espiritualidad de la librería. Las películas también me han proporcionado entendimiento. Sin embargo, lo que llamo como mi «Gran Pregunta» sigue todavía sin contestar.

Entonces un día sucedió. Yo estuve observando a una persona durante un tiempo a distancia: leí dos de sus libros; vi una entrevista por la televisión; pedí su serie de vídeos. En su sitio Web se había anunciado un seminario el fin de semana de abril 6-8 en el Hilton en la ciudad de Nueva York. Me registré en línea ese día.

Hacia el final del seminario, fui cautivada. ¡Pero él no había contestado mi Gran Pregunta! Calculé el momento adecuado para acercarme a él. Él siempre salía por la misma puerta con su séquito de socios. Examinando mi formación asertiva, de-

cidí extenderle mi mano, presentar una expresión facial perpleja combinada con ojos centellantes y una sonrisa encantadora. Él tendría que detenerse. Esto funcionó, y luego salió mi Gran Pregunta. «Usted parece ser una persona tan buena. ¿Podría decirme cómo puedo estar segura de que viviré para siempre?»

Su respuesta inicial me turbó. Él parecía desviar mi verdadera pregunta y en cambio cuestionó mi suposición de que él era alguien que era súper virtuoso. «Si usted realmente creyera que soy bueno, hay implicaciones», dijo él. Yo sólo había usado el adjetivo «bueno» con poca sinceridad. Quizás yo necesitaba su reprimenda generosa. Por suerte él prosiguió en darme una lista de lo que se debe hacer. Eran cosas que yo esperaba. Yo había oído estas reglas antes y las había incorporado en mi estilo de vida. Me sentí decepcionada. Yo no tenía la certeza que añoraba, que me iría bien para siempre. Exclamé de repente: «Yo he hecho ya todos esos pasos», inmediatamente me di cuenta que esto parecía como una autojustificación (que lo era en realidad). Y vio a través de mí. Entonces vino lo que yo llamaría más tarde «La comprensión aplastante de alguien que es mucho más inteligente de lo que me hubiera dado cuenta». No recuerdo las palabras exactas, pero su mirada conmovedora (pero llena de amor) me cautivó. ¡Lo esencial de su respuesta era

> Espere un minuto, ¡usted ha hablado otra vez sin pensar! Hay una presunción que constituye la base de todos mis pasos de seminario. Sólo puede haber un amor absoluto en su vida; y esto no puede ser ni el dinero ni el prestigio. Su motivación es clave. Debe haber sólo un amor supremo. Usted debe cambiar el enfoque de sus deseos. Esto no se puede hacer poniendo en práctica reglamentos externos. ¿Usted quiere hacer algo? Bien, aquí está: Renuncie a su trabajo. Deshágase de todo lo que posee. Cierre sus cuentas y cancele aquella orden para un avión (¿cómo sabía acerca de eso?). Venga, hágase una de mis socios.

En aquel punto mi calma fue sacudida. Sus palabras cortaban como un cuchillo en mi corazón. Puse en marcha mis zapatillas de clavo y lo dejé allí parado. Esto no era lo que yo quería oír. Esto me era imposible y egoísta de parte de él. ¡Imposible! Sin dinero y sin la posición que él trajo, yo no sería nada. Esto era pedir demasiado. ¡Egoísta! ¿Afiliarse a su compañía a nivel de entrada? ¿Quién se creía él que era: Dios? Después de una noche sin dormir, me di cuenta que yo no podía dejar la imagen que el trabajo duro y el dinero me habían conseguido.

Estaba casada con mi estilo de vida y con el reconocimiento que me traía. Estaba encantada por mis logros y por la admiración de otros, ahora veía que estaba encadenada. Confesé que era imposible liberar mi corazón del amor de la fama que el dinero me había traído. Mi supuesta espiritualidad se había marchitado. Yo era demasiada orgullosa.

Esta actualización de la historia del joven rico, que Jesucristo relata en Marcos 10:17-27, revela el control que las cosas legítimas pueden tener sobre nuestros corazones. Como la mujer en la historia que conté, el hombre en la historia de Jesucristo se hallaba bien económicamente, firme en su ética personal, un líder en negocios y servicio comunitario, envuelto en actividades espirituales. Un hombre que llegó a donde estaba por sus propios esfuerzos pero con una meta difícil que no había alcanzado: una carencia de confianza de que él estaba haciendo lo suficiente para asegurarse de conseguir una eternidad feliz. Una comprensión fastidiosa de que había algo más en la vida que simplemente tener éxito en este mundo. ¿Cómo conseguirá él esta meta? El único camino que conoce: esforzarse más y hacer más. Esta es una extensión del único método que él conoce, el que le ha servido tan bien hasta ahora: las buenas obras que merecen una recompensa eterna. El problema con este método es que uno nunca estará seguro que ha hecho lo suficiente. Por lo tanto él no tiene paz o una seguridad duradera de salvación. Él va tras una autoridad que le dará la fórmula correcta de auto realización.

Jesucristo no hace esto. En cambio, él lo lleva todavía a un nivel más profundo en su alma para examinar los motivos y deseos de su corazón. Él hace esto recordándole un mandamiento que no había sido mencionado aún, el décimo mandamiento: «No codiciarás». Esto exhibe lo interior de nuestras vidas y revela los ídolos de nuestro corazón. Lo que se halla encubierto en todos los mandamientos es descubierto ahora. La verdadera bondad comienza con el amor más alto a Dios y al prójimo. El corazón de este hombre estaba esclavizado a su ídolo. Él adoraba el dinero y todo aquello que le traía. Por lo tanto, su expresión facial registra la tristeza cuando comprende el cambio total de prioridades que Jesucristo requiere. Indispuesto para pagar el precio, se marcha.

Los discípulos se sorprenden por dos motivos. Primero, ante toda apariencia externa, esta persona parecía estar interesada en la salvación y, debido a su conocimiento religioso, un candidato importante para el nuevo reino. Ellos probablemente ya lo miraban afiliándose con ellos. Aun quizás ya habían comenzado a contar con una donación principal a su causa. Si este amigo no calificó como seguidor de Cristo, ¿quién podría? Él parecía tener mucho para merecer ser incluido. Segundo, Jesucristo parecía poner las exigencias de entrada demasiado altas. Nadie podría pasar su prueba. Ellos recordaron un seminario allá en el campo en el cual él les había dicho: «Porque os digo que si vuestra justicia no fuere mayor que la de los escribas y fariseos, no entraréis en el reino de los cielos... Sed, pues, vosotros perfectos, como vuestro Padre que está en los cielos es perfecto». (Mateo 5:20, 48). Jesucristo no fue tras este «interesado» en la salvación, sino que lo dejó irse. Los discípulos entonces hacen una pregunta profunda: «¿Quién pues podrá ser salvo?» Es imposible para cualquiera hacer lo suficiente o siempre tener los motivos correctos. En el libro de J.R. Tolkien, El Señor de los Anillos, leemos de un anillo que da poder absoluto al ligar a todos al anillo. El mal es verdadero, y cuando este gobierna también esclaviza.

TRES MITOS QUE OBSCURECEN LA GRACIA
El mito de mis derechos irrevocables. La Constitución de los Estados Unidos ha hecho famosa la frase «derechos irrevocables». La existencia de ciertos derechos que toda la gente posee es una idea noble. Esto protege el valor de la vida humana y la libertad frente a las personas que les gustaría quitarlas. ¿Será cierto que nadie puede revocar estos y otros derechos humanos? ¿Y qué de Aquel que nos hizo? ¿No está implantado por naturaleza el hecho que no nos hemos hecho a nosotros mismos y que por lo tanto cualquier derecho es dado?

Somos criaturas. ¿Acaso no se sigue de esto que Dios tiene todo derecho sobre su creación? Como nuestro Creador, él tiene derechos de creación (derechos de propiedad) sobre cada uno. Fuimos hechos para sus propósitos. Dios no existe para nuestro beneficio, ¿recuerda? Nuestras voluntades no son soberanas, no son un recinto independiente, un alto amurallado en el cual Dios no pueda entrar. Él, sólo él, es autónomo, ley para sí mismo. Cualquier cosa que él hace por definición es correcta y buena; por lo tanto, él puede hacer cualquier cosa que le «plazca» con el ser humano. Él es supremo. Dios es Dios. Varias personas en la Biblia expresan esta verdad.[3]

En este día de múltiples «derechos» humanos, la mayoría de la gente incorrectamente da por sentado que Dios nos debe algo; salvación, o al menos la posibilidad de salvación. Él muestra favor asombroso a muchos, pero no está obligado a hacerlo (en eso consiste la esencia de la gracia). Si él estuviera obligado a extender gracia, la gracia ya no sería gracia y la salvación estaría basada en el mérito humano más bien que ser sola gratia. Esta es la razón por lo cual la doctrina de la elección se combate tanto. Tal idea no les parece ser equitativa. Pero tan pronto como introducimos la doctrina de equidad, introducimos un estándar de equidad por el cual Dios está obligado a salvar a todos o al menos dar a cada uno una posibilidad equivalente para ser salvo. ¡Pero esto no es gracia! Si Dios fuera motivado sólo por lo que es equitativo, sin alguna consideración de gracia hecha posible por la obra de Cristo, todos serían condenados, y todos pasarían la eternidad en el infierno.[4] Humillados, celebramos una «Declaración de Dependencia», aceptando que se nos han concedido derechos irrevocables (transferidos a nosotros por parte de nuestro Creador).

El mito de la bondad humana. Como joven cristiano, yo no estaba consciente de la enseñanza de la Biblia sobre nuestra carencia total de bondad moral, lo cual nos constituye inaceptables a Dios. Sin embargo, vine a creer en este análisis negativo de nuestra capacidad moral, por dos factores: la multitud de textos en la Biblia sobre los efectos penetrantes del pecado en el comportamiento y mi conocimiento de la profundidad del pecado en mi propia vida. Pero aún así, me resultaba difícil creer que «ancianitas tan amables» que yo conocía estuviesen bajo la condenación de Dios. Yo quería que estas personas, aparentemente virtuosas, que no tenían ninguna conexión con el cristianismo bíblico fuesen una excepción. Cuatro cosas me ayudaron a revaluar mi perspectiva anémica del pecado. La primera era la bondad providencial de Dios para cada uno. «Él hace salir su sol sobre malos y buenos, y hace llover sobre justos e injustos» (Mateo 5:45). Por consiguiente, cada uno experimenta la gracia de Dios de un modo general y este es el origen de la bondad humana. Todos experimentamos su asombrosa creación, el amor humano, la familia, capacidades físicas y mentales, creatividad etcétera. Dios no detiene la lluvia en la orilla del campo de un incrédulo. Algunas personas muestran un aprecio por las cosas buenas en la vida y son ablandadas en su comportamiento. Pero esto no está conectado con la gracia salvadora.

Segundo, la gracia restrictiva se halla implícita a través de las Escrituras y se declara explícitamente en la historia acerca del rey pagano Abimelec (Génesis 20:1-7). Él se abstuvo de tener relaciones sexuales con Sara, la esposa del gran patriarca Abraham. ¿Por qué no fue tras sus deseos pecaminosos? Hablándole en un sueño, Dios deshizo las pretensiones del rey acerca de su propia bondad: «Yo también te detuve de pecar contra mí».

Tercero, descubrí mi tendencia de clasificar algunos pecados como no tan malos en comparación con otros. Yo pasaría por alto esos pecados, ignorando las implicaciones de la santidad de Dios. «Porque cualquiera que guardare toda la ley, pero ofendiere en un punto, se hace culpable de todos». (Santiago 2:10).

Cuarto, en mi humanidad, me sentía abrumado emocionalmente por el juicio de Dios sobre esas «ancianitas tan amables». Como humano, mis emociones no se acomodarían fácilmente con esta idea o, en realidad, con que cualquiera va a un infierno eterno. En mi mente y voluntad el Espíritu Santo me ayudó a postrarme ante los derechos de propiedad de Dios. Pero el dolor está todavía allí, como lo era para Pablo cuando sus conciudadanos judíos rechazaron a Cristo como el Mesías (Romanos 9:2).

Lo que me ayudó más a aceptar que la bondad humana era un mito fue darme cuenta que lo que constituía algo «bueno» en términos humanos era diferente de cómo Dios definía lo que es bueno. Un motivo correcto (amor a Dios), según un estándar correcto (la voluntad revelada de Dios en la Escritura) y para una meta correcta (la gloria de Dios): esto es lo que constituye una acción «buena» ante los ojos de Dios.

El artista italiano Miguel Ángel escribió un soneto en sus últimos años expresando su necesidad aún como una «buena» persona de tener a un Salvador.

De dónde proviene la encantadora idea que hizo del arte mi ídolo y mi rey, sé ahora muy bien que era del todo incorrecto.... La pintura y escultura ya no calmarán el alma que se ha vuelto a aquél amor divino que extiende sus brazos en la cruz para recogernos.... Oh carne, Oh sangre, Oh madera, Oh dolor amargo, Sólo por ti mi pecado ha sido cancelado.... Sólo Tú eres bueno.[5]

Como está escrito: «No hay justo, ni aun uno; No hay quien entienda, No hay quien busque a Dios. Todos se desviaron, a una se hicieron inútiles; No hay quien haga lo bueno, no hay ni siquiera uno». (Romanos 3:10-12)

¿Por qué cree que la salvación por buenas obras está tan inculcada en el enfoque del no-cristiano a la espiritualidad, y aún se transmite al cristiano? Enterremos de una vez para siempre el asunto de las buenas obras al enseñar no sólo el efecto debilitante del pecado sino también cómo las buenas obras rebajan el valor de la gracia.

El mito de mi libre albedrío. Hay sólo tres personas que poseyeron una voluntad capaz de elegir el bien y rechazar el mal. Adán y Eva, los representantes de la toda la raza humana, fueron probados en un ambiente perfecto pero fracasaron. Ellos libremente decidieron desobedecer a Dios y por el contrario obedecer a Satanás. A causa de la decisión de Adán y Eva, todos los que han venido después de ellos tienen voluntades que se hallan desinclinadas a la obediencia a Dios e inclinadas hacia el egoísmo. Algunas personas arrogantemente se oponen a las consecuencias negativas de un representante que actuó de nuestra parte. Ellos quieren hacer su propia decisión porque «no es justo», o «yo habría decidido de otra manera». Aún estas mismas personas se mantienen calladas cuando el principio representativo está obrando a través del segundo Adán (Cristo) quien libremente hace decisiones correctas que conducen a beneficios positivos innumerables para muchos (Romanos 5:12-21). Dios logró sus objetivos sometiendo a prueba a una pareja. ¿Cree verdaderamente que usted no hubiera decidido no pecar?

Los efectos del pecado en la naturaleza humana son penetrantes. Como una gota de tinta que se dispersa en un vaso de agua, así también el pecado de Adán y Eva se dispersó a través de la raza humana. Todos los aspectos de nuestra naturaleza están contaminados: la mente (pensamientos), corazón (emociones), voluntad (comportamiento). Nuestra mente ya no piensa los pensamientos de Dios ni reconoce la obra de Dios en todas las facetas del mundo físico. Suprimimos la verdad por «naturaleza» (Romanos 1:18-20). Nuestro corazón aborrece lo que debería amar y ama lo que debería aborrecer. Nuestras voluntades son egoístas y se hallan esclavizadas. Libremente elegimos lo que deseamos, sin embargo nunca deseamos la voluntad de Dios. En cambio, damos preferencia a nuestros deseos egocéntricos. Incluso si en apariencia nos conformamos a estándares morales, interiormente no hay, ni motivos de amor hacia Dios, ni metas correctas de dar gloria a Dios. Martín Lutero llama esto «la esclavitud de la voluntad».

El «libre albedrío» es un término filosófico, y su uso confunde la discusión sobre nuestra responsabilidad moral. Algunos cristianos equivocadamente unen fuerzas para proteger la libertad de la voluntad y miran con sospechas a aquellos que cuestionan nuestra libertad de elegir o rechazar a Dios. Todavía tenemos una libertad natural o física, pero no espiritual. La rectitud o justicia civil por la cual nos esforzamos brota de lo que Jonathan Edwards llamó un «interés propio bien informado». Esta justicia no es espiritualmente meritoria porque ni es motivada por el amor a Dios, ni por un deseo de glorificar a Dios. La gracia común (que no salva) de Dios y su gracia restrictiva (que reprime el mal) son la verdadera fuente de cualquier bondad humana. Edwards ofrece una comprensión valiosa en cuanto a la voluntad que consiste como «la mente que elige» según nuestros «motivos» (deseos).[6]

El reconocimiento de nuestra incapacidad para salvarnos a nosotros mismos requiere humildad porque es Dios quien desempeña el papel protagonista en todo. Yo entiendo la resistencia de muchos cristianos en conceder la soberanía de Dios sobre sus voluntades. Quizás al mencionar los motivos de por qué la gente abraza la idea de libre albedrío, aquellos que están luchando puedan señalar con exactitud su propia resistencia en rendir sus voluntades al control de Dios.

Diez razones principales por las cuales los cristianos creen en el libre albedrío

10. *Un deseo de hacer a la gente responsable por sus acciones*
9. *Confundir el concepto filosófico (no bíblico) de «libre albedrío» con «responsabilidad humana»*
8. *Una falta de énfasis en la santidad y justicia de Dios*
7. *Encuentros con cristianos que juegan «juegos intelectuales» sobre la soberanía de Dios sin vivir en amor esta verdad*
6. *La manifestación de moralidad externa por muchos que no son cristianos*
5. *Desagrado de la soberanía divina, que parece hacer a Dios responsable de nuestro pecado, o aún hasta su autor*
4. *El concepto que la capacidad de escoger a Jesucristo es necesario para poder evangelizar*
3. *Un concepto humano del amor de Dios que conduce al sentimentalismo y a un enfoque en uno mismo*
2. *Descuido por pastores y escritores en enfatizar la importancia de la teología y evitar enseñar temas comúnmente llamados «polémicos»*
1. *Una resistencia en permitir a Dios ser totalmente soberano*

Espero que lo que he escrito a continuación comience a refutar estas razones mencionadas.

INCAPAZ PERO RESPONSABLE

Una vez que hemos visto nuestra incapacidad de hacer algo bueno ante los ojos de Dios, a veces nos preguntamos cómo todavía podemos ser responsables de nuestras acciones. He aquí dos pensamientos para tener en mente.[7]

Dios ha determinado los resultados finales. Él también ha determinado (ordenado) los medios por los cuales aquellos resultados finales serán llevados a cabo. Lucas, el autor del libro de Hechos, da una descripción muy interesante de esto. Una tormenta se ha desatado en el Mediterráneo, y el barco, que lleva preso a Pablo a Roma, está a punto de hundirse cerca de una isla. La tripulación ha abandonado toda esperanza de salvar sus vidas. Pablo les habla después de que Dios le reveló que nadie moriría.

«Pero ahora los exhorto a cobrar ánimo, porque ninguno de ustedes perderá la vida; sólo se perderá el barco»... En un intento por escapar del barco, los marineros comenzaron a bajar el bote salvavidas al mar, con el pretexto de que iban a echar algunas anclas desde la proa. Pero Pablo les advirtió al centurión y a los soldados: «Si éstos no se quedan en el barco, no podrán salvarse ustedes.» (Hechos 27:22, 30-31(NVI), énfasis mío, cf. Filipenses 2:12-13)

Todo lo que Dios ha planeado por necesidad acontecerá. Sin embargo, la soberanía de Dios es diferente del fatalismo, en el cual una fuerza impersonal mueve los acontecimientos sin el uso de causas secundarias. Pero no estamos sujetos a esa fuerza impersonal, por consiguiente somos responsables. Al mismo tiempo, no somos libres de actuar sino sólo dentro de la manera que Dios ha planeado. No somos independientes de Dios, y sin embargo todavía somos responsables.[8]

Cuando testificamos, siempre guiamos a la gente a la puerta en su iglesia, que es Cristo. En ninguna parte de la Biblia se nos anima a desenterrar el fundamento de su iglesia para ver si nuestro nombre está en cualquiera de las piedras que sirven de fundamento. Hallándonos fuera respondemos a la invitación de «venir». Una vez adentro leemos escrito sobre el muro, «elegido», y nos regocijamos en el amor que nos ha atraído (ver el diagrama 1).

Anteriormente miramos el texto en Juan donde Jesucristo, hablando a sus discípulos, dice de la salvación que, «para los hombres es imposible, pero para Dios todas las cosas son posibles». Hemos descubierto un tema asombroso en las Escrituras desde Génesis hasta el libro de Apocalipsis: Dios demanda que uno haga cosas que somos incapaces de hacer. El dar los Diez Mandamientos es un ejemplo de Dios cómo demanda la obediencia que es imposible para gente pecadora. Nadie puede cumplir con esos mandamientos. Así también la demanda del Nuevo Testamento creer en el Señor Jesucristo es imposible de obedecer. ¡El cumplir con esta demanda y llevar a cabo esta buena acción no es más fácil que el guardar cualquiera de los mandamientos de Dios!

Maravillosa en su revelación de la realidad, las Escrituras enseñan una verdad con dos lados –soberanía divina y responsabilidad humana. Algunas veces las encontramos lado a lado en un mismo versículo. Pero, frecuentemente las encontramos separadamente, como alguien viendo un lado de una moneda. Cuando nos familiarizamos con las Escrituras, percibimos que el otro lado de la moneda está siempre allí. Asimismo, Dios ha unido estas dos profundas verdades, lo que parece contradictorio, de forma misteriosa. Dios soberanamente concede salvación individual; somos responsables por creer para la salvación.

Soberanía divina
Todo lo que el Padre me da, vendrá a mi (Juan 6.37)
Ninguno puede venir a mí, si no le es dado del Padre (Juan 6.65)

Responsabilidad humana
Arrepentíos y creed en el evangelio (Marcos 1.15)
Al que a mí viene, no lo echo fuera (Juan 6.37)

Responsabilidad y soberanía en una sola declaración
Ocupaos en vuestra salvación con temor y temblor, porque Dios es el que en vosotros produce así el querer como el hacer, por su buena voluntad (Filipenses 2.12-13)

Fe y arrepentimiento = Dones de Dios por los que pedimos
Efesios 2.8-10 y 2 Timoteo 2.25

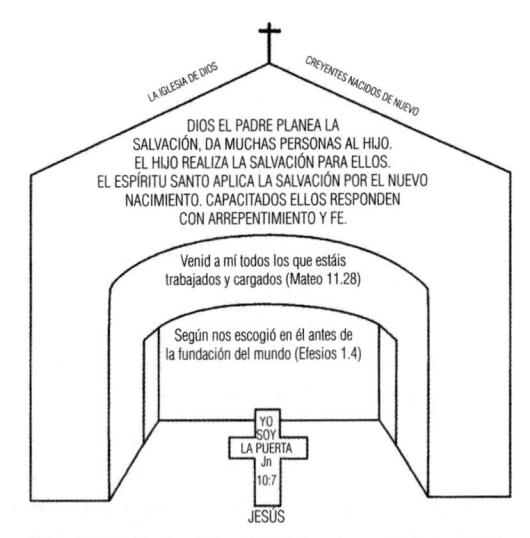

LA IGLESIA DE DIOS   CREYENTES NACIDOS DE NUEVO

DIOS EL PADRE PLANEA LA
SALVACIÓN, DA MUCHAS PERSONAS AL HIJO.
EL HIJO REALIZA LA SALVACIÓN PARA ELLOS.
EL ESPÍRITU SANTO APLICA LA SALVACIÓN POR EL NUEVO
NACIMIENTO. CAPACITADOS ELLOS RESPONDEN
CON ARREPENTIMIENTO Y FE.

Venid a mí todos los que estáis
trabajados y cargados (Mateo 11.28)

Según nos escogió en él antes de
la fundación del mundo (Efesios 1.4)

YO
SOY
LA PUERTA
Jn
10:7

JESÚS

Única súplica del hombre: "Dios, sé propicio a mí, pecador" (Lucas 18.13)

La voluntad de Dios revelada
A todas las personas Cristo se indica a sí mismo como la puerta de la salvación.
No tenemos que tentar descubrir si somos escogidos, sino venir a Cristo de una vez.

La voluntad oculta de Dios
Una vez dentro de la iglesia los pecadores salvados por la gracia capacitadora, entendemos que hemos sido escogidos en la eternidad, y respondemos en amor y adoración.

Diagrama 1. Método divino de salvación.

Así que, ¿qué significa todo esto para el evangelismo? Esto nos provee un cuadro exacto de la tarea que tenemos ante nosotros. Esto es similar al predicar a gente muerta y decirles que vivan otra vez, algo muy parecido a como cuando Dios, a través de Ezequiel, al hablar infundió vida en huesos muertos.

La mano de Jehová vino sobre mí, y me llevó en el Espíritu de Jehová, y me puso en medio de un valle que estaba lleno de huesos... Me dijo entonces, «Profetiza sobre estos huesos, y diles: Huesos secos, oíd palabra de Jehová. Así ha dicho Jehová el Señor a estos huesos: He aquí, yo hago entrar espíritu en vosotros, y viviréis...» Profeticé, pues, como me fue mandado; y hubo un ruido mientras yo profetizaba... y los huesos se juntaron cada hueso con su hueso... Y me dijo: «Profetiza al espíritu, profetiza, hijo de hombre, y di al espíritu: Así ha dicho Jehová el Señor: Espíritu, ven de los cuatro vientos, y sopla sobre estos muertos, y vivirán.» Y profeticé como me había mandado, y entró espíritu en ellos, y vivieron. (Ezequiel 37:1, 4-5, 7, 9-10)

Cuando estaba en la escuela secundaria, recuerdo que regresaba en un autobús de una conferencia cristiana. Mis amigos me decían que yo necesitaba hacerme cristiano. Yo sabía esto. Y también quería hacerlo. Pero algo estorbaba mi respuesta. Yo no podía creer que fuera tan simple. Me parecía demasiado fácil. Tenía que haber algo más que yo necesitaba hacer. Sin embargo mis amigos seguían diciéndome, «sólo cree». Me di cuenta que ese era mi problema. Yo no podía hacer la «fe» aparecer como por arte de magia dentro de mí. Parecía como si estuvieran diciendo, «sigue tratando de creer». Vi la fe como una «obra» que yo tenía que hacer... ¡pero yo no podía hacerla!

La idea de que puedo hacerme cristiano sólo tratando duro u oprimiendo el botón de una «fe» imaginaria dentro de mí no es bíblica, pero es muy común. Cuando trabajaba con mi padre en su negocio de servicio de árboles, íbamos a la propiedad de las personas y cortábamos árboles que eran viejos o peligrosos. A menudo nos decían que dejásemos el tronco; sacarlo era demasiado caro para ellos. El problema era que la primavera siguiente ese tronco comenzaría a producir retoños. Recuerdo una casa que terminó con un arbusto de un roble grande en su patio porque muchos retoños habían brotado del tronco. A menos que quitemos el tronco de nuestra creencia en nuestra capacidad de hacer buenas obras, esta idea seguirá brotando. El enseñar la gracia poderosa desarraigará este tronco.

9

Dios está lleno de gracia

El educar a no cristianos sobre el carácter de Dios puede ayudar a corregir el desequilibrio que ha conducido a muchos a suponer que el atributo principal de Dios es el amor. Esta fantasía es prolongada por la creencia que Dios es un «siervo sentimental» de la humanidad, que reduce la dureza de su amor. El amor es digno de Dios, y una vez que la autocomplacencia comienza a extenderse aun las personas más repugnantes suponen que Dios es sólo amor y que pasará por alto las más grandes vulgaridades. Sin embargo esta creencia es una idea equivocada; el amor bíblico tiene una firmeza moral. Es un amor fuerte. La degradación de la palabra amor es uno de los motivos por los cuales he elegido la palabra gracia para comunicar «el amor de Dios con un puñetazo». Sin embargo me he visto estorbado en este intento de revivir una palabra que tiene un rico significado. Para la mayoría de las personas, la gracia se ha deteriorado en una «cortesía inofensiva» o en una bondad confusa. Una de nuestras tareas en el evangelismo es encontrar palabras, ilustraciones e historias nuevas para comunicar conceptos bíblicos que han sido menoscabados, como la gracia. Presentemos cuadros vivos de palabras sobre la belleza total de la verdad ante los ojos llenos de lágrimas de otros.

LA GRACIA HACE LA SALVACIÓN POSIBLE

Pensemos sobre lo que es la gracia. Se estará diciendo, «¡por fin! Ya se ha tomado mucho tiempo en hacerme pensar sobre el pecado, que ya comenzaba a preguntarme en donde queda la esperanza». Muy bien. Creo que me está entendiendo. Aunque me agrada mucho en escribir sólo sobre la gracia, no puedo hacerlo.

Para la iglesia cristiana (aún en sus servicios recientes orientados a los interesados en cosas espirituales) el ignorar, usar expresiones sofisticadas, o por otra parte callar la realidad mortal del pecado significa cortar el tendón principal del evangelio, ya que la solemne verdad es que sin una manifestación completa sobre el pecado, el evangelio de la gracia se hace impertinente, innecesario, y finalmente de poco interés.[1]

Es sólo en el contexto de desobediencia que la misericordia tiene importancia y sentido. La misericordia es de tal carácter que la desobediencia es su complemento o presuposición, y sólo cuando se extiende a los desobedientes existe y funciona.[2]

¿Qué habrá causado tal indiferencia, aún entre los que asisten a la iglesia? Esto se debe en no entender ni en 'sentir en nuestro corazón' cuatro grandes verdades que la doctrina de la gracia presupone: 1) la pecaminosidad del pecado; 2) el juicio de Dios; 3) la incapacidad espiritual del hombre; y 4) la libertad soberana de Dios.[3]

Abajo presento otras dos historias que he contado. Ambas tienen una conclusión más feliz que las dos historias anteriores donde hice hincapié en la imposibilidad de la salvación. Ahora vemos que, como Jesucristo dijo: «con Dios, todas las cosas [salvación] son posibles».

Historia 1. A la edad de veinticuatro años, Young Jun Son se había consumido. Él terminó en Ámsterdam, durmiendo a veces en un refugio urbano para hombres, otras veces en un almacén purulento. Él cuenta:

¿Cómo pude haber caído tan bajo tan rápidamente? De vez en cuando trabajaba lavando platos en un mugriento restaurante. Me alimentaba directamente de comida que había sido dejada en los platos. Pensé, ¿total? ya que el agricultor se la va a dar a sus cerdos ¿por qué no me la como yo? Me sentía como animal, y vivía como tal. Yo había estado actuando como un animal por mucho tiempo. Cuando fui despedido comencé a trabajar para el agricultor, ¡qué horrible! Déjenme decirles como comenzaron todos mis problemas.

Crecí en Seúl, Corea, donde viví con mi padre y con mi hermano. No estoy seguro dónde se hallaba mi madre; «familia de un solo padre» era lo que mi profesora de escuela secundaria escribió al lado de mi nombre en su libreta de calificaciones. Lo que ella no sabía era que mi padre tenía dinero—mucho dinero—de varias propiedades que él poseía. Él nunca hacía alarde de ello, pero me di cuenta cuán rico era cuando le eché una mirada a sus cuentas en la computadora. Mirando hacia atrás, veo que fue aquí cuando mis pasiones animales vinieron a ocupar la primera fila. Quería tener todo eso; conseguir la parte más grande del dinero para mí mismo. En aquel entonces yo llamaba a esto «mi pasaporte a la libertad». Mi deseo no era realmente el dinero; era sólo ser independiente, vivir la vida a mi gusto y divertirme. Tenía diecisiete años entonces, y el dinero no lo recibiría mi hermano ni yo hasta que mi padre muriera. Tenía que ser paciente.

Fui paciente por tres años. Durante ese tiempo, asistí a un colegio comunitario y trabajé en una tienda de partes para automóviles porque me gustaban los carros. En realidad, los amaba. Pero durante esos tres años mi deseo de libertad creció más fuerte. Yo no podía dejar de pensar en todo aquel dinero. ¿Por qué no podría yo conseguirlo ahora, cuando lo necesitaba? Comencé a odiar a mi padre.

No que él hubiera hecho algo contra mí, pero yo no podía seguir esperando. El pensamiento horrible vino a mi mente, ¿por qué no se muere y así yo puedo seguir con mi vida? Yo me podría conseguir un buen carro; eso me atraería las muchachas. Yo podría tener mi propio lugar para vivir y un barco también. Seguí dándole vuelta a estas cosas en mi cabeza. No me había dado cuenta cuan desquiciado me había vuelto. Comencé a orar por la muerte de mi padre, y esto me condujo a cómo planearla. Justificaba todo esto diciéndome, «lo merezco». «Nadie puede estar seguro del futuro, así que déjenme vivir mi vida ahora como yo quiero».

Es demasiado doloroso contar los detalles de lo que pasó después, sólo voy a resumirlo. La pistola se atoró, y mi padre vivió. Él nunca le dijo a nadie nada excepto a mi hermano. Que mi hermano estaba enfurecido, ¡ni lo menciono! Él es mayor y un verdadero santurrón. Le dije a mi papá por qué lo quería muerto. Podía ver el asombro en sus ojos, pero él nunca me dijo nada áspero. Cuatro semanas más tarde fue a recogerme al trabajo. En el almuerzo él me dio una chequera. Él había abierto una cuenta a mi nombre y en mi parte del dinero había puesto la cantidad de $3,500,000. Había lágrimas en sus ojos. Él temía que yo pronto me iría y que él nunca volvería a verme. Tenía razón.

Desaparecí por cuatro años; muchas ciudades, muchas mujeres, varios carros y muchos amigos. Viví sin trabajar, pues no lo necesitaba. Luego mi dinero se evaporó. Mis amigos se marcharon. Yo estaba lleno de amargura (una «rabia congelada» es lo que yo le llamaba), y esto me carcomía por dentro. Estaba perdiendo mi humanidad cada vez más de muchas maneras. Mis pasiones humanas, que yo las había considerado como «simples deseos inocentes de libertad», ahora me controlaban. Estaba esclavizado a ellas. Pero no me preocupaba. No merecía vivir; meditaba en quitarme la vida. No tenía miedo de nada. Todavía odiaba a mi padre, a mi hermano y a Dios, si es que hubiera alguno.

Pero, de repente, cayó sobre mí como una centella de luz del cielo que penetró en mi mente. Yo había sido un tonto. Yo había pecado terriblemente tanto contra mi Padre Celestial como contra mi padre terrenal. Me di cuenta que mi única esperanza en aquel momento era buscar misericordia. Yo no era digno de ser parte de la familia... sólo ser un criado.

Ese día hice mi largo viaje a casa. Nunca me imaginaba que cada día mi padre miraba hacia el horizonte con esperanzas y con amor. Cuando me acerqué a casa lo vi correr hacia mí. Me quedé atónito e incapaz de sacar todas mis palabras de arrepentimiento profundo antes de que él me sofocara con abrazos y besos. Nunca olvidaré la celebración. Fui perdonado y libertado. Mi padre no quería oír nada de que yo sería un criado. Yo era de la familia. Yo tenía un hogar. Era tan maravilloso estar en casa por fin.

La historia de Young Jun Son es semejante a la historia del Hijo Pródigo que Jesucristo cuenta en Lucas 15:11-24. En contraste con el hijo mayor, que miramos más arriba, vemos en la Biblia que el hijo más joven experimenta el poder de la gracia salvadora. La gracia que le devolvió su buen sentido. En la cultura de esos días, su petición equivalía a desear que su padre muriera. La comprensión de que su pecado no tenía sólo una dimensión horizontal (contra su padre) sino también una dimensión vertical (contra el cielo) es una prueba de la obra del Espíritu Santo que lo estaba llamando. ¿Cuál era el estado mental del hijo antes de esto? Por deducción lógica, era un insensato, estaba fuera de sí, no estaba en su cinco sentidos, estaba loco. Este es el estado mental del que no es cristiano. No tienen ninguna sabiduría verdadera. Su pensamiento en cómo vivir es un pensamiento excéntrico y desviado. Pero una vez que el Espíritu Santo abre paso, su mente cambia. La convicción de pecado y la esperanza de obtener misericordia del padre lo mueve para volver a casa. Él quiere ser recibido ahora como un empleado, y abandona todo reclamo como hijo. Él sólo quiere que se le permita trabajar para su padre. ¿Qué causó este cambio? La gracia poderosa de Dios que le ha iluminado para ver su pecado y para proveerle las riquezas de la adopción. Hallarse bajo gracia significa que uno está siendo tratado mejor de lo que merece. Él quiere pagarle a su padre por sus errores; pero si el Padre Celestial permitiera esto, ¡la gracia dejaría de ser gracia!

Historia 2. Pedro llegó a los Estados Unidos tranquilamente. Su barca dirigía una flotilla de barcas que venían a Florida desde Cuba. Muchas de las personas no eran los ciudadanos más decentes. Pero Pedro era diferente. Él era un líder, elocuente y valeroso. Él fue bien educado, era un profesor. Pertenecía a una familia bien conocida que había producido muchos líderes religiosos, y él seguiría pronto como el mayor y el más entusiasta de todos ellos. He aquí su historia:

Mi motivación primordial en la vida siempre ha sido servir a Dios. No puedo recordar alguna vez que yo no haya creído en Dios. Él ha sido el centro de mi vida y el tema de mis estudios académicos. Estoy orgulloso de mi familia. Puedo remontarlos hasta a España, a un cardenal español de la iglesia. Y puedo ir aún más allá en mi árbol genealógico, a Italia. ¡Tengo una genealogía que me une a la familia del primer Papa, que significa que puedo estar hasta relacionado con el mismo San Pedro! Yo vengo de una larga línea de sacerdotes y obispos. Mi tatarabuelo llegó a Cuba y finalmente vino a ser obispo de la isla entera. Fui bautizado en la catedral más grande de la isla por el Papa mismo durante su visita a Cuba. Si desea pruebas de mi ortodoxia, soy un jesuita y consagrado a aquel grupo conservador noble, el Opus Dei. Jamás podrá encontrar falta alguna con mi herencia eclesiástica, ni con mi teología. Pero lo que es más importante no sólo filosofo sobre mi religión: «el celo del Señor me consume» es mi lema.

Los maestros herejes son enemigos de Dios y de su Palabra. He recibido inspiración en mis estudios de la Inquisición española y la he aplicado a una situación que ocurrió en Florida poco después de que llegué allí. Algunos fanáticos de mi parroquia cuestionaban las enseñanzas de la Santa Biblia y afirmaban que ellos tenían una nueva interpretación en cuanto a quién debería dirigir la iglesia. Ellos comenzaron a seguir a un hombre que reinterpretaba todo. Inmediatamente tomé el mando para desarraigar esta nueva secta. Su herejía era obvia y muy peligrosa. Aún logré formular cargos que condujeron al encarcelamiento de algunos. Para resumir, puedo decir que cuando se trata de guardar la ley de Dios, soy intachable y justo.

¡Bien, puedo decir que se necesitó una voz del cielo para derribarme de mi caballo! Por algún tiempo mi conciencia había estado molestándome porque yo había comenzado a ver que los motivos y pensamientos que dirigen mi comportamiento tenían que ser rectos ante los ojos de Dios. Había también algo misterioso sobre la paz de los seguidores de este «nuevo intérprete», aun cuando los encarcelé. El clímax vino cuando el Espíritu de Dios (y no puedo atribuirlo a ninguna otra cosa) de una manera poderosa capturó mi atención con este pensamiento: cuando perseguía a los seguidores de este nuevo líder, ¡yo estaba luchando en realidad contra el Dios Omnipotente, porque él era Dios! Herido por la seriedad de mi pecaminosidad, me di cuenta que toda mi bondad autogenerada era sólo basura ante Dios. Yo era el hereje, completamente ciego al hecho que mi celo por Dios era un celo mal informado, ciego y erróneo. Buscando el perdón, transferí la base de mi aceptación con Dios de mí mismo a lo que otro (Jesucristo) había hecho por mí.

¿Qué le ha recordado de usted mismo en relatarle la vida de Saulo de Tarso (antes de su conversión) registrada en Filipenses 3:4-6, Romanos 7:7-10 y Hechos 9:1-19, que vino a ser el apóstol Pablo?

Pablo fue humillado por el décimo mandamiento, que dice: «No codiciarás». Este mandamiento fue como un reflector brillante que resplandeció en su corazón. El darse cuenta de su necesidad de una justicia «ajena» lo condujo a dejar de buena gana todas las buenas obras que él tenía en su cuenta bancaria espiritual. Una vez que sus manos quedaron vacías, ellas ahora podrían ser llenas con una justicia dada: «No teniendo mi propia justicia [fabricada] que es por [guardar] la ley, sino por la que es por la fe de Cristo, la justicia que es de Dios y que es por la fe» (Filipenses 3:9). ¿Cuándo ocurrió todo esto? Cuando Pablo era un gran enemigo de Cristo, persiguiéndolo al perseguir a sus seguidores. Él fue «arrestado» en el camino. La convicción del Espíritu Santo de pecado contra su Hacedor vino sobre él. La gracia salvadora derritió su corazón, y otro pecador indispuesto, incapaz e indigno fue regenerado. Inmediatamente su voluntad recreada responde. Él obedece el mandato de su Señor de esperar, y lo encontramos orando.

Pablo tuvo un nacimiento espiritual «anormal» en cierto sentido. Él no era parte de los primeros nuevos nacimientos entre los discípulos primitivos. Sin embargo, nació según el tiempo perfecto de Dios. «Pero cuando le agradó a Dios, quien me separó desde el vientre de mi madre, y me llamó por su gracia, revelar a su Hijo en mí» (Gálatas 1:15). ¡Él, ciertamente, no lo esperaba o lo estaba buscando! De hecho, su voluntad estaba totalmente opuesta contra ello. Él era un anti-Cristo y se hallaba completamente enemigo al Señor resucitado. Se denominó a sí mismo como el más grande de los pecadores. La gracia hace posible un «cambio de salvación».

NUESTRO DIOS RE-CREADOR
Hemos mirado cuatro vidas: un hijo mayor obediente, una mujer joven rica, un hijo fugitivo y un líder religioso. Dos de ellos se sometieron al amor sobrecogedor de Jesucristo. Estos dos son tan diferentes; un hijo salvaje y un clérigo entusiasta. Uno anduvo por el camino de los placeres pecaminosos y de una vida egocéntrica. Otro anduvo por el camino del legalismo y del odio por aquellos que él consideraba herejes. Tan diferentes por fuera; pero tan parecidos por dentro.

«Pero Dios, que es rico en misericordia, por su gran amor con que nos amó, aun estando nosotros muertos en pecados, nos dio vida juntamente con Cristo (por gracia sois salvos), Porque por gracia sois salvos...por medio de la fe; y esto [fe para la salvación] no de vosotros, pues es don de Dios; no por obras, para que nadie se gloríe». (Efesios 2:4-5, 8-9). Dé gracias a Dios por ese «pero», que el obtener perdón y justicia no depende de nuestros propios esfuerzos. La gracia salvadora y soberana de Dios, es lo que reviste con poder la voluntad muerta de pecadores y les da un nuevo corazón también, un renacimiento espiritual total. La voluntad, la mente y los afectos son renovados. Con un corazón en llamas con el amor de Cristo, la voluntad ahora desea corresponder con amor a Cristo. Ahora capacitado para elegir lo recto, el bebé espiritual recién nacido hace la obra que Dios requiere, que es «creer en aquel [Jesucristo] que él ha enviado» (Juan 6:29). Dios hace por nosotros lo que no podemos hacer por nosotros. «Porque lo que era imposible para la ley, por cuanto era débil por la carne, Dios, enviando a su Hijo en semejanza de carne de pecado y a causa del pecado, condenó al pecado en la carne; para que la justicia de la ley se cumpliese en nosotros, que no andamos conforme a la carne, sino conforme al Espíritu». (Romanos 8:3-4). Lo que Dios requiere, él lo suministra.

En términos bíblicos el cumplimiento de Dios por nosotros de las exigencias de la ley es el nuevo pacto, este es el modo que Dios asegura el éxito de su rescate humano proclamado por el profeta Ezequiel: «Esparciré sobre vosotros agua limpia, y seréis limpiados de todas vuestras inmundicias; y de todos vuestros ídolos os limpiaré. Os daré corazón nuevo, y pondré espíritu nuevo dentro de vosotros; y quitaré de vuestra carne el corazón de piedra, y os daré un corazón de carne. Y pondré dentro de vosotros mi Espíritu, y haré que andéis en mis estatutos, y guardéis mis preceptos... y vosotros me seréis por pueblo, y yo seré a vosotros por Dios». (Ezequiel 36:25-28). Finalmente, una obtención de poder dada por Dios para una vida justa y un amor fiel.

Vemos que la gracia es un poder activo (1 Corintios 15:10; 2 Corintios 12:9). Hace mucho tiempo que San Agustín de Hipona usó el término «gracia preveniente» para describir la gracia que capacita a la voluntad a elegir lo bueno. Esto se nos exhibe en una breve ilustración durante el ministerio de Pablo: «Y un día de reposo salimos fuera de la puerta, junto al río, donde solía hacerse la oración; y sentándonos, hablamos a las mujeres que se habían reunido. Entonces una mujer llamada Lidia, vendedora de púrpura, de la ciudad de Tiatira, que adoraba a Dios, estaba oyendo; y el Señor abrió el corazón de ella para que estuviese atenta a lo que Pablo decía». (Hechos 16:13-14). Este es el misterio del nuevo nacimiento: el viento de Dios que sopla donde él quiere a través de corazones fríos, calentándolos.

Hace años, durante clases de parto con mi esposa, le pregunté al instructor: «¿Qué inicia el momento de movimiento hacia abajo a través del canal de nacimiento y fuera al mundo?» Su respuesta fue algo despreocupada: «No se sabe. El tiempo llega. No tenemos el control». Así es con el soplo regenerador del Espíritu de Dios, tanto en la concepción como en el nacimiento. El apóstol Juan dijo: «el viento sopla donde quiere» (Juan 3:8). No es sólo el poder, lo invisible y el misterio del movimiento del viento que está aquí en mente sino también la soberanía independiente, y propia del viento. ¡Esta característica del viento se observa en las muchas revisiones que los meteorólogos necesitan hacer! El viento que trae al nacimiento de arriba es un símbolo de la acción determinada y específica de Dios que inicia el movimiento. Renacemos no por la fuerza de la voluntad humana, sino por Dios (Juan 1:12-13). Detrás de nuestra fe que recibe el Hijo de Dios se halla el Espíritu de Dios que produce el nacimiento, una dádiva divina de tener el derecho (autoridad) para ser su hijo. La salvación no es un derecho que poseemos al principio; debe ser otorgado por amor.

Cuando un atleta de universidad solitario entró a un hotel en Nueva York para una celebración ruidosa de nuevo milenio, él no estaba buscando a Dios. Pero el viento soplaba; aún durante la música, la risa, las tonterías, las bebidas y las luces deslumbrantes. Más tarde, un pensamiento comenzó a arrestar su mente: «no estoy bien con Dios. Todo esto es vanidad. Dios es la respuesta». Él no podía sacudirse de este pensamiento. Le parecía una verdad tan obvia que comenzó a decirles a sus amigos, pensando que él había encontrado ahora mismo el secreto que otros debían haber ya encontrado. Para su sorpresa, no tenían ni idea de lo qué él hablaba. Algunos se rieron de él, como de un niño ingenuo. Los demás lo reprocharon, diciéndole que él estropeaba su diversión con su plática de Dios. Firme en su opinión, inmediatamente se unió a un estudio bíblico de la universidad.

Ahora, más de dos años más tarde, este estudiante ha vivido en el mundo salvaje de deportes colegiales la nueva vida que el viento del Espíritu de Dios le trajo esa noche. Asombrado por su experiencia «camino a Damasco», exploré con él cualquier rastro de haber tenido algún contacto previo con el Evangelio. Sólo hemos podido señalar tres cosas. Primero, abandonó la iglesia durante la escuela secundaria, le enseñaron la verdad por el catecismo y por las Escrituras en su infancia como católico. Segundo, había personas en su familia que quizás han tenido que orar por él. Tercero, un compañero de clase cristiano en la universidad que no lo conocía decidió orar por él ese otoño. Yo también había estado orando por los jugadores de «lacrosse». Él no puede recordar que alguien le haya testificado.

La gracia conquistadora no funciona en un vacío. Las Escrituras siempre juegan parte. Sin embargo, Dios usa varios medios para llevar a cabo sus fines preordenados. El encuentro con la Palabra viva está inextricablemente conectado con nuestro trato de la Palabra escrita. Como dice Pedro, hemos renacido «por la palabra de Dios que vive y permanece para siempre» (1 Pedro 1:23). El Espíritu Santo actúa principalmente en unión con la Palabra escrita. El papel del Espíritu Santo fue inspirar a hombres para escribir exactamente las palabras de la Palabra viva y la explicación de redención del Padre. Las Escrituras son lo que nos imparte la sabiduría de salvación.

Para aquellos que piensan de manera continua, podría ponerlo de esta manera:

La gracia al rescate

1. Los seres humanos se estrellan. Somos declarados «incapacitados».
2. Es necesaria la re-creación (nueva vida).
3. Es necesaria la ayuda ajena.
4. Nuestro Hacedor concibe un plan de salvación que incluye a su Hijo y al Espíritu Santo.
5. El Padre, sin ninguna obligación de salvar a nadie, decide salvar a muchos, no debido a cualquier cualidad que encuentre en nosotros, sino simplemente porque le agrada hacerlo. Y así envía a su Hijo.
6. Jesucristo, el Dios-Hombre, provee el rescate por medio de guardar perfectamente la ley del Padre y a través de su muerte como nuestro sustituto que lleva nuestro pecado y resurrección por aquellos que le fueron dados (elegidos) por el Padre.
7. El Espíritu Santo, siguiendo el plan de Dios, regenera a aquellos que fueron dados al Hijo, concediéndoles los beneficios de Cristo.
8. Habiendo recibido el nuevo nacimiento espiritual, ellos incondicionalmente responden en arrepentimiento y fe.
9. Ellos de corazón y libremente aman a Dios porque él los amó primero, y deciden hacer su voluntad.

Si le gusta las ayudas visuales, piense en estas imágenes:

- El viento soplando tan fuerte que lo mueve
- El nacimiento de un niño, desde su concepción hasta su nacimiento
- Una luz brillante que penetra un lugar oscuro
- Beber agua después de haberse deshidratado
- Expresiones de amor que funcionan como un catalizador para sacar amor de alguien
- Esqueletos que cobran vida

Hay una historia sobre una joven que se dedicó apasionadamente a construir modelos en miniatura. Su deleite era la réplica detallada de un velero.

Llevando su valiosa posesión al lago, suavemente lo empujó al agua. Mirando desde una distancia, ella admiraba su movimiento oscilante. De repente se levantó un viento, y se dio cuenta de que su barco se alejaba rápidamente. Incapaz para nadar, ella miraba desesperadamente mientras que desaparecían sus velas rotas y sus mástiles doblados.

Meses más tarde, ella pasaba por la ventana de una tienda y vio allí su barco en exhibición. Estaba puesto en venta. Sin aliento, entró a la tienda y le pidió al dueño que le devolviera su barco. El dueño, poco compasivo a sus súplicas, simplemente le dijo: «Si usted lo quiere de vuelta, usted debe volver a comprarlo». Al día siguiente ella regresó con todas sus otras miniaturas y todo el dinero que ella tenía. Impresionado, el dueño sonrió y le dijo: «Es suyo». Ahora la joven se dio cuenta que el barco era dos veces suyo, primero por derecho de propiedad, luego por derecho de rescate.

En este capítulo hemos visto a Dios en acción. Él es un Dios lleno de gracia. Él es el Dios de los imposibles. A pesar de nuestra «in-creación [inexistencia]», él hace en nosotros una «re-creación». Él es el Dios Creador y Redentor.

10

Gracia soberana salvadora

El amor puede ser merecido, o por los menos promovido, por cualidades en la persona amada. La gracia es un amor único, amor por los que nada merecen; es el amor inmerecido de Dios para aquellos que merecen lo contrario. Hemos perdido todo derecho al amor de Dios y ahora vivimos bajo la espada de Damocles que amenaza con juicio inminente. La gracia salvadora es lo que inicia y asegura la salvación de un individuo.

La gracia salvadora proviene de la naturaleza misericordiosa y generosa de Dios, y es para personas tan incapacitadas por el amor de sí mismos que ellos mismos son incapaces de cambiarse. Se hallan súper pegados a sus ídolos. Cuando la gente eleva cosas mundanas por encima de Dios, se esclavizan a sus deseos banales y son guiados por sus dioses diseñados que ellos mismos se han fabricado. La gracia salvadora es la cura milagrosa para aquellos que no pueden salvarse a sí mismos y de ninguna manera merecen la compasión de su Hacedor. La gracia salvadora sólo funciona como gracia cuando ésta viene a aquellos que no tienen absolutamente nada para recomendarlos como candidatos al favor de Dios.

LA GRACIA HACE DISTINCIONES

¿Qué añade el concepto de soberanía a la gracia salvadora? La palabra soberanía tiene muchos sinónimos: por ejemplo, poder absoluto, control total, máxima autoridad, superioridad total y final. Los cristianos rinden un reconocimiento mental a estos conceptos cuando reverencian a Dios. Ellos aceptan su control del universo, de las estrellas, planetas, viento y tormentas. Tienen dificultades con su supremacía sobre la injusticia, sobre guerras, sobre la salud y sobre la muerte. En estas cosas difíciles, ellos finalmente por fe abandonan sus preguntas y supuestos derechos, cerrando sus bocas ante sus caminos inescrutables.

Sin embargo cuando se pregunta: «¿Cómo se determina quién se salvará y quién se perderá?» desafiamos los caminos de Dios y nos aferramos a la supuesta soberanía de nuestras voluntades. ¿Por qué estamos tan indispuestos a someternos a la idea de que Dios elige a quién él salvará cuando nadie merece la gracia salvadora? En vez de preguntar por qué no salva a todos, deberíamos preguntarnos por qué debería salvar tan sólo a uno. ¿Podría ser que nuestra desconfianza de la soberanía de Dios provenga de nuestra incredulidad de Dios? ¿Al temor a ser controlado, a la pérdida de libertad o lealtad previa a una creencia que nos dicta lo que mejor nos conviene, y al temor a que Dios no tiene lo mejor para nosotros en mente? Comenzamos, como Job, a dudar que Dios sea un Dios bueno. Queremos reservarnos la opción de evaluar el propósito de Dios con nuestro horizonte limitado y estándar insignificante sobre si los actos soberanos de Dios encajan con nuestra definición de amor.

Piense en los resultados imponentes de amor al creer que el Espíritu Santo regenera a personas que son incapaces de responder (la regeneración precede a la fe, no viceversa). ¿Pudiera esto significar que el cielo podría incluir millones a quienes Dios ha elegido de entre aquellos que han sido abortados, bebés, incapacitados mentalmente, y también personas ancianas confusas? ¡Esto es la supremacía de la gracia salvadora!

En cierta ocasión en el ministerio de Jesucristo un grupo de gente se enfureció tanto contra él que trataron de lanzarlo desde un precipicio para matarlo. ¿Qué podría Jesucristo haber dicho que agitó a esta gente con un odio tan amargo? Era gente común y ordinaria, no líderes religiosos que maquinaban constantemente su muerte. El escritor, Lucas, acababa de resumir la conducta de esta gente, diciendo: «Y todos daban buen testimonio de él, y estaban maravillados de las palabras de gracia que salían de su boca» (Lucas 4:22). Luego le pidieron que demostrase su gracia, en hacer sanidades físicas, a favor de ellos. Al hallarse en su ciudad natal y conociendo a su familia, ellos creían que merecían sus favores. Jesucristo vio bien sus intenciones. La familiaridad de esta gente con su origen humano engendró desprecio, no respeto. En respuesta, Cristo dice:

Y en verdad os digo que muchas viudas había en Israel en los días de Elías, cuando el cielo fue cerrado por tres años y seis meses, y hubo una gran hambre en toda la tierra; pero a ninguna de ellas fue enviado Elías, sino a una mujer viuda en Sarepta de Sidón. Y muchos leprosos había en Israel en tiempo del profeta Eliseo; pero ninguno de ellos fue limpiado, sino Naamán el sirio. (Lucas 4:24-27)

¿Por qué creó esta declaración una enemistad tan increíble como ésta hacia Jesucristo? Esta es una declaración terminante de la soberanía de Dios sobre las vidas de las personas, una declaración que Dios tiene sus propósitos definidos. Jesucristo está siguiendo un principio divino que era común en el ministerio de los profetas: una distinción en base al plan de Dios en cuanto a quién recibirá sus beneficios. Había dos cosas que contribuyeron a despertar este odio. La primera era el origen étnico de las personas que fueron curadas; ambos no eran judíos. Uno era capitán del ejército de los enemigos de Israel. ¡Uh-oh! La segunda cosa era que ciertas personas fueron ignoradas. El retener la gracia de Dios es subrayado por la referencia de Jesucristo a muchas viudas y leprosos. La implicación que en su día Dios no había enviado al profeta Jesucristo para curarlos era intolerable. Ellos no podían controlar a Jesucristo. Ellos no experimentarían sus beneficios debido a su incredulidad; pero también debido a que él no fue enviado para curarlos. La doctrina de la soberanía de Dios consiste en que Dios elige aquellos a quienes extenderá su favor. Dios determina por sí mismo lo que hace. Él tiene independencia suprema; él es autónomo, él es ley para sí mismo. Cuando cada uno llegue a su destino determinado en la vida futura, nadie sacudirá su puño contra Dios, diciendo: «No recibí lo que merecía». ¡Excepto, por supuesto, la persona que llegó al cielo!

Observe como dos estudiantes de teología, Sara y Jennifer, describen la bendición que experimentaron a través de los escritos de San Agustín y de Martín Lutero, que las convencieron de la soberanía de Dios y las confrontó con un Dios impresionante.

Si me hubiera preguntado quién está en control del universo, yo habría dicho que Dios el Padre Omnipotente. Si me hubiera preguntado quién obtuvo mi salvación, yo habría dicho que Jesucristo. Si usted hubiera preguntado quién me había dado fe, yo habría dicho que el Espíritu Santo. Pero si luego me hubiera preguntado si yo creo en la predestinación, yo habría sacudido mi cabeza resueltamente con un «no» y la habría desechado como la presunción arrogante de algún teólogo que se dirige a una situación peligrosa....

Sin embargo esto es parte de nuestra condición pecadora de ser humanos, que queremos usurpar el derecho de Dios de ser el Creador de todo, incluso de amor, y ponernos en alguna posición neutra con respecto a Dios.... Dios es amor.... Todo el amor tiene su origen en él y no puede existir independientemente de él. De manera que ningún estándar de amor existe fuera de Dios, porque esto colocaría incorrectamente el amor por encima de Dios....

Esta falta de neutralidad ofende el supuesto «libre albedrío». La criatura humana exige el derecho de tomar sus propias decisiones. Ella sigue los pasos de nuestro padre Adán, que quiso reclamar neutralidad para sí mismo (yendo en contra de la decisión buena de Dios de prohibir el fruto prohibido) al procurar el conocimiento del bien y del mal. Adán pensó que este conocimiento le permitiría tomar decisiones como si él fuera Dios, sin tomar en cuenta a Dios.

... Adán trató de usar el «libre albedrío» que se le concedió como criatura a fin de controlar algo que estaba encima de él—el conocimiento del bien y del mal— buscando un conocimiento «neutro» más bien que el conocimiento de Dios.

Pero el conocimiento nunca es neutro.... No tuvimos el poder para resistir el mal una vez que llegamos a conocerlo. Ahora estamos tan ligados por el mal que nos es imposible tener aún este conocimiento neutro.... ¡Qué arrogancia para el ser humano pensar que él puede alejarse de sus pecados por un minuto y hacer una buena decisión sobre Dios!... Somos cautivos a nuestro propio deseo desordenado de neutralidad, lo cual de hecho destruye completamente cualquier neutralidad. La única salida es ser rescatados por la muerte expiatoria de Cristo....

Por irónico que parezca, el aceptar la predestinación en nuestras vidas fue la más grande liberación que jamás nos haya acontecido espiritualmente. ¡Éramos libres para ser criaturas una vez más! Ya no arrastrábamos la carga de tratar de ser el Creador....

Por consiguiente, me vi verdaderamente interesada en servir a otros, mientras que antes esto siempre me había parecido como una obligación necesaria pero pesada. El trabajo de misiones se me volvió una atracción.... Inconscientemente yo había visto a otra gente como un medio para llevar a cabo buenas obras. Nunca lo vi yo como obras de justicia, porque yo sabía que no podía ser salva por obras. Pero yo había vivido la vida cristiana sirviendo mis propias ideas de lo que consiste ser cristiano....

Nuestro agradecimiento nos abruma, y eso es lo que verdaderamente impulsa nuestras acciones. No procuramos deliberadamente obedecer alguna ley; esto ocurre espontáneamente, esto nace de nosotros como de una fuente. Es así como entendimos que el miedo o el desenfreno de moralidad no es una objeción legítima contra la enseñanza de la predestinación. No lo entendemos todo—en absoluto— pero la idea de ser indiferente a las demandas de Dios es simplemente inconcebible.

Nuestro ajuste intelectual a la predestinación ha transfigurado completamente todo en nuestras vidas. Hemos descubierto nuestra libertad paradójicamente ligada, y para nosotros como criaturas, esto es la única verdadera libertad.[1]

Hay un versículo en 1 Juan que lo resume todo: «Amamos [a Dios y a otros] porque él nos amó primero» (4:19). Dios me eligió primero, y esto me indujo a escogerlo a él. Él me amó específicamente desde toda la eternidad, y yo, atraído por su amor previo, le correspondo libremente en amor. He venido a mi hogar a la casa de mi Padre. Me agrada ser una simple criatura humana ante mi Creador. Primero gracia, luego la habilidad con que puedo responder.

NO LIBRE ALBEDRÍO, SINO UNA VOLUNTAD LIBERTADA

La Biblia contiene varios versículos que indican la actividad de la voluntad humana al hacerse cristiano. «Y el Espíritu y la Esposa dicen: ¡Ven! Y el que oye, diga: ¡Ven! Y el que tiene sed, venga; y el que quiera, tome del agua de la vida gratuitamente» (Apocalipsis 22:17). «Porque no hay diferencia entre judío y griego, pues el mismo que es Señor de todos, es rico para con todos los que le invocan; porque todo aquel que invocare el nombre del Señor, será salvo.» (Romanos 10:12-13). En estos pasajes vemos que la voluntad humana es exhortada a liberarse del poder del pecado y hacer algo tan inmensamente bueno; venir a Cristo, invocar a Dios. Además, encontramos muchos pasajes donde la gente hace esto y encuentra la salvación. Y estos pasajes están dirigidos «a cualquiera que» y «a todo aquel que». Mucho cristianos leen esto y usan la frase «libre albedrío» para describir lo que ellos ven en estos versículos. Sin embargo, la expresión «respuesta humana» o «responsabilidad humana» sería más exacta. Martín Lutero, en su libro de La Esclavitud de la Voluntad, procura enterrar una vez para siempre este concepto al cuestionar el uso de la palabra «libre». Él dice que muchas personas religiosas describen el poder del libre albedrío como algo pequeño, y totalmente ineficaz aparte de la gracia de Dios. ¿De acuerdo? Pero si la gracia de Dios está ausente, si se quita de ese pequeño poder, ¿qué puede la voluntad hacer? Es ineficaz y no puede hacer nada bueno. De ahí resulta que el libre albedrío sin la gracia de Dios realmente no es libre albedrío en absoluto. Porque ¿qué significa un poder ineficaz, sino (en términos claros) ningún poder?

La Biblia enseña que el Espíritu Santo nos hace dispuestos; no lo hacemos por nosotros mismos. He aquí una ilustración simple que ha sido provechosa a muchos.

Juan es un solitario. Él vive en una vieja casa con las ventanas tapadas y ha hecho que le traigan su comida a domicilio. Evitando el contacto con el mundo de afuera, se siente cómodo en la única casa que él conoce. De vez en

cuando oye una voz fuera, al principio débil, después más clara. Puede distinguir ahora las palabras repetidas, «Ven a casa».
Perturbado, grita a través de la puerta, «¡Silencio! Estoy en casa».
La voz dice: «No, estás engañado. Esta no es tu verdadera casa. Abre la puerta. Mira hacia el horizonte. Ve el jardín y la casa que te espera».
Juan contesta: «Marchaos. No hay nada para mí allá fuera. Me siento feliz viviendo la vida a mi manera».
Los días pasan, y Juan oye la voz otra vez. «Ven a mí a casa. Cree lo que te digo».
Furiosamente Juan tapa sus oídos, y grita: «No quiero ser molestado. No quiero cambiar mis caminos».

Esa noche él piensa en las imágenes que ha visto del mundo exterior y recuerda la luz del sol filtrándose por las grietas en las orillas de las ventanas. Entonces oye ruidos en su sótano. La temperatura dentro de la casa comienza a elevarse. Juan se da cuenta de que alguien ha entrado en la casa y ha encendido el calentador. Al mismo tiempo, oye la voz que susurra en la puerta, «Ven, ven». Resistiendo esta intrusión, él se aferra al sofá, a las sillas, al escritorio y aún al refrigerador grande en frente de la puerta. Luego se esconde debajo de la cama. Pero el calor es insoportable.

Incapaz de resistir más tiempo, corre a la puerta y rápidamente hace a un lado todo los muebles que están de por medio. La voz es más fuerte ahora: «Ven a mí. Ven a mí». Él destapa la rejilla en la puerta que no se había usado por tanto tiempo y se queda atónito por una luz brillante y el arco iris de colores. Él piensa, ¿podría yo haberme equivocado? Atraído irresistiblemente, quita el cerrojo de la puerta y corre fuera, dirigiéndose hacia la casa y al jardín a todo galope. Los vecinos sorprendidos lo oyen gritar: «Ya vengo. Ya vengo. Quiero creer. Por favor llévame a casa».

Así Dios, en Cristo, nos llama de nuestra autocomplacencia. Oímos el llamamiento exterior que ofrece buenas nuevas, pero no nos encontramos inclinados. Luego el Espíritu Santo entra en el sótano y enciende el calor de la convicción. Ahora sentimos un impulso interior, un deseo de salir de aquella casa. Ese deseo es avivado en una llama apasionada por la hermosura atrayente de Cristo y de su provisión de un lugar de seguridad y de amor, un hogar con el Padre y ser adoptado en su familia. ¡Me siento dispuesto y escojo a Cristo porque lo que deseé en mi mente fue cambiado por la gracia poderosa y regeneradora de Dios! La gracia soberana y salvadora da el poder de obedecer, así como conceder perdón por la desobediencia. Mi voluntad ha sido libertada.

PORQUE LE AGRADA

Como cristiano joven dejé mi casa para asistir a una universidad que tenía sus raíces en una denominación protestante. Cuando llegué descubrí que yo no estaba preparado para el tipo de incredulidad que allí prevalecía. Yo no estaba en una universidad del estado, pero encontré algo mucho peor que el secularismo: encontré una cosmovisión humanista y relativista revestida con una capa religiosa. Pronto descubrí lo terrible que era esto para mi nueva fe, una fe experimental.

Mientras que luchaba con las dificultades de la fidelidad de la Escritura, me vi obligado a estudiar rigurosamente la Biblia. Tenía que tomar una decisión crucial: ¿Estaba dispuesto a seguir la Escritura (verdad) a dondequiera que me condujera, o prevalecerían los conceptos finitos, lógicos y humanos de amor y justicia? En particular, ¿me sometería yo ante la soberanía de Dios al salvar algunas personas, pero no a todas, reconociendo que todos merecemos el infierno y que aun el honor y la justicia de Dios son allí glorificados? ¿Estaría yo dispuesto a seguir la Escritura en lo que revelaba, pero dejar aquellas verdades no reveladas (ocultas, incompletas) en las manos de Dios? Yo tenía dificultades en reconocer que Dios es Dios. Seguía preguntándome por qué Dios hace ciertas cosas.

Durante ese tiempo un canto vino a mi mente. El canto hizo una pregunta, pero nunca dio la respuesta.

El amor envió a mi Salvador a morir en mi lugar,
¿Por qué debería él amarme así?
Dócilmente a la cruz del Calvario fue llevado,
¿Por qué debería él amarme así?
¿Por qué debería él amarme así? ¿Por qué debería él amarme así?
¿Por qué debería mi Salvador al Calvario ir?
¿Por qué debería él amarme así?
—ANÓNIMO

El canto no responde por qué Dios debería amarnos así, y la Escritura no da ninguna respuesta sino solamente dice: «¡Porque Él quiso hacerlo!»

En la Biblia, la razón por la que Dios hace algo es porque le agrada hacerlo.

«*Yo soy Dios, y no hay otro Dios, y nada hay semejante a mí... que digo: Mi consejo permanecerá, y haré todo lo que quiero*». *(Isaías 46:9-10)*
«*Nuestro Dios está en el cielo; todo lo que quiso ha hecho*». *(Salmo 115:3)*
«*Señor, digno eres de recibir la gloria y la honra y el poder; porque tú creaste todas las cosas, y por tu voluntad existen y fueron creadas*». *(Apocalipsis 4:11)*

Al apóstol Pablo le agrada usar la frase «según su beneplácito» cuando escribe sobre el plan de Dios de redención. Cuando Dios revela que su plan comenzó desde antes de la creación del mundo, Pablo atribuye dos veces la elección de Dios de un pueblo específico en Cristo (no un grupo indefinido) y la predestinación al hecho que esto le agradó (Efesios 1:5, 9). Hay un número enorme de personas para quienes Dios planeó la salvación, simplemente porque es lo que a él le agrada hacer. Usted no puede dar otra razón de la salvación más que ésta. Sea humilde y dele a Dios todo el honor. Él no es un Dios voluble que actúa arbitrariamente. Tanto su amor como su ira son el cumplimiento determinado y resultados de su carácter. Dios esconde la verdad de algunas personas; él no se revela a sí mismo ni a Jesucristo a ellos. ¿Por qué? (Lucas 10:21-22).

El Espíritu Santo regenera a las personas porque esto le agrada a Dios hacerlo (Gálatas 1:15). Es conforme a su buena voluntad o propósito. «Dios... nos salvó y llamó con llamamiento santo, no conforme a nuestras obras, sino según el propósito suyo y la gracia que nos fue dada en Cristo Jesús antes de los tiempos de los siglos» (2 Timoteo 1:9). Los creyentes participarán en la salvación individual ahora, y también en todo el reino futuro eterno en gloria. ¿Por qué? En palabras tiernas de ánimo que Jesucristo dice a sus discípulos: «No temáis, manada pequeña, porque a vuestro Padre le ha placido daros el reino». (Lucas 12:32). John Piper se deleita en el motivo del placer de Dios. «Dios actúa en libertad... del beneplácito más profundo de su Ser. Esto es lo que la palabra [beneplácito] significa: el gozo de Dios, su deseo, su gusto y deseo y esperanza y deleite y alegría y placer es dar el reino a su rebaño... no es su deber, necesidad, ni obligación, sino su beneplácito.... Esa es la clase de Dios que él es. Esa es la medida de la grandeza de su corazón»[2]

¿Se queda maravillado ante estas expresiones del beneplácito de Dios? Hay otra acción que ocurrió en el propósito eterno de Dios y que se cumplió en la historia porque le agrado a Dios: la muerte dolorosa de su Hijo.

«Ciertamente llevó él nuestras enfermedades, y sufrió nuestros dolores; y nosotros le tuvimos por azotado, por herido de Dios y abatido... Con todo eso, Jehová quiso [le agradó] quebrantarlo, sujetándole a padecimiento». (Isaías 53:4,10)

¡Maravíllese! No nos habríamos atrevido a expresar tal cosa a menos que la Escritura lo hubiera dicho. «A éste, entregado por el determinado consejo y anticipado conocimiento de Dios» (Hechos 2:23). ¿Por qué debería él amarme así? Porque se complació en ello. Maravíllese ante su buena voluntad de ir detrás de aquellos que una vez lo odiaron y abrazarlos. Adórelo por lo que él es en sí mismo y de sí mismo, no sólo por lo que él hace o por los beneficios que nos concede. La crucifixión es una demostración abrumadora e inconcebible de amor y de justicia. El evangelismo centrado en Dios incluye a ambos.

11

Adoración
La respuesta del alma al evangelio de gracia

El mayor obstáculo en el evangelismo personal es el miedo. Lea cualquier libro sobre evangelismo, tome cualquier curso de entrenamiento, todos concuerdan con esto. Tememos lo que otros pensarán de nosotros, tememos que nos podrían rechazar. El libro de Proverbios nos dice que el miedo del hombre es una trampa; esto nos inmoviliza. Todos hemos experimentado esto. Tantas ayudas están disponibles, pero ¿qué desvanecerá el miedo y motivará y sostendrá el evangelismo?

La mayoría de la gente parece contenta con vivir una «buena vida», dejando que su luz brille esperanzados con que otros perciban la fuente de su luz, en vez de iniciar conversaciones sobre asuntos espirituales. El estar íntimamente envueltos en las vidas y necesidades de aquellos que están fuera del reino y comunicarles la verdad del evangelio es una experiencia ajena para muchos. Parece que hemos aceptado la idea de que la religión es un asunto privado y que no deberíamos entrometernos en las creencias de otros. Hablar de Dios en el foro público ha sido «acallado» con eficacia. Podemos tener nuestras creencias personales que Jesucristo es el único camino, pero nos encogemos cuando se trata de comunicarlas a otros. Necesitamos desplazar nuestro temor de otros con un «temor» de Alguien más. Nuestro saludo humilde que busca la aprobación de otros debe ser sustituido por un deseo fuerte de la aprobación de Aquel que es imponente y de una confianza de que él me ama.

MOTIVACIÓN PARA EL EVANGELISMO: ENCUENTRO CON UN DIOS INFINITO

Cuando David, el muchacho pastor, anduvo en el medio del ejército de Dios encontró a todos ellos temblando ante el gigante Goliat. Su reacción desconcertó

ADORACIÓN

a David, quien no había sido infectado por su contagio del miedo ni por un instante. Día tras día las mismas personas que debían ser los guerreros de Dios se hallaban desalentadas y aterrorizadas. Aun huían despavoridos por el miedo. Pero David, el muchacho, tenía una reacción totalmente diferente. Él se preguntaba quién era ese Goliat que se atrevía a desafiar los ejércitos del Dios viviente, no sólo el Dios de sus padres (del pasado), pero el Dios del presente. ¿Dónde obtuvo David tal convicción? El Dios que era «impotente» para los soldados israelitas era «potente» para David. ¿Cómo podría David estar tan seguro? Voy a relatar la historia: «¡Aprendí que Dios está vivo mientras pastoreaba ovejas! Fue allí, cuando tuve que combatir con animales salvajes, que experimenté la realidad de Dios. Dios me capacitó para matar tanto a leones como a osos. Dios está conmigo. Dios está vivo. Dios es real. Él no va tolerar que alguien lo desafíe, que le prive de su honor. ¡El Señor que me libró de las garras del león y de las garras del oso me librará de Goliat! Lo sé». (Paráfrasis de 1 Samuel 17:34-37).

David llegó a una situación en donde el miedo había paralizado a otros. Pero él no tuvo miedo. ¿Por qué? Porque él había experimentado personalmente la omnipotencia de Dios. Él lo había visto obrar, aún a través de él. De su sentido vivo de la realidad de Dios, David habló y actuó. David se había encontrado con Dios, y nunca podría ser el mismo. Las opiniones de otros no le hicieron ninguna diferencia. David conocía un Dios grande, un Dios que merece adoración y alabanza.

El Evangelio de Juan relata la historia de una mujer samaritana que salió al mediodía para sacar agua. Ella estaba acostumbrada a hacer cosas a solas, pues era una mujer desechada por la sociedad. Las demás mujeres la rechazaban y hablaban mal de ella. Los hombres huían de ella en público para no dar la impresión de que estaban involucrados con ella. (En privado sería otra historia). Ella había tenido una historia de aventuras amorosas—por lo menos seis—dejando atrás un panorama lleno de relaciones rotas. La gente la evitaba, y ella los evitaba también. ¿Se habría endurecido completamente a las opiniones de otros? No. Ninguno de nosotros llega a eso. ¿Qué fue lo que transformó a esta mujer de ser una persona aislada en alguien que testifica valerosamente a otros? Mientras que ella sacaba agua de un pozo, se encontró con Jesucristo y aprendió cómo adorar a Dios. Estando sedienta de agua espiritual, ella bebió en abundancia. Jesucristo andaba buscando adoradores en ese día, y encontró a una, y ella corrió y encontró a otros para él. «Muchos de los samaritanos de aquella ciudad creyeron en él por el testimonio de la mujer». (Juan 4:39).

Tanto David como la mujer samaritana llegaron a un punto en donde lo que otros pensaran de ellos no era de primera importancia. Este cambio de perspectiva no fue porque David era inmaduro y la mujer era excluida de la sociedad; antes bien, se debía a un encuentro personal con el Dios vivo, un encuentro que conduce a amarlo y adorarlo. Una adoración poderosa lo activará para testificar. Esto cambia el foco de atención de las opiniones de mí mismo y de otros a la grandeza de Dios y a su amor arrebatador. A través de los siglos, aquellos que renunciaron a su egocentrismo insignificante y fueron arrebatados en la obra de Dios impactaron a otros en el evangelismo. Una experiencia de adoración genuina nos moviliza para testificar.

Muchas iglesias han rebajado a Dios por sus tradiciones y por una teología mutilada. Sujetándolo a sus ideas y a su cultura, lo han convertido en un Dios afable. Por consiguiente, el evangelio es esquivado tanto por evangelistas principiantes como por los que aún no han sido evangelizados; el evangelismo ya no es autoritario. Si se hace algo de evangelismo, las ideas sobre Dios son inciertas, confusas y a menudo erróneas. Lo que puede haber comenzado como un esfuerzo para relacionarse con incrédulos al mostrar más amor, ser sociable y personal termina poniendo al evangelista en el centro, no a Dios. ¿Dónde está nuestra confianza en la inspiración única y en la autoridad divina de la Palabra escrita de Dios? ¿Se encoge usted ante la mentalidad contemporánea que cuestiona la existencia de una verdad unificadora, inclusiva y global? ¿Se ve frustrado por las conclusiones de los deconstruccionistas [aquellos que alegan varios significados a un escrito] de que toda comunicación carece de sentido? ¿Quién declarará la verdad? ¿Se volverá usted como alguien que, cautivado por la gracia, vive bajo la gracia y deja una impresión de la verdad en y la conciencia de su amigo?

El lenguaje de Dios en su libro [las Escrituras] está vivo y lleno de poder. Es más cortante que toda espada de dos filos, abre y descubre los pensamientos mismos de la gente. Exhibe e interpreta lo que ellos piensan y sienten. Sus palabras se corresponden perfectamente con la realidad, logrando un intercambio exacto de información entre el oyente o lector. Las palabras de nuestro gran Dios no están restringidas aunque hayan sido revestidas en lenguaje humano. Su palabra es poderosa, haciendo que lo que no es sea, como en la creación cuando las palabras, «Sea esto, sea aquello», y «lo fue». Cuando Jesucristo pronunció dos palabras, «Sal fuera» a un muerto que se estaba pudriendo en una tumba, el hombre salió.

Cuando los cristianos comprenden las posibilidades magníficas de la iniciativa de Dios al derramar gracia sobre los incrédulos, su entusiasmo despierta al ver que Dios los está incluyendo en su propósito. La gracia es activa, capacitándolos para testificar. La gracia reviste con poder, capacitando al incrédulo para responder. Nosotros no somos responsables para producir resultados. Es Dios quien lo hace, y lo hará. Cuando la salvación es claramente vista como obra de Dios de la gracia soberana y salvadora, la gracia ya no es algo demacrado, débil o descolorido. Meditar extensamente en la supremacía divina en la salvación exalta a un Dios de gracia y humilla al hombre. La gracia salvadora significa que Dios no es presionado, ni que se ve obligado por nuestro valor como humanos. Él no está obligado a salvar a nadie, ¡pero de todos modos él lo hace! Dios no está endeudado con nadie. Para los no cristianos, la gracia les dice que sus mejores esfuerzos para hacerse «buenos» es un fracaso total, pues «si es por gracia, entonces ya no es por obras; y si por obras, la gracia ya no sería gracia» (Romanos 11:6). El apóstol Pablo, cuando escribía a los creyentes en Éfeso, era arrebatado de entusiasmo describiendo la teología de la gracia divina, y él escribió una de las oraciones gramaticales más largas en el Nuevo Testamento (Efesios 1:3-14; los traductores del griego tienen que poner puntos para ayudarnos a leer esta porción). Esta porción de la Escritura está saturada de teología profunda. Y precisamente son estas doctrinas de la gracia que elevan a Pablo a expresar palabras de doxología [de alabanza]. Cuando exaltamos a Dios somos estimulados a adorarle.

ADORACIÓN: LA PASIÓN Y EL PROPÓSITO DEL EVANGELISMO

El capítulo 15 del Evangelio de Lucas contiene tres historias que hablan de tres búsquedas, las cuales revelan que Dios, por naturaleza, anda en busca de los perdidos. El propósito de Jesucristo al venir a la tierra era buscar y salvar lo que se había perdido. Las historias comparten un punto culminante común: una celebración, o adoración, al encontrar lo que se había perdido. Dios no quiere simplemente obreros que hagan diligentemente sus tareas. ¡Debe haber celebración! El encuentro de lo que se ha perdido suscita adoración, tanto en el que anda buscando como en el que ha sido encontrado.

Jesucristo habló de una mujer sedienta, «La hora viene y ha venido ya cuando los verdaderos adoradores adorarán al Padre en espíritu y en verdad, porque tales adoradores busca el Padre que le adoren» (Juan 4:23). El cambiar a adoradores de dioses falsos en adoradores del Dios verdadero es el propósito del evangelismo. No buscamos sólo personas que tomen «decisiones para Cristo», sino adoradores que adoren a Dios, gente que ha gustado y visto que el Señor es lleno de gracia y quienes no pueden contener su gozo. El que busca y el que es encontrado, el evangelista y el nuevo convertido participan de una alegría común.

La adoración también engendra un motivo apasionado para el evangelismo. Esta es la clase de combustible que hace posible el «despegue» o el «arranque». Sólo observe cuán grandes son esos dos tanques de combustible que se hallan en los transbordadores espaciales estadounidenses. Mucho combustible es necesario para liberarse de la atracción de la gravedad. Así que ¿qué es lo que lo detiene? El combustible candente y ardiente de la adoración lo hará abrirse como carga explosiva de su letargo por los perdidos. ¿Por qué? Porque la adoración dirige totalmente nuestra atención a un Creador-Redentor majestuoso, triunfante, elevándonos por encima de nosotros, ¡de nuestros pecados, insuficiencias, y cualquier otra cosa! El miedo de la gente será reemplazado con fervor. Comenzamos a inundarnos de preocupación y amor por los demás, y somos constreñidos por la compasión de Cristo. La adoración es nuestra respuesta a su enorme gracia.

Al comparar la adoración con la celebración por los perdidos, no digo que la adoración consiste sólo en emociones y en diversión. Como en la conversión verdadera, en la adoración también se halla comprendida la persona entera: mente, emociones y voluntad. La mente se enfoca en la verdad, pues debemos adorar en «espíritu y en verdad» como Jesucristo dijo. La verdad se convierte en experiencia, no sólo en algo mental. El centro de nuestro ser, el corazón, es elevado hacia arriba. La voluntad es movida para desear rendirse y servir. Luego nos movemos hacia afuera con el evangelio, pues encontramos nuestro deleite en el Señor Sublime y Exaltado.

La adoración debe ser instruida por la verdad de la revelación, que nos vino en forma de palabras. La revelación de la palabra de Dios exalta y humilla la mente humana. La trayectoria entera del crecimiento cristiano, según la Biblia, debe comenzar con doctrina y luego experimentar tal doctrina, en vez de comenzar con nuestra experiencia, codificándola en una doctrina y luego enseñarla a otros para que la sigan. El uso más alto de nuestras mentes debe ser en pensar los pensamientos de Dios. No adoramos a un Dios desconocido.

La Palabra escrita establece las normas de la adoración, como cuando se establece una zanja de seguridad alrededor de una fogata. «Debemos adorar a Dios aceptablemente con reverencia y con temor, pues nuestro 'Dios es un fuego consumidor'» (Hebreos 12:28-29). Hay peligro al acercarse a él; no podemos acercarnos a él de cualquier manera en la adoración verdadera. Ya no nos hallamos temblando como aquellos que estaban bajo el antiguo pacto que estaban de pie ante el Monte Sinaí ardiendo. Antes bien, la adoración del nuevo pacto comprende la congregación gozosa de santos y ángeles en el Monte de Sión (Hebreos 12:18-24). Cuando nos reunimos en nuestras iglesias en el Día del Señor, seguimos la manera prescrita de Dios en la adoración.

Espero que disculpen esta pequeña digresión sobre la adoración en un libro sobre evangelismo. Me veo constreñido en poner el evangelismo en su lugar apropiado: ocupa el lugar número dos en la agenda de Dios. La adoración ocupa el lugar número uno. Si las iglesias guardaran esta verdad en perspectiva, muchos de ellos estarían honrando más a Dios, y habría considerablemente más evangelismo. John Piper, un embajador de la adoración centrada en Dios, lo expresa de esta manera:

> *Las misiones no son la meta final de la iglesia. La adoración lo es. Las misiones existen porque la adoración no existe. La adoración es final, no las misiones, porque Dios es final, no el hombre. Cuando esta era termine, y millones innumerables de redimidos se postren sobre sus rostros ante el trono de Dios, las misiones ya no existirán más. Éstas son una necesidad temporal. Pero la adoración permanecerá para siempre.*
>
> *La adoración, por lo tanto, es el combustible y la meta en las misiones. Es la meta de las misiones porque en las misiones simplemente procuramos traer naciones ante el gozo y disfrute de la gloria de Dios. La meta de las misiones es el gozo de los pueblos en la grandeza de Dios. «El Señor reina; gócese la tierra; ¡regocíjense las muchas costas!» (Salmo 97:1).*
>
> *Pero la adoración también es el combustible de las misiones. La pasión por Dios en la adoración precede al ofrecimiento de Dios en la predicación. Usted no puede alabar lo que no aprecia. Los misioneros nunca harían el llamado: «¡Alégrense las naciones!», mientras no puedan decir de corazón: «Me regocijo en el Señor.... Me alegraré y me regocijaré en ti; cantaré a tu nombre, oh Altísimo». (Salmo 104:34; 9:2). Las misiones comienzan y terminan en adoración....*
>
> *La compasión por los perdidos es un motivo sublime y hermoso para la obra misionera. Sin ella perdemos la dulce humildad de compartir un tesoro que hemos recibido gratuitamente. Pero hemos visto que la compasión por la gente no debe estar separada de una pasión por la gloria de Dios. John Dawson, un líder en el grupo Juventud Con Una Misión, da una razón adicional de por qué esto*

debe ser así. Él señala que un sentimiento profundo de amor por «los perdidos» o por «el mundo» es una experiencia muy difícil de retener y que no siempre se reconoce cuando esta viene.

No espere un sentimiento de amor a fin de compartir a Cristo con un extraño. Usted ya ama a su Padre celestial, y usted sabe que este extraño ha sido creado por él, pero que está separado de él, así que tome estos primeros pasos en el evangelismo porque usted ama a Dios. No es principalmente a partir de una compasión por la humanidad que compartimos nuestra fe u oramos por los perdidos; es en primer lugar, por amor a Dios.

Dios nos llama sobre todo a que seamos la clase de gente cuyo tema y pasión son la supremacía de Dios en la vida en su totalidad. Nadie podrá elevarse a la magnificencia de la causa misionera si no siente la magnificencia de Cristo. No habrá ninguna visión mundial grande sin un Dios grande. No habrá ninguna pasión de atraer a otros a nuestra adoración donde no hay ninguna pasión para la adoración.[1]

Medite en las palabras de este himno escrito en 1774 por un antiguo capitán, John Newton, que traficaba esclavos.

¡Amemos, y cantemos, y maravillémonos,
Alabemos el nombre del Salvador!
Él ha acallado los truenos fuertes de la ley,
Él ha apagado las llamas del Monte Sinaí;
Él nos ha lavado con su sangre,
Él nos ha traído cerca a Dios.
Amemos al Señor que nos compró,
Que se compadeció de nosotros siendo enemigos,
Nos llamó por su gracia, y nos enseñó,
Nos dio oídos y nos dio ojos:
Él nos ha lavado con su sangre,
Él presenta nuestras almas a Dios.
Maravillémonos; únanse la gracia y la justicia,
Y señalen el lugar de la misericordia;
Cuando por la gracia en Cristo tenemos confianza,
La justicia sonríe, y no demanda más:
Él que nos lavó con su sangre,
Ha asegurado nuestro camino a Dios.[2]

Quizás este sería un momento apropiado en su lectura para entrar en un tiempo de adoración personal.

LOS VERDADEROS CONVERTIDOS ADORAN VERDADERAMENTE

Imagínese a una mujer corriendo a toda prisa a un pequeño pueblo de casas de ladrillo en una tarde que va oscureciéndose. Carga cautelosamente un pequeño frasco exquisito. Dirigiéndose hacia la casa más grande en la ciudad, ve la luz de una vela en el pórtico grande que está entreabierto. Muchos líderes del pueblo y de la sinagoga descansan en tapetes caros, hablando en voz alta y comiendo. Una muchedumbre de espectadores envidiosos (los que no han sido invitados) rondan alrededor, queriendo ver lo que pasa. Cuando ella se acerca a la casa, los espectadores tratan de detenerla, pero ella se cerca con más determinación, y se introduce directamente en donde están comiendo en casa de Simón el fariseo. Su cara refleja preocupación. Sus ojos buscan entre la muchedumbre de hombres. Al principio, los hombres no son conscientes de ella. Cuando la ven, piensan que es otra sirvienta.

Entonces un silencio siniestro se extiende en todas partes del patio atestado de gente. Los hombres parecen volverse inquietos. Apartan su mirada de ella, o la dirigen a las ollas enormes de comida en las cuales meten sus dedos. Miradas inquietas aparece en la cara de algunos. Esta inquietud es muy diferente a la inquietud de la mujer. Esta mujer es muy bien conocida, tiene cierta fama. Las Escrituras declaran la razón de su fama de manera eufemística: «una mujer de la ciudad, que era pecadora». Algunos hombres calladamente se salen. Otros desesperadamente esperan que ella no declare que los conoce.

La expresión de la mujer cambia considerablemente de inquietud a alivio y gozo. Ella ve al hombre que estaba buscando: Jesucristo. Con un valor extraordinario y aparentemente inconsciente de su falta de decoro, se le acerca. Estando de pie detrás de él, ella comienza a sollozar. Sus manos sostienen un frasco de vidrio de alabastro que reluce en la luz de la vela. Esta es su posesión más valiosa, ya que contiene sus ahorros en la forma de un perfume muy caro. Observando que sus abundantes lágrimas han comenzado a mojar los pies de él, se arrodilla, y usando su cabello largo y suelto, que es un símbolo de su profesión, comienza a limpiarlos. Le sigue a esto besar sus pies. Pero nadie puede decir que estos besos sean sensuales. Antes bien, estos tienen una cualidad infantil y un elemento de adoración. Luego, sin titubear, toma el frasco de perfume y lo inclina hacia los pies de Jesucristo. Un aroma de lirios se extiende a través del cuarto.

En este momento, los hombres, aunque se sienten aliviados que ella los ha ignorado, comienzan a refunfuñar en voz más alta. Simón se siente horrorizado ante la insolencia de la mujer. Él también saca algunas conclusiones sobre su invitado, Jesucristo, quien era el motivo de la reunión. Sería más exacto decir que Simón estaba sacando más pruebas de una conclusión que él ya había hecho sobre Jesucristo. Pero eso es otra parte de la historia. Jesucristo, leyendo los pensamientos de Simón —pues hasta ahora él no ha dicho nada— le propone un enigma. Simón conoce bien su catecismo y rápidamente da la respuesta correcta.

> *Y vuelto a la mujer, dijo a Simón: ¿Ves esta mujer? Entré en tu casa, y no me diste agua para mis pies; mas ésta ha regado mis pies con lágrimas, y los ha enjugado con sus cabellos. No me diste beso; mas ésta, desde que entré, no ha cesado de besar mis pies. No ungiste mi cabeza con aceite; mas ésta ha ungido con perfume mis pies. Por lo cual te digo que sus muchos pecados le son perdonados, porque amó mucho; mas aquel a quien se le perdona poco, poco ama. Y a ella le dijo: Tus pecados te son perdonados. Y los que estaban juntamente sentados a la mesa, comenzaron a decir entre sí: ¿Quién es éste, que también perdona pecados? Pero él dijo a la mujer: Tu fe te ha salvado, ve en paz. (Lucas 7:44-50)*

La mujer en esta historia ilustra la adoración como es definida por el Dr. Edmund Clowney:

> *Adoración es lo que la presencia de Dios despierta. Es una respuesta, no una actividad iniciada por nuestra parte. La adoración es la única actividad que comprende la totalidad de nuestra personalidad sin dejar nada fuera. Todas las demás relaciones son parciales. La adoración es siempre exorbitante: los ancianos echan sus coronas delante del trono, María derrama el ungüento precioso, la gente cae postrada. No rendimos adoración por lo que podamos «sacar de ello».*

> *La adoración es una sumisión de toda nuestra naturaleza a Dios: es un despertar de la conciencia por su santidad; es la alimentación de la mente con su verdad; es la purificación de la imaginación por su belleza; es cuando el corazón se abre a su amor; es la sumisión de la voluntad a su propósito.*

> *Todo esto se une en la adoración, la emoción más desinteresada de que nuestra naturaleza es capaz, y por consiguiente el remedio principal para ese egocentrismo que es nuestro pecado original y la fuente de todo pecado actual.[3]*

Esta mujer necesitaba venir a Jesucristo. ¿Por qué? Porque ella lo adoró de una manera que nunca había adorado a ningún otro hombre. ¿Por qué? Porque él le había perdonado sus pecados, ¡y qué liberación fue para ella! Libertada, ella se convirtió en una adoradora. Una vez regenerada, nada podía detenerla de tomar esta oportunidad para honrarlo. Él estaba cercano, y ella deseaba mostrar su amor maravillosamente nuevo y puro.

Algunas traducciones de este incidente confunden. ¿Fue el amor de esta mujer por Jesucristo lo que provocó (causó) el perdón de sus pecados? No. Fue su amor que dio pruebas que ella había sido perdonada. Probablemente oyendo la enseñanza de Jesucristo en alguna otra ocasión, ella había abandonado a todos los demás rivales de su amor y puso toda su esperanza en él. Ahora Jesucristo le dice palabras que le confirman su perdón. Cuando la gracia salvadora imparte regeneración, el cambio es inevitable. La persona recreada desea amar y por consiguiente desea mostrar ese amor. La fe que abraza a Cristo es una fe activa. La adoración es una respuesta instintiva. No creo que ella estuviera consciente de cualquier obstáculo aquella noche. Para ella un objetivo le era supremo: honrar a Jesucristo y esperar que él le hablara personalmente. La enorme gracia le dio la confianza de que ella era amada.

Su acto de adoración también fue un acto de evangelismo. Ella era testigo que Jesucristo era un Salvador de pecadores. «Los que estaban juntamente sentados a la mesa, comenzaron a decir entre sí: ¿Quién es éste, que también perdona pecados?» (Lucas 7:49). La adoración anima a los cristianos a testificar. A veces, como cuando los incrédulos observan a los creyentes en la adoración, la adoración está testificando. «Pero si todos profetizan, y entra algún incrédulo o indocto, por todos es convencido, por todos es juzgado; lo oculto de su corazón se hace manifiesto; y así, postrándose sobre el rostro, adorará a Dios, declarando que verdaderamente Dios está entre vosotros». (1 Corintios 14:24-25; cf. Lucas 17:11-19).

LOS EVANGELISTAS CENTRADOS EN DIOS ADORAN

¿Qué pensamientos vienen a nuestra mente cuando pensamos en la palabra evangelista? Muchas ideas que son negativas, como las de un actor o director de espectáculos o de un vendedor. Los evangelistas como directores de espectáculos no producirán convertidos, pero sí un auditorio de observadores, sentados en las bancas, esperando ser entretenidos. Los evangelistas como vendedores no producirán discípulos, pero sí consumidores, que hacen compras buscando aquí y allá el producto religioso más reciente. Estos evangelistas y sus seguidores continúan siendo personas egocéntricas. Pero aquellos evangelistas caracterizados por la reverencia han aprendido a ser pacientes y a escuchar. Ellos se dan cuenta de que Dios providencialmente gobierna en cada detalle de cada día. Por consiguiente, los incrédulos que ellos encuentran son vistos como citas divinas.

Las actitudes y las perspectivas aprendidas durante la adoración pueden ser trasladadas al modo en que evangelizamos. El evangelista que es adorador, por lo tanto, es una persona determinada y no se preocupa de las opiniones de otros. Una vez librados de preocuparse por las opiniones de otros, actúan para la audiencia de Otro (Dios). Qué testigos tan increíbles se vuelven, transformando la simple historia del evangelio en una melodía de adoración. ¡Qué incrédulo no se vería intrigado por tal combinación de verdad y belleza! ¿De dónde se han levantado tales cristianos como poderosos evangelistas? Ellos se han calentado en el fuego de adoración ante un Dios santo. Las convicciones teológicas inspiran y sostienen el celo evangelista.

La adoración nos enfoca y nos revitaliza para testificar. En la iglesia primitiva el Señor aumentó el número de nuevos adoradores mientras adoraban (Hechos 2:46-47). Dos cristianos cantaban y alababan a Dios. ¡Al oír por casualidad las verdades del evangelio y viendo una demostración del poder del Espíritu, un hombre quería saber cómo ser salvo (Hechos 16:25-31)! En otra ocasión, durante la adoración en la iglesia en Antioquía, el Espíritu Santo llamó a dos de los líderes a la obra misionera.

Usted no puede acercarse al corazón de Dios en la adoración sin oír sus latidos de querer testificar. Cuando los adoradores vislumbran la gloria de Dios, se sienten inquietos por situaciones en donde Dios no es glorificado, y este los impulsa a testificar. «Mientras Pablo los esperaba en Atenas, su espíritu se enardecía viendo la ciudad entregada a la idolatría». (Hechos 17:16). La palabra «se enardecía» significa que fue llevado al paroxismo, a un sentido de indignación. Fue una sacudida poderosa en su corazón; un trauma en su espíritu. Los cristianos, impresionados con una visión de su sublime y poderoso Señor, tienen «ataques cardíacos» por así decirlo, cuando él es difamado.

Las perspectivas frescas de la soberanía de Dios en tiempos de adoración individual y como iglesia nos hacen sensibles al ver que se honra a dioses falsos y deshonra al Dios verdadero. ¿Le molesta verdaderamente ver que en varios centros de influencia mundial (gobiernos, corporaciones, universidades), Dios es excluido? Mi corazón se quebranta cuando veo el abandono total de Dios mientras camino en el patio de una universidad; ya sea ver profesores que explican las maravillas del universo o administradores que moldean la educación de mentes dóciles sin dar crédito alguno a Dios. Sobre todo me duelo por aquellos estudiantes internacionales, grupos minoritarios, y otros que han luchado por obtener una educación que llegan a considerarla como el boleto de su salvación (y de nuestra sociedad). Vienen a darse cuenta que la instrucción ha sido desentrañada de Dios y de cualquier fundamento de moralidad y ética.

Como cristiano, cuando usted ve esta indiferencia de Dios en centros mundiales de influencia ¿le impulsa a testificar? Cuando ve que un miembro de su familia o un amigo le vuelven la espalda a Jesucristo, ¿no le duele esto? Dios está siendo despojado de su gloria. ¿Se consagrará de nuevo a proclamar la verdad? Mientras se propone a testificar en una manera deliberada, ¿percibe cómo su tiempo de adoración moldea su actitud y sus métodos en el evangelismo? Como adorador, usted ha aprendido a esperar con paciencia y ha aprendido a amar. Como adorador ha sido humillado, y ha aprendido a aborrecer la injusticia. Como adorador, ha entrado en contacto con un poder mucho más grande que usted. Quizás usted podría resumir la experiencia de adoración diciendo: «He entrado en contacto con la Realidad. Ahora entro de nuevo en mi mundo diario con nuevos ojos y una nueva pasión para traer a otros con Aquel que es Real».

Únase conmigo en buscar fama a su Nombre y clamar a Dios diciéndole: «Tú eres único». Una pasión de adoración sostendrá una pasión de evangelismo.

«¿No volverás a darnos vida, para que tu pueblo se regocije en ti?
Muéstranos, oh Jehová, tu misericordia, y danos tu salvación». (Salmo 85:6-7)

PARTE CUATRO:

La comunicación de nuestro mensaje

12

Los cristianos ordinarios pueden testificar

Cuando usted comienza a hablar de Jesucristo como el camino a Dios, no tardará mucho antes de que alguien le llame «intolerante». Esta etiqueta es lo que todos tememos, y su uso se ha hecho cada vez más eficaz para no sólo atenuar nuestro testimonio, sino también en acallarlo o amordazarlo. Como un perro amordazado, ¡encontramos que nuestro ladrido y la mordida del evangelio han sido retenidos! El acoso religioso se ha afiliado a la lista de delitos contra la humanidad. Al principio de esta sección de aprender a testificar, necesitamos confrontar este dilema.

EL PLURALISMO Y LA NUEVA DEFINICIÓN DE TOLERANCIA
Cuando una estudiante en la Universidad de Delaware vio el rótulo de un ministerio cristiano universitario fuera de la oficina, inmediatamente se quejó ante funcionarios de la universidad. Bajo el nombre del ministerio estaban las palabras «Cristo es el Señor de la universidad». Sintiendo que esto era un lenguaje exclusivista e intolerante por parte de cristianos, ella pidió que se quitara. La universidad se compadeció y simpatizó con lo que ella había sufrido por ser expuesta a este concepto religioso ofensivo. «Sin embargo», respondieron, «aunque nos gustaría protegerla de tal intolerancia, no hay nada que podamos

hacer, ya que esa oficina no está en la propiedad de la universidad, sino sólo está en dependencias anexas».

La tolerancia es la virtud principal de estos días. Hay muchas cosas buenas que han resultado al afirmar la diversidad y multiculturalismo. Pero en el proceso, la definición de tolerancia ha cambiado, aunque los diccionarios no lo registren aún. El Diccionario de Webster define el término tolerancia como «una actitud justa e imparcial hacia aquellos cuyas opiniones, prácticas, raza, religión, y nacionalidad, etc., difieren de las nuestras». Toleración [término anticuado de tolerancia] se define como «el acto o un ejemplo de tolerar, especialmente lo que no se aprueba en actualidad; paciencia».1 El nuevo significado de tolerancia se ha extendido para incluir la necesidad de aprobar toda creencia, opinión, valores, estilos de vida. «Para ser verdaderamente tolerante... usted debe estar de acuerdo que la posición de otra persona es tan válida como la suya propia.... Usted debe dar su aprobación, su consentimiento, su apoyo sincero a las creencias y comportamientos de otros».[2]

La nueva definición de tolerancia ha hecho del evangelismo una palabra negativa en las mentes de muchas personas. Ahora evangelizar se considera como hacer prosélitos. Aunque la definición del diccionario de este término es moderada (que significa «convertir o cambiar creencias») está ahora unido a acciones que son manipuladoras, intimidatorias e intolerantes.

Un profesor hizo a sus estudiantes la pregunta «¿Pueden ser criticados las creencias y valores de una persona sin criticar a la persona, es decir, sin atacar la integridad y el carácter de la persona?» La gran mayoría dijo: «No», porque, como algunos estudiantes continuaron diciendo, «lo que yo creo no puede ser separado de quién soy. El criticar lo que es importante para alguien es criticar a aquella persona».[3] El cuestionar sus valores significa atacarlos personalmente. El diferir con un aspecto de su cultura o valores es juzgarlos, y esto es intolerancia.

Para comenzar a entender cómo tratar con esta perspectiva ampliada de tolerancia, es provechoso distinguir entre tres tipos de pluralismo. El Dr. Philip Ryken resume las perspectivas de Donald A. Carson sobre tres tipos de pluralismo.

El primero él lo llama pluralismo empírico, por el cual él se refiere al hecho de que vivimos en una sociedad diversa. Los Estados Unidos es un país de muchas lenguas, nacionalidades, religiones, cosmovisiones.... Una segunda clase del pluralismo Carson llama pluralismo apreciado. El pluralismo apreciado sobrepasa el hecho empírico del pluralismo y se extiende a su valor. El apreciar el pluralismo significa recibirlo, celebrarlo, y aprobarlo. Carson prosigue explicando que celebrar una herencia cultural y de étnica diferente es importante. «Una tercera clase de pluralismo es el pluralismo filosófico. Repasemos: el pluralismo empírico es un hecho, y el pluralismo apreciado valora ese hecho. El pluralismo filosófico va un paso más allá y lo demanda.... Toma el hecho del pluralismo y lo convierte en una ideología. Es una ideología que rehúsa permitir que cualquier religión o cosmovisión reclame una posesión exclusiva de la verdad. Niega que haya conceptos absolutos. Asegura que todas las religiones y las cosmovisiones deben ser vistas como igualmente válidas.... Otro nombre para el pluralismo filosófico es relativismo.[4]

Los cristianos no tienen ninguna disputa sobre el hecho del pluralismo empírico. Los cristianos también están de acuerdo con el pluralismo apreciado. De hecho, lo celebramos, encontrando ejemplos abundantes en la Biblia del amor de Dios por gente de toda cultura. La iglesia mundial es un arco iris de diferentes colores y culturas. La amistad genuina extendida a estudiantes internacionales que estudian en los Estados Unidos es un ejemplo de cristianos que ponen esta creencia en práctica. En mi contacto con cientos de estos estudiantes el comentario primordial que oigo es: «Son los estudiantes cristianos y las familias de la iglesia que me han extendido la mano y se han preocupado por mí». Y esto proviene de personas no cristianas que, aunque no se han convertido al cristianismo, no pueden negar esta demostración del amor sincero y no manipulador.

Pero cuando se trata de aprobar una diversidad religiosa (pluralismo), los cristianos no pueden estar de acuerdo. Como el Dr. Ryken dijo:

El apreciar eso significaría la muerte del cristianismo. Un cristianismo que pierde su posesión de los reclamos exclusivos de Cristo deja de ser cristianismo. Sin embargo, aunque los cristianos no puedan apreciar el pluralismo religioso sí deben tolerarlo.... El cristianismo insiste en una tolerancia religiosa.

Por tolerancia me refiero en permitir a otras personas sostener y defender sus propias convicciones religiosas. Tolerancia no significa que cada uno tiene que estar de acuerdo con todos los demás. Eso no sería

tolerancia en absoluto. La palabra tolerancia en sí misma presupone desacuerdos, que hay algo que debe ser tolerado. La tolerancia así se aplica a personas, pero no a sus errores.... El pluralismo, correctamente entendido, respeta las convicciones de otra gente. Reconoce que hay cuestiones religiosas importantes para tratarse y aún para debatir. Sin embargo estos debates deben efectuarse con humildad y cortesía....
    Un cristianismo intolerante no puede ser defendido. Éste no es un cristianismo genuino en absoluto.... Jesucristo dijo: «Si alguien te hiere en la mejilla derecha, vuélvele también la otra.... Amad a vuestros enemigos y orad por los que os persiguen» (Mateo 5:39, 44-45). Si esa es la clase de amor que los cristianos deberían tener por enemigos violentos, ellos deberían tener aún más amor por personas que simplemente sostienen una filosofía diferente de la vida. La tolerancia es una virtud, especialmente para los cristianos.
    El cristianismo verdadero así conserva una combinación poderosa que no se encuentra en ninguna otra parte: tolerancia y verdad.
    Algunas religiones y la mayoría de las filosofías políticas reclaman sostener la verdad, pero son despiadadamente intolerantes con aquellos que difieren. Presentan la verdad sin tolerancia.
    El pluralismo filosófico, por otro lado, es indiferente a la verdad. Éste proporciona un kilogramo de tolerancia sin un gramo de verdad.... El pluralismo filosófico idolatra la tolerancia mientras que elimina la verdad, aunque parezca mentira también tiende a ser intolerante con las personas—por ejemplo, con cristianos—que tienen fuertes convicciones religiosas.
    A final de cuentas los cristianos rechazan la demanda del pluralismo filosófico porque ellos aprecian tanto la tolerancia como la verdad.[5]

De nuevo, hablar la verdad en amor (Efesios 4:15) es el llamado de los cristianos. Expresamos la verdad y el amor con palabras como éstas: «Lo amamos, pero pensamos que usted está haciendo (o creyendo) lo que es equivocado. Le decimos esto no porque seamos mejores, sino porque creemos que todos hemos sido hechos por Dios para sus propósitos. Él ha revelado cómo debemos vivir en una manera que le trae honor a él y a nosotros, verdadera libertad y amor». Luego expresamos estas mismas palabras con acciones que brotan de la definición que la Biblia da del amor encontrada en 1 Corintios

13: paciencia, no irritarse; bondad y cortesía; humildad; no llevar un registro de ofensas recibidas, pero sin aprobar el mal; rehusar ser en modo alguno egocéntrico, incluso envidiar a otros; procurar tener a Dios en el centro de todo y preocuparse por la gente comunicándoles esperanza y confianza, sufriendo con ellos y protegiéndolos al procurar la aprobación de Dios hasta que ellos vengan a regocijarse en la verdad.

Piense en una persona a quien usted desee presentarle a Jesucristo a la luz de esta descripción de amor y verdad. Cuando tome tiempo para orar sobre esto, el Señor le mostrará los pasos para tomar. Deje de reaccionar hacia ropa y actitudes extravagantes, malas palabras, la práctica y desviación de la sexualidad. Pida recibir los ojos de Dios para ver por debajo del comportamiento externo el daño y el clamor por amor y significado de la vida. Llore por ellos y con ellos.

> *Si usted ama a una persona, no actuará indiferentemente hacia creencias o comportamientos que resultan peligrosos o destructivos simplemente por evitar ofenderlo u ofenderla. Sin embargo la nueva tolerancia exige precisamente esa clase de indiferencia.*
>
> *La tolerancia dice: «Debes estar de acuerdo conmigo». El amor responde: «Debo hacer algo más difícil; le diré la verdad porque estoy convencido de que 'la verdad lo hará libre'».*
>
> *La tolerancia dice: «Debes aprobar lo que hago». El amor responde: «Debo hacer algo más difícil; lo amaré, aun cuando su comportamiento me ofenda».*
>
> *La tolerancia dice: «Debes permitir que se haga a mi manera». El amor responde: «Debo hacer algo más difícil; le suplicaré que siga la manera correcta, porque creo que usted como ser humano vale tal riesgo».*
>
> *La tolerancia procura ser inofensiva; el amor toma riesgos. La tolerancia es indiferente; el amor es activo. La tolerancia no cuesta nada; el amor cuesta todo.*
>
> *De nuevo, Jesucristo es el ejemplo supremo del amor cristiano verdadero, que a veces es lo contrario de la tolerancia. Su amor lo condujo a una muerte cruel en la cruz. Lejos de ser indiferente a «alternativas en cuanto a estilos de vida» de otros, él pagó el precio de aquellas alternativas con su propia vida, y preparó con amor el camino para cada uno para «ir, y no pecar más» (Juan 8:11).*[6]

Cuando el Espíritu Santo trae convicción a una persona que ha hecho mal, podemos a veces ser culpados de «condenarlos». Debemos recordarles a otros que estamos bajo la misma condenación; somos juzgados con la misma medida. Ellos deben confrontarse con Dios con su propia culpa. Nosotros no somos sus acusadores o jueces. Si nuestro modo de proceder ha sido condenatorio, debemos pedir perdón. Pero la verdad hiere a fin de curar, así como lo hace un cirujano. Asegúrese de que una descripción clara del amor y la esperanza del perdón de Dios en Cristo vayan acompañados con un recordatorio de la definición de Dios (no nuestra) del pecado. No estamos diciendo que hemos entendido perfectamente lo que es correcto e incorrecto y que tenemos un monopolio de la verdad. La Biblia es un libro abierto, y reclama representar exactamente lo que Dios dice sobre nuestras vidas. Dígales a las personas que vayan a este Libro y a Dios directamente. Dios, habiéndonos creado, nos imparte instrucciones con amor en cuanto a la mejor manera de vivir.

CRISTO, EL ÚNICO CAMINO A DIOS

A causa del predominio de la nueva definición de tolerancia, muchos cristianos tienen temor a hablar sobre el carácter exclusivo de Jesucristo. La enemistad casi universal contra la enseñanza de Jesucristo de «un sólo camino a Dios» y las consecuencias infernales para aquellos que eligen otro camino demanda un vigor fresco y renovado para ayudar a aquellos cristianos que se hallan confundidos en cómo responder de una manera piadosa. No trataremos de considerarnos víctimas. A menos que el coraje de los relativistas sea provocado por nuestro orgullo o agresividad (entonces confesemos nuestro pecado), debemos recordar la promesa que la persecución es parte de nuestro llamamiento. ¡Recibimos los golpes y nos regocijamos! He aquí algunas ideas para hacer a la gente pensar y no sólo reaccionar emocionalmente, a la belleza de la exclusividad de Cristo.

La misma exclusividad del cristianismo es lo que asegura su inclusividad de toda clase de personas que por otra parte no tendrían ninguna esperanza para salvación. Tal como muchos pasajes en la Biblia insisten, el Dios bíblico es el Único Dios verdadero y su Hijo, Jesucristo, el único Salvador verdadero. En el Antiguo Testamento Dios dijo:

> «Mirad a mí, y sed salvos, todos los términos de la tierra, porque yo soy Dios, y no hay más». (Isaías 45:22)

En el Nuevo Testamento, Jesucristo dice: «Yo soy el camino y la verdad y la vida, y nadie viene al Padre sino por mí» (Juan 14:6).

Por una parte, el cristianismo es la religión más exclusiva imaginable. Insiste que creer en Jesucristo es absolutamente necesario para salvación. Jesucristo es el único camino. Uno debe ir a él para obtener vida eterna.

Por otra parte, el cristianismo es la religión más inclusiva posible porque hace la salvación accesible a cada uno. La salvación se ofrece a toda la gente a través de una persona. Todo aquel que en él cree no perecerá. Cualquiera que recibe o cree en Jesucristo vivirá para siempre con Dios. No hay criterios raciales, sociales, intelectuales, o económicos que impidan a alguien afiliarse a la familia de Dios.[7]

A menudo se usa la historia de tres ciegos que tocan a un elefante para ilustrar que ninguna religión tiene una perspectiva completa de la verdad. Un ciego, tocando la pierna dice: «se siente como un árbol». Otro tocando el oído dice: «se siente como un abanico grande». El tercero, tocando la trompa dice: «creo que es una cuerda».

Ravi Zacharias, un experto en religiones comparadas, fue criado en la India para ser un seguidor de una de las religiones natales, pero en cambio se hizo un seguidor de Jesucristo. Respondiendo a la idea que cada religión es un buen esfuerzo pero inadecuado para explicar el misterio de Dios, dijo esto en una entrevista:

El punto es este... la parábola ha revelado ya el hecho que, en efecto, ¡es un elefante! El ciego puede decirle que es un árbol, pero está equivocado. No es un árbol o una cuerda o un abanico. El hombre que ve sabe que esto es un elefante. Él conoce la verdad; su vista se lo ha revelado. Y Jesucristo ha dejado en claro que las verdades eternas de Dios pueden ser conocidas. Jesucristo es la pieza central del evangelio; en él concurre toda la verdad. Así que mientras puede haber aspectos de la verdad en otra parte, la suma total de la verdad está en Cristo....

El problema con la parábola es que ésta supone aquello mismo que procura refutar: que todos los ciegos están tocando un elefante. Sin embargo ¿cómo sabemos que están tocando un elefante? Sólo porque la historia lo supone.[8]

Otros caminos para la salvación requieren que la gente haga algo. Pero ¿qué pasa si alguien no puede cumplir con las demandas necesarias, debido a deficiencias físicas, psicológicas, mentales u otras, o debido a una incapacidad moral? Aquella persona es excluida de la salvación. La salvación por Cristo se obtiene no tratando de salvarse a uno mismo (haciendo algo), sino confiando en lo que Alguien más ha hecho para uno. No es algo que se hace, sino algo que se ha hecho. Jesucristo imparte nueva vida no basada en el auto-esfuerzo, sino como un regalo. Hay un sólo camino de salvación porque hay sólo una Persona que ha provisto una solución para el gran problema (principal) de la humanidad.

Si Dios existe, ¿no tendría él el derecho de decir cómo deberíamos venir a él? Si Dios nos ha creado, ¿sería razonable que él nos deje a nosotros mismos para adivinar qué es lo que él espera de nosotros o cómo debemos adorarlo? Estas dos preguntas llevan en sí ciertas presuposiciones acerca de Dios que un incrédulo tiene problemas en aceptar, es decir que Dios tiene un reclamo sobre su creación. Él tiene derechos absolutos; nuestros derechos sólo son derivados de su creación de nosotros a su imagen. Ninguna persona tiene derechos inherentes (naturales). Dios no nos debe nada. Dios hace lo que él quiere (aunque no arbitrariamente), y lo que él hace es correcto. No hay algún «bien» por encima de Dios al cual él deba ajustarse. Él es soberano.

La soberanía de Dios es la razón por la cual no hay ningún otro camino a Dios excepto por Cristo. No todos los caminos (religiones) conducen al cielo. Las diferentes religiones no son caminos al mismo Dios bajo diferentes nombres. Una religión no es tan buena como otra. Pero el explicarle a un incrédulo lo que hemos afirmado casi le garantizará recibir la etiqueta de «intolerante» o fanático religioso. Esta pregunta de si todas las religiones llevan a Dios nunca puede ser contestada a satisfacción del incrédulo, pues la respuesta implicaría una sumisión a la perspectiva bíblica de Dios, ¡y eso equivaldría a la conversión!

La aceptación de nuestra respuesta de Cristo como el único camino también implicaría que el incrédulo acepte el diagnóstico bíblico sobre la enfermedad del hombre y su cura. La razón de que Cristo es exclusivo y necesario es porque él es el único «líder religioso» que ha provisto la respuesta al verdadero problema de la humanidad. Sólo el cristianismo enseña que yo no puedo hacer nada para salvarme y que Dios toma la iniciativa en la salvación. Mi necesidad es ser perdonado y ser tenido por justo.

Hay ciertos puntos e ilustraciones que pueden ayudar al platicar con personas que dudan si Cristo es el único camino a Dios.

Primero, vayamos a la Biblia a la historia de Cristo en el Huerto de Getsemaní (Marcos 14:32-42). Leyendo juntos, explique que la copa era un símbolo de su muerte inminente: «Padre... para ti todo es posible. Aparta esta copa de mí. Pero no se haga como yo quiera, sino como tú quieras» (Marcos 14:36). Luego pregunte: «¿Cuál fue la respuesta del Padre a la oración de su Hijo?» Hay sólo tres posibilidades: (1) Él no dio ninguna respuesta. Esto no diría mucho a favor del carácter de Dios al ignorar la necesidad ferviente de su Hijo. (2) Él respondió: «Sí, hay otros caminos para que yo lleve a cabo mi propósito en proveer salvación», en cuyo caso la muerte subsiguiente y el sufrimiento de Cristo en la cruz estarían fuera del control de Dios y estarían por demás para efectuar la voluntad de Dios. (3) Él responde: «No, no hay ningún otro camino para pecadores por el cual sean salvos más que por medio de la expiación. Tú debes sufrir y morir en su lugar. La paga del pecado es muerte y alguien debe sufrir el castigo». Éste, creo, era el modo en que Dios respondió a la oración de su Hijo. Cristo ya había anunciado su misión de buscar y salvar lo que se había perdido. Incluso en la búsqueda y los ruegos fervientes del propio Hijo de Dios, no es posible que haya otro camino para volver a Dios. La respuesta a nuestra pregunta original «¿Es Cristo el único camino a Dios?» no puede ser dada en términos más poderosos que este.

Segundo, una presuposición subyacente que los críticos hacen de la exclusividad del cristianismo es que la sinceridad o la intensidad de una creencia pueden crear la verdad. Esto no es cierto. Puedo ser completamente sincero cuando voy al botiquín de medicinas por la noche y ando a tientas medio dormido buscando la botella que aliviará el sufrimiento de mi hijo. Pero si tomo la medicina incorrecta y se la doy, podría dañarlo (o al menos no le ayudaría). Sin embargo, ¡yo creí sinceramente que lo que le di era la medicina correcta! Igualmente, una persona puede ser sincera en sus creencias religiosas, pero estas pueden alejarlo del Dios verdadero. Es cuestión de lo que es verdad, y creer no hace algo verdadero, como la incredulidad no hace necesariamente algo falso. La fe no es una entidad separada de su objeto; la fe está siempre en algo. La validez de la fe se determina por su objeto. Puedo tener toda la confianza del mundo en que cierta silla me sostendrá, pero si no observo su pata quebrada, ¡terminaré estrellándome en el suelo! El punto es este, nosotros no hicimos las reglas para la manera en cómo el universo funciona. Dios estableció la ley de la gravedad, nos guste o no, lo que sube bajará. Así en el reino moral, el funcionar en armonía con los caminos de Dios nos pone en armonía con él. Quebrantar estas reglas trae consecuencias inevitables. Los no cristianos pueden rechazar esto, pero ellos no tienen ningún derecho de redefinir el cristianismo según su gusto. El Dios bíblico es un principio «axiomático». Los cristianos no son intolerantes en este punto. No tenemos la libertad para cambiar las enseñanzas claras de la revelación de Dios.

Tercero, es ingenuo decir que todas las religiones son iguales. Por ejemplo, el Corán de los musulmanes dice que es pecado creer que Jesucristo es Dios o que la Trinidad existe. Esto está diametralmente opuesto a la Biblia. «El cristianismo enseña la existencia del creyente individual eternamente en comunión con un Dios personal. El budismo y el hinduismo profesan sólo trazar el camino para una absorción personal y final en el todo (extinción). Las religiones tribales son politeístas. El hinduismo es panteísta. El budismo es ateo. Entre las creencias monoteístas, el judaísmo moderno y el islamismo son tan unitarios como el cristianismo es trinitario».[9] La gente tiene que escoger. Más de una religión no puede ser verdadera.

Con esto no negamos que pueda haber un elemento de verdad en otras religiones. En efecto, el cristianismo explica por qué esto es así. Todos los hombres, como criaturas de Dios, conocen algo del Dios verdadero que él por naturaleza implantó en ellos y se adaptan de alguna manera para vivir en su mundo (Romanos 1:19-22; 2:14-15; Hechos 17:28). Por lo tanto, cuando ellos fabrican una religión, ésta contendrá material tomado del Dios bíblico y trazado de tal modo que hasta cierto punto encaje con el mundo verdadero (creado por Dios) en el cual todos los hombres viven. No importa cuánto los hombres traten de suprimir el conocimiento del Dios verdadero, las obras de sus propias manos los delatarán. Por lo tanto, podemos aprender y apreciar muchos elementos de otras religiones. Nuestro problema es que ellas se contradicen y no dan la solución que es necesaria. Los rasgos distintivos del cristianismo pueden ser resumidos bajo tres encabezamientos:

Ruina. Otras creencias dan por hecho nuestra capacidad de alcanzar y retener el favor de Dios por nuestras acciones. Se provee un material de instrucciones de «cómo» hacerlo. Cristo enseña que nos hallamos inútiles y perdidos, totalmente incapaces para salvarnos. Una persona que se está ahogando necesita a un salvador para que lo rescate, no un libro de instrucciones para nadar.

Redención. Otras creencias nos dirigen a seguir las enseñanzas de sus fundadores difuntos. Cristo ha resucitado, y servimos a un Salvador vivo que soportó el juicio del Padre contra nuestros pecados.

Regeneración. No hay nada semejante a esto en otras religiones. Cristo recrea un nuevo corazón en nosotros, y vivimos unidos con él en una nueva vida. Nuestra naturaleza es transformada.[10]

Muchas personas son atraídas a una actitud común sin compromiso en la cual ellas profesan «estudiar» religiones de una manera desapasionada y neutral. Sin embargo, hay ciertas cosas en la vida que un observador no puede aprender o evaluar a menos que él las haga. ¡Usted nunca aprenderá a nadar sólo sentándose en el borde de una piscina, aun cuando esté observando a un campeón olímpico! De nuevo, podemos testificar al dirigir a las personas a la naturaleza verdadera de la fe como participar en un compromiso en su parte.

RAZONANDO CON LA GENTE

La apologética (la defensa de la fe) tiene mucho valor para testificar y puede ser una herramienta eficaz para preparar el camino para el evangelio. Toda realidad apunta hacia a un Creador (Salmo 19; Romanos 1:20). La validez del cristianismo es confirmada por la arqueología, la historia y las distintas ciencias, pero no son pruebas. Pues aunque fuésemos capaces de demostrar con la arqueología que Cristo murió, no somos aún capaces de demostrar científicamente que fue por nuestros pecados. Así, las pruebas racionales (apologética tradicional o clásica) son útiles, pero sólo de valor limitado.

La apologética más eficaz es la que reconoce nuestras presuposiciones[11] y muestra cómo entienden tanto el mundo verdadero como las criaturas que viven en él. Pedimos a incrédulos —los instamos— a que miren la vida desde nuestra perspectiva. Les descubrimos sus propias presunciones (pues muchos abrazan creencias no expresadas sobre el mundo) y les pedimos que evalúen si ellos viven consistentemente aquellas presunciones. Les mostramos el callejón sin salida y los resultados degradantes de sus posiciones. Leyendo algunos libros sobre el tema podemos darnos una idea de las tendencias de nuestra cultura y discernir las presuposiciones no cristianas que sirven de base para ellas.[12] Cada uno de nosotros necesita concentrar su estudio en un área de la cultura (como arte, ciencia, filosofía o política) o una tendencia (como relativismo o humanismo). Necesitamos aprender a quitar tiernamente el techo protector de una cosmovisión falsa que la gente ha construido sobre sus cabezas para excluir a Dios. Podemos desafiar la mentalidad idólatra de la gente del siglo veintiuno, aun aquella atraída al post-modernismo.[13]

Si amamos a la gente, desearemos entender lo que ellos piensan. Nuestra apologética no consistirá sólo en disputar con ellos, sino procurar ayudarlos. La agudeza de nuestro razonamiento puede ser un ornamento al testificar. Pero también puede ser una plaga, ya que el peligro es volverse orgulloso o «pre-evangelizar» extensivamente, es decir dedicar todo nuestro tiempo preparando a una persona para que oiga el evangelio. Entonces nos sentiremos bien por la manera en cómo nos expresamos pero nunca llegaremos al punto de explicar la obra de Cristo e instar a nuestros oyentes a arrepentirse y creer. El instrumento escogido por Dios en la conversión es su Palabra, no nuestra capacidad para razonar. Así que debemos seguir estudiando nuestra cultura, pero al mismo tiempo recordar que los libros y las películas son sólo medios, no fines. No tenemos que ser grandes intelectuales para analizar nuestra cultura. No sólo nos hacemos personas con discernimiento al argumentar con nuestra familia y amigos cristianos, sino podemos ponernos en situaciones interculturales (dedicar tiempo con estudiantes internacionales, vivir entre barrios pobres, visitar otros países) y aun en situaciones completamente seculares (cursos universitarios, actividades, empleos) donde podemos aprender directamente.

HABLANDO A LA CONCIENCIA

Dios ha creado en todos nosotros un punto de contacto, un sentido de Dios y un sentido de responsabilidad de nuestras acciones morales (Romanos 2:14-15). Este sentido puede ser sepultado, negado o suprimido, pero está allí presente aun en ateos declarados. La verdad del evangelio encaja con el modo en que la gente ha sido hecha. Nuestra tarea es recordarles de lo que en el fondo ellos ya conocen: Dios existe y los ha creado para actuar correctamente. Cuando me di cuenta de las implicaciones de esta verdad para el evangelismo personal, me sentí liberado casi tanto como cuando aprendí la doctrina de la soberanía de Dios en la salvación. Vi cuánto esto favorecía mi posición cada vez que transmitía el mensaje de Dios, ya que él había puesto un receptor dentro de cada persona. Nosotros debemos reafirmar, educar e iluminar la conciencia de los incrédulos.

Cuando tocamos la conciencia, traemos la verdad junto a las vidas de la gente. A fin de cuentas, la aceptación del evangelio es un problema moral, no un problema intelectual. Cuando la gente me dice que ellos son ateos, no me están diciendo sólo cómo ellos piensan. También me están diciendo algo de la manera cómo ellos viven. Jesucristo acusó a la gente de no querer venir a la luz debido al odio que había en sus corazones. La luz de Cristo exhibe sus malas obras, y por consiguiente prefieren la oscuridad (Juan 3:19-20), no porque ellos tengan dudas, sino porque ellos aman su pecado y no quieren cambiar. Al exhibirle a la gente su culpabilidad moral, no debemos abandonarlos a la desesperación, ni decirles que no tienen ningún valor. Dios quiera que nuestro evangelismo les muestre su culpabilidad y la necesidad del perdón, no simplemente su desesperación y la necesidad de una respuesta. Producir convicción (que es realmente una obra misericordiosa del Espíritu Santo) no es ser crueles, sino bondadosos. Podemos arrepentirnos de culpabilidad, pero no de la desesperación.

La conciencia nos comunica mensajes (juicios) acerca de si una acción o actitud nuestra es correcta o incorrecta. Es semejante al golpe del mazo del juez en el tribunal de nuestra conciencia cuando se da el veredicto de ser hallado inocente o culpable.

Jesucristo habló a la conciencia de sus oyentes que no eran creyentes. Él puso su dedo sobre un punto sensible en el corazón de la mujer samaritana cuando le dijo que fuera a llamar a su marido. Él avergonzó a Nicodemo cuando indicó que como maestro él debería ser consciente de asuntos espirituales. El joven rico debe haber sentido el aguijón de la conciencia cuando Jesucristo le dijo que dejara de codiciar.

El sermón evangelístico de Pedro hizo que la gente fuera «compungida» [literalmente con el «corazón traspasado»] y preguntaron qué debían hacer para ser salvos (Hechos 2:37). Pablo, también, habló poderosamente a la conciencia. Lo encontramos concluyendo su testimonio ante el rey Agripa (Hechos 26) diciéndole que él sabe que el rey cree a los profetas y ora para que él sea convertido. Pablo destaca que todo lo que él hizo, lo hizo abiertamente (no en un rincón). Todos los oyentes de Pablo conocían el modo cómo él había vivido antes y después de su conversión. Él podía mirar directamente al Sanedrín (Hechos 23:1) porque su propia conciencia estaba limpia (Hechos 24:16) recomendándolo y no condenándolo. Pablo testificó ante Félix sobre la justicia, el dominio propio y el juicio venidero (Hechos 24:25, este versículo contiene material interesante para el evangelismo) y sus palabras produjeron miedo en el corazón de Félix. Al renunciar a todo engaño y subterfugio, Pablo declara su meta evangelística: «por la manifestación de la verdad recomendándonos a toda conciencia humana delante de Dios... conociendo, pues, el temor del Señor, persuadimos a los hombres;

pero a Dios le es manifiesto lo que somos; y espero que también lo sea a vuestras conciencias». (2 Corintios 4:2; 5:11).

Nos damos cuenta de que sólo el Espíritu Santo puede despertar la conciencia y traer convicción, pero el Espíritu Santo nos ha dado herramientas en los Diez Mandamientos, en el Sermón del Monte y en otros pasajes que explican en qué consiste la justicia verdadera. No basta citar estos pasajes bíblicos a otros, sino que debemos incorporar su énfasis en nuestra conversación mientras exploramos a fondo los valores de las personas. Cuando hablamos con la gente, podemos movernos de un área donde sienten culpabilidad a todos los demás aspectos de sus vidas, mostrándoles que el diagnóstico de la Biblia de su necesidad es que ellos tienen una naturaleza pecadora. He aquí algunas preguntas que se pueden usar al apelar a la conciencia después de que hemos presentado el Evangelio. Necesitamos tener cuidado en no usar estas preguntas para manipular a la gente sino recordar que el amor verdadero consiste en exhibirles a otros su culpabilidad.

- «¿Hay cosas en su vida que no está dispuesto a confrontar y que Dios las cambie?»
- «¿Acaso el verdadero problema no consiste en que usted no puede confrontar su pecado y culpa ante Dios?»
- «Si yo pudiera contestar todas sus preguntas satisfactoriamente sobre Cristo, ¿estaría dispuesto a venir a él? ¿Por qué no?»
- «Suponiendo que Dios existe y que lo ha creado, ¿acaso no tiene usted una responsabilidad para con él? ¿Le ha dado gracias alguna vez?»
- «Si usted hubiera registrado en un cuaderno todos sus pensamientos y juicios acerca de otros para el día final, y luego lo hubiera perdido, ¿cómo se sentiría?»
- «¿Cómo sabe usted lo que es amor, y que en realidad usted no está huyendo de él?»

Al dirigir a los incrédulos en cómo hacerse cristianos («viniendo a Cristo» como los puritanos lo llamaban), nada puede ser más conciso, teológicamente exacto y práctico que la descripción clásica dada en el Progreso del Peregrino por el personaje de Juan Bunyan, Esperanza. Escuche mientras Esperanza le explica a Cristiano cómo él vino a creer en el Señor Jesucristo con la ayuda de Fiel.

Me dijo [Fiel] que fuera a él y viera; yo le objeté que esto sería en mí, presunción; él me contestó que no, que había sido invitado a ir. En esto me dio un libro que Jesús había dictado, para animarme a acudir con más libertad, añadiendo que cada jota y tilde en él estaba más firmes que el cielo y la tierra. Entonces le pregunté qué era lo que debía hacer para acercarme a él; y me enseñó que debía invocarle de rodillas, debía implorar con todo mi corazón y mi alma al Padre a que revelase a su Hijo en mí. Volví a preguntar acerca de cómo debía hacerle mis plegarias, y me dijo: «Vete y le hallarás sentado sobre un propiciatorio, donde permanece siempre para dar perdón y remisión a los que se le acercan». Le manifesté que no sabría qué decir cuando me presentase a él, y me recomendó que le dijese palabras como éstas: «Dios, sé propicio a mí pecador», y «Hazme conocer y creer en Jesucristo, porque reconozco que si no hubiera existido su justicia o si no tuviera yo fe en ella, estaría del todo perdido». «Señor, he oído que eres un Dios misericordioso, y que has puesto a tu Hijo Jesucristo como Salvador del mundo, y que estás dispuesto a concedérselo a un pobre pecador como yo, y en verdad que soy pecador. Señor, manifiéstate en esta ocasión y ensalza tu gracia en la salvación de mi alma mediante tu Hijo Jesucristo. Amén».[14]

Bunyan dice que Cristo no se reveló a Esperanza al principio, pero sólo entre tanto que continuaba orando, en medio de convicción creciente de pecado.

NUESTROS TEMORES

El evangelismo no es sólo para los súper cristianos; la Biblia es clara que todo verdadero cristiano tiene este privilegio (Hechos 8:1, 4; 2 Corintios 5:18-20). Yo podría haber mencionado responsabilidad en vez de privilegio, pero nuestra experiencia personal de la gracia libre y soberana convierte el deber en amor, la responsabilidad en privilegio. Algunos pueden tener dones que les ayudan en una manera especial para esta tarea; como facilidad para hablar, facilidad para relacionarse con personas, etcétera. Pero si creemos que no poseemos ningún «don de evangelismo», podríamos llegar a la falsa conclusión de que no tenemos ninguna responsabilidad para testificar. No estoy seguro en qué consiste el «don de evangelismo», pero creo que con la ayuda de Dios muchas personas pueden ser dotadas en esta área, ya que a todos se nos llama para testificar.

Mucho se ha escrito y dicho para motivar a los cristianos a testificar. Más adelante mencionaré algunos motivos por qué nuestra motivación es a menudo débil. De hecho, si la gente no tiene el deseo, de nada servirá tratar de capacitarlos. Podríamos intentar, en cambio, impartirles una fuerte dosis de la doctrina de la justificación por la fe. La misericordia inmerecida ablanda los corazones fríos.

Aun los cristianos motivados, sin embargo, tendrán dudas cuando testifican. La base de estas ansiedades es el miedo. ¿Qué tipo de persona nos ha llamado Dios a ser cuando procuramos amar e instruir a otros en el evangelio? Él quiere que seamos nosotros mismos. La gente no sólo oye sílabas de nuestras bocas; ellos recogerán mensajes de nuestras vidas. Incluso nuestro cuerpo habla. El lenguaje corporal (contacto de ojos, postura, movimientos de mano) comunica nuestro interés o desinterés, nuestra paciencia o impaciencia. Si estamos nerviosos, haremos que los otros también estén incómodos.

¿Comunica usted un espíritu de orgullo que dice «yo tengo algo y usted no tiene nada»? Recuérdese que el favor de Dios hacia usted es totalmente inmerecido. ¿Tienen miedo de mencionar a Cristo? A uno de los siervos de Dios se le tuvo que recordar quién había hecho su boca (Éxodo 4:11). A otro se le dijo que no se avergonzara (2 Timoteo 1:8). Usted no es mejor, ni peor que ellos, un simple pecador salvo por gracia. ¿Y qué de su propia ignorancia y dudas? Un Dios soberano sabe todo esto. ¿No se da cuenta de que él le dará las palabras y le enseñará a confiar?

Podemos sentirnos inseguros porque no estamos seguros de cómo la gente responderá a nuestro mensaje. Pero necesitamos confrontar el hecho de que nuestro evangelio es inevitablemente ofensivo a los incrédulos. Es el evangelio de un Salvador crucificado. Como Pablo señala en 1 Corintios 1, el evangelio es una piedra de tropiezo y locura para otros. El evangelio hace demandas exclusivas a sus seguidores en nuestra cultura de sincretismo religioso. La mente moderna se siente ofendida por conceptos como los de un Dios que sostiene el control absoluto de nuestro destino; de un Dios que nos pedirá cuenta de nuestro comportamiento; de un Dios cuyo Hijo es la única persona que puede poner nuestro nombre en el libro de la vida; de un Dios que dice que debemos humillarnos y poner nuestra esperanza en la justicia de Otro.

También podemos vencer nuestra inseguridad al contemplar a Cristo en vez de a otros. Yo no he estado siempre dispuesto a admitir este carácter ofensivo del evangelio que comporta soportar malentendidos y burlas de otros. Opté por permanecer callado sobre mi fe, o tratar de pintarlo tan bien que Cristo no podía ayudar sino ser atractivo. Mi razonamiento resultó pobre, ¡no quería parecer como un tonto! Mi seguridad y autoimagen desesperadamente necesitaban la aceptación de mis compañeros. Tenía miedo de lo que ellos podrían pensar de mí.

Recuerdo haber regresado a casa después de mi primer año de universidad, deseoso de practicar lo que había aprendido de testificar. Un íntimo amigo mío a quien yo nunca le había dicho nada de Cristo también acababa de regresar de su primer año. Planeé con cuidado una tarde de natación de modo que Rick y yo pudiéramos estar solos y platicar. Aquí estaba la situación ideal para testificar. ¿y sabe qué pasó? ¡Nunca mencioné el tema! Me sentí tan mal esa noche cuando le confesé mis inseguridades a Dios. Más tarde le escribí una larga carta a Rick en la escuela. Me di cuenta de la verdad que «el temor del hombre le pondrá trampas». (Proverbios 29:25).

Nuestras debilidades pueden volverse medios por los cuales Dios obra en el evangelismo. Tanto el Antiguo como el Nuevo Testamento describen cómo la obra de Dios fue llevada a cabo por gente muy ordinaria. Dios los encontró en su debilidad. Jeremías era joven y temeroso (Jeremías 1:4-9), y Pablo tuvo que aprender que su debilidad era una ventaja (2 Corintios 12:9-10). Convierta su debilidad en un punto fuerte reconociéndolo de una manera que produzca humildad.

Dios va delante de nosotros en cada encuentro con no creyentes. Conocer a Dios, el Dios que inicia la salvación, tranquiliza nuestros temores y quita cualquier razón de timidez o de manipulación en cualquier trato. Junto con la humildad, podemos tener otra característica necesaria para testificar, valor. Los evangelistas del Nuevo Testamento con frecuencia son descritos como osados (Hechos 4:13, 29; 14:3; Efesios 6:19-20; 1 Tesalonicenses 1:5; 2:2). El valor en la oración precedía al valor en testificar. Descubrimos que no debemos confrontar a la gente con nosotros mismos, sino con el Cristo resucitado, trayéndolos ante su presencia.[15]

Durante las vacaciones de primavera miles de estudiantes americanos de universidad acuden a la Florida para la experiencia de las «Cuatro Ss»: «sun», «surf», «sex», «suds» [sol, surfear, sexo, cerveza]. Años atrás yo formaba parte del equipo de evangelismo de playas del InterVarsity Christian Fellowship (IVP). Después de pasar el día comenzando conversaciones en la playa y predicando bajo un paraguas grande, decidí explorar el lugar donde los estudiantes pasaban la noche.

Pronto descubrí en el área un viejo motel repleto de camas. Brazos y piernas colgaban de ventanas sin cortinas. Pregunté al dueño si no le molestaba que nuestro grupo usara el patio para tocar algo con nuestras guitarras y tratar de platicar con los estudiantes. Como puede imaginarse, cualquier cosa que quisiésemos hacer «para ayudar a estos jóvenes locos» le parecía bien. Comencé a hacer planes.

La próxima noche al atardecer regresé con mis compañeros. Estaba lleno de expectación, ya que uno de mis ayudantes era Paul Little, experto evangelista y autor de muchos libros sobre el tema. Luego me dijo que sería buena idea que yo les hablara después de que hubiéramos logrado atraer un buen grupo con nuestros cantos. Mirando hacia atrás ahora, me sorprendo de mi entusiasmo.

Sólo tomó unos minutos para darnos cuenta que las cosas no iban a salir como queríamos aquella noche. Confrontamos dos factores que no habíamos considerado. Primero, yo no me había dado cuenta que no había luz eléctrica en el patio. Segundo, como había llovido todo el día los estudiantes no habían salido a la playa, sino que se habían quedado en sus cuartos. Por consiguiente, habían comenzado a beber ya para el mediodía. ¡Lamentablemente, fue sólo después de que me subí en una mesa de picnic para hablar que me di cuenta de lo oscuro que estaba y lo borrachos que se hallaban!

No habían pasado cinco minutos en mi discurso, cuando alguien me hizo una pregunta. Cuando le sugerí que guardara sus preguntas hasta el final, otra voz del grupo se le ocurrió gritar la respuesta. Una fuerte discusión siguió entre las dos personas que yo no podía ni siquiera ver. Traté de terminar mi discurso. Me hicieron otra pregunta, y luego otra. Pablo, consciente que las cosas estaban fuera de control, me susurró que me dirigiera y hablara con uno de los que preguntaban. Él se tomaría el otro. Esto dispersó el grupo y todos los curiosos se marcharon. Cuando uno de los estudiantes se alejaba oí que otro le preguntó molesto: «Oye, ¿quiénes son esos dos tipos?» La respuesta que vino era en palabras de menosprecio: «Ah, son simplemente el Batman y Robin, el joven maravilla», señalándonos con un bote de cerveza.

Se necesitará valor para hablar de Cristo a extraños. Sin embargo, a veces se necesita más valor para confrontar amigos o la familia que una muchedumbre rebelde.

LA INTEGRIDAD EN ACTITUDES Y MOTIVACIÓN
Seguir el mandato de hacer discípulos se volverá en una ocupación mecánica de obligación a menos que hayamos tenido una experiencia interna de Jesucris-

to discipulándonos. Entonces podremos hablar de las cosas que hemos visto y oído (Hechos 4:20).

Entonces ¿por qué la falta de motivación es a menudo un problema? Puede haber muchos motivos. Si hay pecados que no se han confesado y abandonado, se debería examinar bien el Salmo 51. Asegúrese, sin embargo, en distinguir entre una culpa verdadera (quebrantar la ley de Dios) y una culpa falsa (ir en contra de la costumbres de otros, aun de las costumbres de cristianos evangélicos que tienen ideas de cómo testificar inventadas por los hombres). Si esperamos ese impulso interior antes de que le comuniquemos a alguien el evangelio, quizás esto nunca vendrá. Nuestros sentimientos no deberían determinar nuestras acciones. Dios nos llama a obedecer, no a esperar a que venga un sentimiento. El egoísmo a menudo se halla en la raíz de no querer testificar. No queremos ser incomodados. A veces la inexperiencia o quizás una mala experiencia en testificar pueden explicar una falta de motivación. Podemos pedirles a amigos que compartan sus experiencias de testificar, y podemos unirnos en nuevos esfuerzos. Un deseo de testificar a menudo se recibe de otros.

En nuestro evangelismo debemos ser nosotros mismos. Necesitamos ser honestos y reconocer nuestros propios complejos. ¿Cuántas veces los no creyentes han rehusado hablar con cristianos porque creían que los creyentes no son genuinos? «Usted simplemente no podría entenderme porque nunca parece tener ningún tipo de problemas». La honestidad a menudo presenta la oportunidad para testificar genuinamente. ¿Por qué no? ¿Tiene temor que la reputación de Dios será manchada? ¡Que Dios nos conceda olvidarnos a veces de nosotros mismos! Es cuando exhibimos nuestra debilidad que el resplandor del poder de Dios se refleja. Necesitamos ser genuinos, ser enteros.

¿Amamos a los demás? Expresándolo en términos prácticos, «¿Cuánto tiempo dedico a los demás? ¿Dedico tiempo sólo con personas que son como yo? ¿Qué es lo que más disfruto? ¿Renunciaría a eso para ayudar a alguien? ¿Pienso constantemente sólo en mi tiempo, en mi diversión y en mis intereses?» El amor demuestra iniciativa y posee un ingenioso temperamento propio. La gratitud por la gracia de Dios y un amor por Cristo se desbordará espontáneamente a aquellos a nuestro alrededor. «¿Por qué será que los que hemos tomado el nombre de Aquel que es compasivo carezcamos de tanta compasión?... Sin la compasión, el testificar en sus diferentes formas resultará ineficaz, débil, y a veces desagradable a otros.... Si se va a implicar en las vidas y problemas de otros, su corazón va a ser quebrantado. ¡Usted tendrá que sufrir, y no sólo un poco! La participación significará un verdadero sacrificio personal».[16] Nuestro corazón debe enfocarse en la salvación de otros. Cuando este fin no se logra, nos veremos profundamente dolidos. La autocomplacencia es una señal de indiferencia aun a nuestra propia salvación. ¿Cuándo fuimos «conmovidos con compasión» como lo fue nuestro Señor (Marcos 6:34)? o, como Pablo, ¿cuándo clamamos con nuestros corazones por la salvación de otros (Romanos 9:1-3)?

El elemento cohesivo para la amistad que refleja a Cristo es la lealtad y fidelidad. Con nuestra cultura que cada vez se hace más móvil (una de cada cuatro personas se traslada cada año) y más fracturada (la familia, el último modelo de lealtad y seguridad, está desapareciendo), la mayoría de la gente termina por ser muy egocéntrica y solitaria. Lo opuesto a esto es el cuadro bíblico del amor (1 Corintios 13). El motivo supremo para testificar debe ser glorificar a Dios, ver sus perfecciones manifestadas a través de las alabanzas jubilosas de su pueblo redimido. Si en nuestro corazón de corazones no es esta nuestra fuerza impulsora, si nuestro evangelismo es gobernado por motivos inferiores, estamos fuera de armonía con el plan de salvación. El gran propósito de la elección divina es glorificar a Dios (Romanos 11:36; Efesios 1:12). Si proclamamos a Cristo sin este motivo principal, estaremos trabajando en oposición tanto con nuestro mensaje como con el Espíritu Santo.[17]

Escribiéndoles a los tesalonicenses, Pablo podía señalarse a sí mismo y a sus compañeros como personas íntegras (1 Tesalonicenses 2:1-12). Sus métodos evangelísticos eran ejemplares. Viniendo en debilidad, sufriendo y en sacrificio por ellos, estos evangelistas proclamaron la Palabra de Dios valerosamente entre mucha oposición. Exhortaron a otros con autoridad y podían gloriarse de que su testimonio no procedió de error, ni de impureza ni de engaño. Igualmente, nosotros debemos procurar agradar a Dios, no a los hombres, pues Dios examina nuestros motivos. No manipulemos su Palabra para traer personas a Cristo. No tratemos de siempre querer lucir bien. No debe haber ningún discurso lisonjero, ningún pretexto de avaricia, ni buscar fama. Antes bien, debemos ser tiernos (como una nodriza que cuida de sus hijos) y de un gran afecto, e impartir el evangelio (el contenido de sólida verdad) y nuestras propias vidas (la encarnación de la verdad en carne y hueso). Pablo y sus compañeros evangelistas se «enamoraron» de esta gente y se mantuvieron de su trabajo para no serles una carga. Ellos los cuidaron como un padre cuida a sus hijos.[18]

ORACIÓN Y EL ESPÍRITU SANTO

El orar por otros es el método supremo ordenado por Dios en el evangelismo. A menos que Dios cambie el corazón de una persona, nada duradero se conseguirá. ¡La oración es un medio para levantar a pecadores muertos a la vida! En el Antiguo Testamento, leemos de los resultados de la oración: Dios «se acordó de Abraham [de sus oraciones], y envió fuera a Lot de en medio de la destrucción, al asolar las ciudades donde Lot estaba». (Génesis 19:29). Hasta que veamos la incapacidad de los pecadores y nuestra impotencia para salvarlos, no nos consagraremos a la oración; la oración significa presentar nuestra impotencia ante Dios.

Deberíamos tener un sentido de expectativa en nuestras oraciones. Dios quiere y es capaz de salvar un gran número de personas. Podemos recordarle reverentemente a Dios su promesa y su propósito de edificar un reino. Dios nos usará. Cristo ha prometido hacernos pescadores de hombres.

Debemos tener anhelos profundos cuando oramos. Pablo dijo que el deseo de su corazón y su oración a Dios por Israel era que fuesen salvos. Él tenía una angustia incesante y dolor por los incrédulos. Pablo le dijo al rey Agripa valerosamente su deseo por su conversión. ¿Verdaderamente deseamos que otros sean salvos?

> Un ministerio profundamente espiritual y el secreto de oración es necesario para sostener nuestra actividad evangelística:
> Dios nos hará orar antes de que él bendiga nuestros esfuerzos a fin de que estemos aprendiendo constantemente que dependemos de Dios para todo. Y luego, cuando Dios nos permite ver conversiones, no estaremos tentados a atribuirlas a nuestros propios dones, o habilidad o sabiduría, o persuasión, sino a su obra solamente, y así sabremos a quién debemos dar gracias por ellas.... «Orad por nosotros», escribe Pablo a los tesalonicenses, «para que la palabra del Señor corra y sea glorificada». Pablo era un gran evangelista que había visto mucho fruto, pero sabía que cada partícula de todo ello había venido de Dios.... Esto, para Pablo, era una petición urgente simplemente porque él ve claramente que su predicación no puede salvar a nadie a menos que Dios en su soberana misericordia le plazca bendecirla y usarla para este fin.... un evangelismo fructífero no va a ocurrir a menos que Dios también reforme nuestra vida de oración, y derrame en nosotros un nuevo espíritu de súplicas para el trabajo evangelístico.[19]

C. John Miller, a quien Dios usó enormemente en el evangelismo, en misiones y en avivamientos entre cristianos, señala dos principios de evangelismo y de oración. Primero, Cristo es quién revela al Padre a través de un derramamiento de su Espíritu. «Nadie conoce al Padre sino el Hijo y todo aquel a quien el Hijo quiera revelar» (Mateo 11:27). Segundo, Cristo obra en conformidad a la obediencia y a las oraciones de su pueblo. Él da de su Espíritu «a aquellos que le obedecen» (Hechos 5:32) de modo que puedan proclamar el evangelio valerosamente (Hechos 4:29; Efesios 6:19-20).20

Es desafortunado que nuestra imagen mental de un evangelista sea a menudo anormal comparado con las Escrituras. En vez de tener el cuadro de evangelistas como súper vendedores o actores consumados y elocuentes, debemos simplemente ser naturales como seres humanos con su Hacedor y con ellos mismos. Los evangelistas de Dios son llamados para ser personas enteras (completas, genuinas, equilibradas, integradas). Dios nos da de su Espíritu (el Consolador) no para hacernos cómodos, sino para hacernos consoladores de otros.

Cómo comunicar el evangelio personalmente

Nuestra época enfatiza el «cómo hacer esto o aquello», «hágalo usted mismo» y las cosas al instante; lo cual es la consagración del pragmatismo y de lo práctico. Esto puede ser un sano contrapeso a la concentración de una simple plática teórica. ¡Podemos enfocarnos tanto en querer entender qué hacer al grado que nunca llegamos a hacerlo! Hemos hablado del tema de testificar; la pregunta ahora es, ¿con qué personas usted se relaciona? ¿Lo va a «hacer por usted mismo»?

NO HAY MÉTODOS PERFECTOS, PERO SÍ AYUDAN PARA COMENZAR

En la Parte uno presenté la necesidad de recuperar el evangelio. En la Parte dos hice hincapié en la necesidad de restablecer la meta de procurar una conversión completa, y en la Parte tres hice hincapié en la importancia de la gracia en el evangelismo. En esta parte final exploraremos la necesidad de restaurar una unión entre un conocimiento bíblico sobre el evangelismo y las acciones que resultan y que concuerdan con tal conocimiento. La acción debe ser el fruto de la sana doctrina.

¿Por qué es necesario considerar cómo presentamos el evangelio? El Dr. Martyn Lloyd-Jones sostiene que no podemos suponer que aquellos que creen en una creencia correcta presentarán necesariamente aquella creencia de la manera correcta.[1] Algunos cristianos que son creyentes ortodoxos no pueden mostrar un trabajo fructífero. Otros parecen conseguir resultados fenomenales, pero aquellos resultados no duran. Lloyd-Jones explica que estos dos extremos resultan de una brecha entre lo que una persona cree y lo que él o ella realmente enseña. Todos necesitamos reexaminar nuestro evangelismo para asegurarnos que no hablemos simplemente acerca del evangelio o que estemos tan interesados en aplicar el evangelio (o sea, obtener resultados) que desechemos su contenido teológico.

Hubo un tiempo cuando yo habría evitado cualquier mención de métodos o técnicas para usar al presentar el evangelio. Ahora veo que esto era una reacción exagerada a los abusos del evangelismo centrado en métodos. En el tiempo que he trabajado tanto para ser un testigo más fiel yo mismo, como para entrenar a otros, veo una necesidad indisputable de tener buenos materiales de entrenamiento.

Es bueno y excelente que los cristianos vean la necesidad de desarrollar habilidades de cómo relacionarse con otros y decir: «El verdadero evangelismo es el desbordamiento de una vida plena. Uno no puede entrenar a alguien cómo testificar; esto no está en conformidad con la idea total de testificar. Es cierto, Jesucristo debería desbordarse simplemente de nuestras vidas. Pero, el testificar ¿será sólo algo que somos? Los cristianos que observo que enfatizan este método (por lo general) tienen grandes habilidades de cómo relacionarse con otros y de cómo hablar, mientras que la mayoría de nosotros no las tenemos.

Una y otra vez cuando encuentro cristianos impacientes de testificar, los encuentro pidiendo ayuda: «¿Cómo comienzo? ¿Qué digo?» Estoy de acuerdo que uno no encontrará técnicas para testificar que se consideren como normas en el ministerio de nuestro Señor. Pero no somos como él, todavía. Así que debemos comenzar con aquellos evangelistas cristianos aspirantes en su situación actual en que se hallan si queremos ayudarles a testificar. Como hemos visto, esto implica instruirlos en la doctrina del evangelio. Ellos también necesitan métodos para saber cómo relacionar este contenido de verdad con los no cristianos. Debemos preguntarnos, ¿qué clase de entrenamiento de evangelismo conducirá a una comunicación natural y espontánea de Jesucristo y de nosotros? Creo que nuestra capacidad para testificar comienza con una visión grande de Dios y de Jesucristo que impartirá a cristianos jóvenes un fundamento para sentirse confiados, con expectativas y cómodos con su humanidad. Entonces podremos demostrar que la verdad del evangelio liberta a la gente, ya que esto nos ha libertado para vivir de manera diferente y hablar con convicción (Juan 8:32). Al hablar la Palabra de Dios tenemos la promesa que nuestro testimonio no será en vano (Isaías 55:11).

El evangelismo de amistad, a pesar de sus buenas intenciones, a menudo no enfatiza el escuchar la palabra de verdad que es el fuego necesario que el Espíritu Santo enciende en la regeneración (Romanos 10:17). El método de evangelismo de amistad puede descuidar el contenido teológico del evangelio cambiando el enfoque a la personalidad y a la experiencia del evangelista. Dios nos ha llamado para ser testigos y prometió revestirnos con poder del Espíritu Santo (Hechos 1:8). En nuestro llamamiento para ser personas del Diagrama A, no sólo debemos exhibir gozo en nuestra vida, sino también debemos saber explicar los ingredientes del evangelio. El recibir la palabra implantada trae salvación (Santiago 1:21).

Al seguir la exhortación de Jesucristo para ser pescadores de hombres, no sólo necesitamos conocer la naturaleza del pescado (los incrédulos) y la naturaleza de nuestra carnada (el evangelio), ¡sino también necesitamos entender cómo usar una cuerda de pescar! Un pescador selecciona el peso, la cuerda y el gancho apropiados según lo que él está tratando de pescar. El principiante debe aprender ciertos métodos de memoria y principios que tarde o temprano se volverán en un habito arraigado o en una reacción instintiva. Así también, necesitamos ayuda en elegir métodos apropiados para nuestro mensaje y para nuestros oyentes. ¡Que también nosotros como pescadores de hombres encontremos que éste nuestro trabajo se vuelve en un habito arraigado en nosotros!

El problema de cómo muchos «abandonan» el deber de evangelizar se ha debatido mucho. Nunca lo resolveremos. Sin embargo debemos seguir haciéndolo, ya que es parte de ser fiel a nuestro llamamiento. El honor de nuestro Salvador demanda un testimonio tan claro y equilibrado como sea posible. Nuestra visión elevada del evangelismo se deriva de nuestra visión elevada de Dios. Nuestro evangelismo debe concordar con nuestra adoración. Sin embargo nunca debemos depositar nuestra confianza en nuestras expresiones teológicas exactas del evangelio.

Lo que sigue son algunas sugerencias que me han resultado provechosas a mí y a otros que desean testificar. Por supuesto, ellas pueden ser usadas de una manera equivocada. Debemos orar que Dios quite toda timidez y que nos imparta un espíritu de poder, de amor y de discernimiento. Nada actúa automáticamente, pero mientras obedezcamos el mandato de Jesucristo de hablar de él a otros, él nos ayudará a encontrar un método que cuadre con nuestra personalidad.[3]

GENTE DIFERENTE, SITUACIONES DIFERENTES

Lo que es apropiado en algunas situaciones y relaciones no es apropiado en otras. Por lo general no nos dirigimos del mismo modo para con nuestros padres como cuando lo hacemos con un extraño. De igual manera, al presentar el evangelio a padres y a extraños veremos normalmente una diferencia en el método. Por supuesto, el Espíritu Santo en ocasiones nos guiará en maneras diferentes.

Bien recuerdo el tiempo cuando establecí una exhibición de libros cristianos para una feria en un gran centro comercial. Pensé que este sería un buen tiempo para ponerme al corriente en mi lectura pues yo estaba seguro que no pasaría nada en particular. Un extraño se acercó y tras quince minutos me había compartido algunos de sus problemas muy personales. «No sé por qué le he dicho estas cosas. Ni aun se las he dicho a mi esposa», dijo él. El Espíritu de Dios abrió camino para un evangelismo muy directo. Aunque él se trasladó a una ciudad diferente poco tiempo después, siguió mi sugerencia de leer la literatura que compró y buscar a un pastor. Ahora él y su familia se hallan en el reino de Dios.

Normalmente, procedemos despacio con extraños y con padres. Apreciamos el celo de un joven recién convertido que vuelve a casa para dar conferencias a sus padres sobre su fe que acaba de descubrir. Por supuesto, lo que ellos entienden que les está diciendo es esto: «Ustedes no me criaron correctamente. Los rechazo». Admiramos el celo, pero podemos ver que es inapropiado para esa situación.

Jesucristo nos proporciona muchos ejemplos de diferentes tratos que él tuvo con diferentes personas. Él hizo amigos entre los pecadores y les testificaba (Zaqueo). Él confrontó a personas religiosas (Nicodemo). Aunque poco se dice sobre ello, él ciertamente testificó en su propia casa, familia y vecindad. Jesucristo también habló a extraños. La historia extraordinaria en Juan 4 del encuentro de Jesucristo con la mujer samaritana en el pozo imparte lecciones instructivas sobre evangelismo personal. Jesucristo penetra varias barreras que a menudo nos detendrían en seco. Él se dirige a una mujer (que representa barreras sexuales y culturales del día), que es una samaritana (que representa barreras religiosas y étnicas). Aunque pide la ayuda de ella, sin embargo él nunca se muestra permisivo o indulgente. Pasando de una preocupación común en el nivel físico (agua, tener sed), él desarrolla una conversación sobre asuntos espirituales. Nunca la manipula, ni hace concesiones a la verdad. Él la hace volver al asunto central una y otra vez. Es paciente, le exhibe sus necesidades no expresadas, y le habla a su conciencia. Él se le revela como el Mesías.

Nuestras relaciones con otros pueden dividirse en estas categorías:

- *Relaciones íntimas a largo plazo: familia, amistades íntimas, compañeros de habitación*
- *Conocidos de largo plazo: algunos parientes cercanos, vecinos, compañeros, personas en la escuela o en el trabajo*
- *Relaciones íntimas a corto plazo: amigos, socios, compañeros de clase*
- *Conocidos de corto plazo: personas que nos encontramos de paso: en una tienda, en un autobús, en la playa*

Nuestro método en evangelizar será probablemente diferente según la relación. Ciertamente tenemos una responsabilidad especial para con los que tenemos relaciones de largo plazo. Estas personas conocen nuestras faltas, y nuestros hechos deberían preceder a cualquier palabra de testimonio que hablemos.

Donde la mayoría de nosotros necesitamos ver nuestra responsabilidad, sin embargo, está en el área de relaciones a corto plazo. No tomamos la iniciativa, de modo que estas personas a menudo pasan sin oír algo de nosotros. Creo que tenemos una responsabilidad para con tales personas. Algunos de nosotros usamos nuestras personalidades como excusa por no testificar en estas situaciones de paso. «Yo no soy una persona sociable. ¡Me resultaría difícil hablarle a un extraño!», decimos. Sin embargo, todos somos responsables para salir en fe en todas nuestras relaciones con diferentes personas. El punto no es procurar sentirnos cómodos cuando testificamos, sino reconocer la soberanía de Dios al traer a cada persona a través de nuestro camino.

Si esto suena como teología, sepa que nuestra teología está destinada a aguijonearnos a nuevos pasos de obediencia. ¡Qué bien recuerdo en la universidad estudiando el libro de Romanos en mi tiempo a solas a diario! Me enfoqué sobre los primeros nueve capítulos de aquel libro durante seis meses. Los copiaba en mis propias palabras. Me memoricé la mayor parte de ellos. Tomé notas y escribí preguntas y respuestas para cada versículo. La soberanía de Dios y mi respuesta en una agradecida y sacrosanta obediencia, me sobrecogieron. Yo no estaba aprendiendo un sistema de doctrina y luego imponiéndolo sobre la Escritura. Yo estaba siguiendo a la Escritura dondequiera que ésta me condujera y viendo como todo concordaba en una hermosa armonía. Me determiné que mi teología sería formada por toda Escritura, no sólo ciertas partes.

Hace mucho que yo había, abandonado las palabras como suerte, posibilidad y accidente. Pero, «cuando me empapé con la Escritura» vi que estos conceptos no cristianos realmente no habían sido desarraigados de mí. En ocasiones, pedía un «aventón» o hacía un autostop de regreso de la universidad a casa (uno podía hacer eso en aquellos tiempos). Una vez yo le presumía a un amigo sobre la bondad de Dios en proveerme cuatro viajes oportunos de modo que yo llegara a casa a tiempo. Era una distancia de setenta millas en caminos y veredas, y una persona se tomó la molestia hasta llevarme a la puerta de mi casa. Luego se me ocurrió pensar que si Dios estaba realmente en control de estos viajes, quizás él quería que yo hiciera algo más que simplemente sentarme callado o hablar sobre el tiempo. Me encogí por dentro, pero yo no podía evitar esta conclusión.

Comencé a pensar en cómo yo podría averiguar si estos chóferes estaban interesados en Cristo sin imponerme sobre ellos. Así comenzó una serie de viajes de coche de acá para allá durante los cuales oraba y luego abría mi boca sobre mis creencias. Compré cantidades grandes de un folleto bien escrito que le dejaba al chofer a cambio de su bondad. El tiempo parecía ser tan corto en aquellos viajes, pues vi a Dios usarme. Aprendí cómo vivir mi creencia en un Dios soberano.

Además de tener una variedad de relaciones, nos encontramos con muchos diferentes tipos de personas. Varios intentos se han hecho para clasificar a la gente que necesita ser evangelizada.[4] Poner a personas en categorías es peligroso si el resultado es para excluir ciertos tipos de ser evangelizados o despersonalizar a alguien. Sin embargo el poder descubrir actitudes arraigadas que una persona sostiene en común con otros incrédulos, y poder desarrollar las preguntas y respuestas según el caso es una gran ayuda en la presentación del evangelio. He aquí una lista parcial de clasificaciones espirituales para personas.

Los ignorantes e indiferentes. Esta es la clase más grande de incrédulos. Ellos necesitan ser sorprendidos y desafiados para ver su locura en arrojar sus almas a los vientos. Podemos decirles que ellos son semejantes a aquellos que viven en casas sin seguros contra incendios. Los pasajes apropiados de la Escritura para presentarles serían la parábola del necio rico (Lucas 12:13-21) y la mujer samaritana (Juan 4). No podemos ser simplemente afables con los indiferentes. Tales personas deben ser confrontadas y advertidas. Ellas deben examinarse según la ley de Dios. Si su ignorancia es verdadera y no fingida, quizás podremos en mansedumbre y con paciencia instruirlos, aguijoneando entretanto su conciencia y poniéndoles emboscadas con nuestro amor.

Los autosuficientes. Hay dos clases de personalidades autosuficientes (personas que se apoyan en su propia justicia): el no religioso, que desprecia la idea de pecado, y el religioso sólo de nombre, cuyo corazón es de piedra y, como los fariseos, debe ser quebrantado. Tales personas deben ser confrontadas con su propia autosuficiencia (Mateo 5:20; Lucas 18:9), que se les muestre la diferencia entre una justicia externa y los pecados del corazón (Mateo 23:25) y que se les ayude a entender que su supuesta justicia es sólo comparativa (Lucas 18:9-14). Debemos colocar un espejo enfrente de estas personas para darles una vislumbre de su orgullo.

Los cristianos artificiales. Estas personas pueden pensar que son cristianos, pero en realidad no lo son. Se necesita mostrarles la naturaleza de la regeneración y evidencias de la fe salvadora en la Primera Carta de Juan (también Juan 6:60-66; Lucas 14:25-33).

Los ateos declarados. Los problemas intelectuales de que estas personas hacen alarde son a menudo problemas morales del corazón (Juan 3:14-20). Sin embargo, si sus preguntas son genuinas, éstas deben ser tratadas a fondo y con honestidad. Jesucristo invita al agnóstico, como lo hizo con Tomás, a examinar más detenidamente. «Respuestas honestas a preguntas honestas» debería ser nuestro lema.

Los interesados. El último grupo consiste de aquellos que se han despertado a ver su necesidad de respuestas espirituales. Éstos poseen algo de convicción de pecado y culpabilidad. Los dirigimos a Cristo y a sus promesas y seguimos hablándole a su conciencia. Hágalos leer pasajes de la Escritura como Isaías 53, Salmo 51 y Juan 3.

Muchas veces nos veremos obligados a confrontar y rechazar a aquellos (como los de las sectas) que se han endurecido por falsas enseñanzas (2 Juan 7-11; 2 Pedro 2). Sin embargo, si conseguimos que nos oigan, debemos recordar estos puntos: Ser breves e ir al grano; estas personas pueden tomar nuestro tiempo innecesariamente al ponerse a discutir. Seamos firmes e identifiquémonos como cristianos cuyo único fundamento es la Biblia; ellos querrán terminar ahí mismo la conversación. Asegurémonos que enfatizamos la gracia, ya que esta es la gran diferencia entre nuestra fe y la de ellos. Cada miembro de una secta se apoya finalmente en sus propios esfuerzos para la salvación. Muestre interés y comparta experiencias personales de perdón gratuito, de gozo y paz interior encontrados en el amor de Jesucristo. Procure no dedicar mucho tiempo a solas con miembros de sectas; asegúrese que un cristiano maduro lo acompañe. Esté preparado para darles algo de literatura.

Si animáramos a todo cristiano a ser luz para Cristo en el grupo(s) al cual ya pertenece, podríamos encontrar cristianos con más amistades no cristianas y más no cristianos viendo y oyendo el evangelio. El amor de Dios puede fluir a través del canal de nuestros intereses naturales (por ejemplo, grupos de boliche o de bolos, equipos de deportes, grupos musicales, organizaciones de servicio comunitario o clubes de esquiar). No necesitamos tener más reuniones evangelísticas. Los cristianos simplemente necesitan orar y ser intencionados en estos grupos de afinidad. Esto también responde al problema de encontrar tiempo para otros ya que la mayoría de las personas ya están en algún tipo de asociación secular. Le gusta lo que este grupo hace, pues involúcrese en él como cristiano. Usted podrá divertirse aun mientras testifica.

COMENZANDO

Cualquier viaje tiene que comenzar con el primer paso. Muchos de nosotros nunca testificamos porque nunca comenzamos. No tomamos la iniciativa. No somos lo suficientemente decididos a introducir a Cristo en la conversación. Quizás nos preocupamos de lo que otros pensarán de nosotros. Esto es orgullo. Recuerde que podemos poner a otros nerviosos porque nosotros estamos nerviosos. A menudo también somos negativos en nuestra actitud cuando adoptamos una disposición indecisa: «¿No estaría interesado en hablar de Dios, verdad? ¿Verdad que no? (¡Uf, qué alivio!) Pensé que no lo estaría».

Si usted es un gran orador, quizás no tenga este problema de comenzar en compartir el evangelio. Por supuesto, usted tendrá que cuidarse de no confiar en sus talentos y confiar más en el Señor. La mayoría de nosotros nos encogemos interiormente y manejamos torpemente nuestros esfuerzos en comunicar el evangelio, pero aun así debemos confiar en Dios y hablar.

¡Lo único que tenemos que perder es nuestro orgullo! Tenga en mente algunos comentarios y preguntas que son naturales y que ayudarán a introducir su tema. Podemos estudiar detenidamente de antemano lo que vamos a decir o preguntar.

El diagrama 2 representa tres conversaciones. Los círculos representan las capas de una persona. La flecha muestra los modos diferentes de dialogar con él o ella.

La mayoría de nosotros tiende a hablar sólo de cosas inofensivas, neutras, comunes, como el tiempo, precios de comida, etcétera. Hablamos en la capa exterior de nuestras vidas.

Quizás unos cuantos penetran en el corazón de una persona—sus pensamientos más personales— casi con ninguna introducción. Ellos preguntan: «¿Es usted salvo?» Muchas personas bien intencionadas han usado el método evangelístico de «pisa y corre». Por la gracia de Dios, a pesar del método usado, una persona entre mil ha venido al Salvador. Sin embargo, a menudo pasamos por alto las novecientas noventa y nueve que son infinitamente más difíciles de alcanzar debido a este método brusco y precipitado; y no alcanzamos a ver que es a pesar del método (más bien que debido al método) usado que una persona ha venido a conocer al Señor.[5] Cuántas veces no se ha oído decir a alguien justificar grandes gastos de tiempo y de dinero en algún esfuerzo evangelístico diciendo: «Bueno, valió la pena aunque una sola persona vino al Señor». ¿De veras valdría la pena? Tal vez diez personas hubieran venido al Señor y muchos más habrían sido ablandados en vez de haberse alejado si se hubiera usado otro método. Debemos aprender a ser agresivos sin ser desagradables.

Un mejor modelo de conversación es comenzar con intereses comunes y procurar avanzar más profundo hacia valores, actitudes y creencias. Aquí avanzamos gradual pero directamente, y con un objetivo en mente. Nuestro objetivo es tocar la conciencia. Una de las mejores maneras de hacer esto es desarrollando el arte de hacer preguntas.

Acercamiento A: Fuga sin choque

Acercamiento B: Choque y fuga

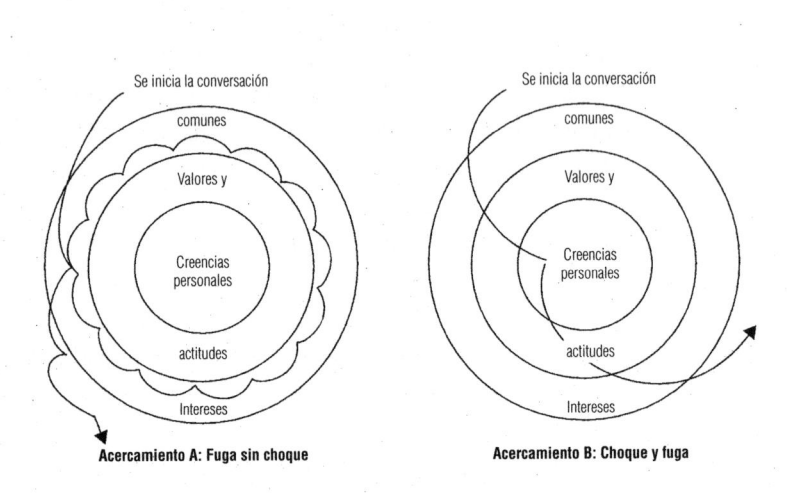

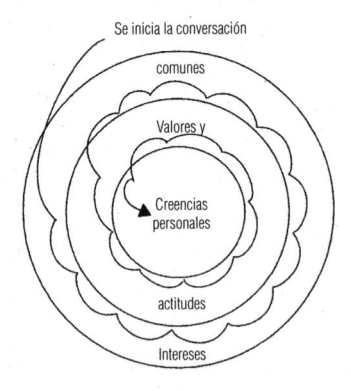

Acercamiento C: Haga preguntas y diga cosas importantes

Diagrama 2: Tres estrategias para hablar de Cristo

Algunas preguntas son mejores que otras. Responder acerca de Dios parecerá que no viene al caso si hacemos preguntas como, «¿Cómo puede una persona obtener satisfacción y significado?» o «¿Qué me dice acerca de su alegría y felicidad?» Para preguntas centradas en uno mismo, como éstas, nuestras respuestas teológicas que enfatizan doctrinas como la justificación parecerán enredadas, académicas y deprimentes. El evangelismo consiste en hacer las preguntas apropiadas. Consiste en avanzar de preguntas secundarias o desacertadas a asuntos primordiales. Debemos encontrar a la gente en situaciones en las que se hallan, y debemos conocer el evangelio a fondo; especialmente el punto central de la justificación por Cristo sólo a través de la fe. El mejor examen de nuestro método evangelístico es una pregunta sencilla: ¿Clarifica la doctrina de la justificación? La pregunta crucial es que la gente sepa si han sido absueltos por Dios.[6]

EJEMPLOS PARA INICIAR CONVERSACIONES

Ya basta de principios generales, he aquí algunos ejemplos de declaraciones que podrían formar un puente en la conversación sobre cuestiones más profundas. Algunas de éstas pueden parecer poco elegantes al principio; sin embargo, podemos preparar nuestros propios comentarios de antemano para muchas circunstancias que se repiten. No tenemos que orar por más oportunidades, sólo tenemos que estar listos para aprovechar las que ya están allí. Piense en situaciones comunes que se le presentan, y desarrolle su propia respuesta (ver Diagrama 2). El punto de su comentario es para ayudarle a averiguar si el Espíritu Santo lo está guiando a presentar más contenido del evangelio. Las preguntas pobres son aquellas que pueden ser contestadas con un sí o con un no y que terminan la discusión. Una buena respuesta da lugar a expresar reacciones y carece de límites determinados.

Además de ejemplos para iniciar conversaciones, existen también ciertas preguntas generales que permiten a la gente abrirse. Quizás ha estado hablando con alguien por algún rato. ¿Por qué no intentar dirigirse a cosas más importantes? He aquí algunas preguntas que a mí me gusta hacer:

«¿Cuál es su trasfondo religioso?»
«¿Cómo han cambiado sus ideas sobre Dios desde... (comenzar la universidad, casarse, tener hijos, estar en este trabajo, la muerte de su amigo, viajar al extranjero, leer ese libro, prestar servicio militar)?»

«A propósito, ¿está interesado en asuntos espirituales?»...
«¿Qué piensa en qué consiste un verdadero cristiano?»...
«¿Ha confiado personalmente alguna vez en Cristo, o está por el camino de hacerlo?»...
«¿Ha llegado muy lejos en el camino?» o «¿Le gustaría ser un verdadero cristiano?»[7]

James Kennedy, quien fuera pastor de una gran iglesia, recomomendaba dos preguntas para señalar asuntos fundamentales para muchos:

«¿Ha llegado a un punto en su vida espiritual donde sabe con seguridad que si muriera hoy iría al cielo?»

«Supongamos que usted muriera esta noche y se presentara ante Dios y Él le dijera, '¿Por qué debería Yo dejarte entrar en mi cielo?' ¿Qué le diría usted?»[8]

Por cierto, estas preguntas pueden parecer un poco incómodas y forzadas a veces. Pero ¿cómo vamos a saber de otra manera lo que el Espíritu Santo está haciendo en la vida de alguien, especialmente en aquellos que sólo conoceremos por un corto tiempo? Me he quedado asombrado de cuánta gente está genuinamente interesada en asuntos espirituales. Al ponerme en contacto de manera improvisada con algunos estudiantes durante el almuerzo en una universidad, muchos nos han agradecido por plantear preguntas espirituales diciéndonos: «Sabe, yo no creía que había gente que podía ayudarme con mis preguntas. Ya que la mayoría de las personas no hablan seriamente de religión, creí que yo era la única en mi búsqueda. Gracias por hablarme».

CÓMO COMUNICAR EL EVANGELIO PERSONALMENTE

Cuadro 2. Dirigiendo conversaciones hacia Cristo

	Paul Little, un evangelista con el InterVarsity Christian Fellowship por muchos años, sugirió la siguiente estrategia al hablar de Cristo:
Situación:	Alguien se queja de desarrollos en el mundo o entre cierto grupo de gente.
Respuesta:	«¿Por qué cree que la gente hace tales cosas terribles? ¿Cómo cree que Dios mira eso?»
Situación:	Alguien que le ha extendido su ayuda se lo agradece.
Respuesta:	«Para servirle. Quiero ayudar a la gente. Mi perspectiva sobre la vida cambió hace tiempo atrás cuando encontré a Alguien...»
Situación:	Alguien le ayuda.
Respuesta:	«Realmente aprecio su ayuda. ¿Qué le hizo actuar de esa manra?... Yo también creo que Dios me ha llamado para ser útil a otros».
Situación:	Usted recibe un elogio por algo que usted ha hecho.
Respuesta:	«Muchas gracias. ¿Sabe?, he obtenido una nueva perspectiva sobre esto desde que Jesucristo entró en mi vida. Aprecio más mi trabajo/las personas sabiendo quién me hizo y por qué». (No es impropio decir, «Gracias». Fue usted quien lo hizo. Dios lo usa o la usa. No caiga en la actitud enfermiza de la autodegradación.)
Situación:	Alguien le pregunta lo que usted hace.
Respuesta:	(Científico) «Estoy comprometido en comprender la estructura del universo de Dios». (Provea una respuesta descriptiva o funcional más bien que donde usted trabaja.)
Situación:	Se le hace un comentario sobre la dificultad de criar hijos.
Respuesta:	«También nosotros afrontamos problemas. Pero nos vemos animados por un método interesante que es muy provechoso. Le llamamos 'disciplinar con amor,' y está basado en la Biblia. ¿Ha oído de él?»
Situación:	Alguien le platica de su fortuna o buena suerte en cierto asunto.
Respuesta:	«¿Usted cree que Dios tiene alguna razón para permitirle que usted experimente esta cosa buena? ¿Cómo explicaría las cosas buenas que le han pasado?»
Situación:	Le devuelven demasiado cambio después de una compra.
Respuesta:	«Sabe que en un tiempo yo habría guardado el dinero, pero Jesucristo ha transformado mi vida. ¿Está interesado en cosas espirituales?»

CONVERSACIONES CON PROPÓSITO

Muchos cristianos dedicados se quedan sin saber qué decir en el evangelismo personal porque el compartir ideas religiosas en una plática ordinaria parece poco natural o forzado. En muchos casos este problema existe debido a que dividen en compartimentos (secciones) su pensamiento: un mundo de pensamientos dividido en compartimentos con etiquetas para «evangelio», «arte», «matrimonio» etcétera. Los contenidos de cualquiera de estos compartimentos sólo se relacionan superficialmente con los contenidos del otro. Por consiguiente, el evangelio llega a ser como algo no muy bienvenido en una conversación en vez de ser una parte integral de un diálogo dinámico, que involucra la totalidad de la vida.

La solución al problema es eliminar las paredes que dividen los compartimentos y relacionar ideas religiosas con ideas sobre arte y matrimonio y otras áreas de la conversación diaria. En otras palabras, la solución es una vida de pensamiento unificada y completa. Los cristianos que tienen tal cosmovisión pueden introducir ideas religiosas de manera más natural en una conversación. En un diálogo ellos pueden pasar más fácilmente de los intereses inmediatos del no cristiano a niveles más abstractos de pensamiento y desde allí a cuestiones de naturaleza teológica. Por ejemplo:

No Cristiano: Bueno, me he decidido finalmente. Voy a estudiar arte.

Cristiano: ¡Maravilloso! ¿Qué le hizo finalmente decidir eso?

NC: Bueno, creo que es la mejor manera que hallo satisfacción y traer más belleza al mundo.

C: Eso parece interesante. ¿Por qué cree que usted tiene este deseo de hacer cosas bellas?

NC: Eso es difícil de contestar; pero yo sé cuánto disfruto del sentimiento que tengo cuando hago algo nuevo y hermoso.

C: Sí, a veces yo también me siento así. Estoy seguro que por eso escribo poesía. ¿Se ha preguntado alguna vez si este afán por hacer cosas bellas significara algo? Quiero decir, que esto ¿podría ser una indicación de una realidad más alta que trasciende este mundo físico?

NC: ¿Se refiere a Dios? Pienso en eso a veces, pero simplemente no lo sé. Yo creo que alguien debe haber diseñado la belleza en la naturaleza.

C: Ciertamente tiene más sentido eso que pensar que todo está aquí por casualidad. ¿Sabe?, Dios me resultaba bastante indiferente en mi vida hasta que entendí que él es un Creador que...

Las creencias básicas detrás de las preguntas del cristiano son (1) Dios es infinitamente creativo. (2) Dios es la fuente de la belleza. (3) Dios creó la humanidad a su imagen; por lo tanto, compartimos la creatividad de Dios y añoramos por lo que es bello. Estas creencias le explican al cristiano por qué la gente se afana por crear cosas hermosas. Así que si el cristiano puede hacer al no cristiano considerar la pregunta abstracta «¿Por qué se afana la gente por crear cosas hermosas?» él o ella pueden conducir al incrédulo a considerar las creencias cristianas acerca de la naturaleza de Dios y la naturaleza de los seres humanos.

Algunas personas no cristianas podrán discutir inmediatamente preguntas abstractas; la mayoría no lo hará. Si podemos comenzar con preguntas sobre la experiencia del no cristiano, podemos ayudar a la persona a comenzar a pensar en preguntas más abstractas (menos directas), y luego sobre preguntas teológicas. Al tratar verdades teológicas, podemos impedir que la discusión se vuelva abstracta mostrando cómo esta verdad se aplica en nuestras propias vidas. Luego podemos tratar de hablar a la conciencia del no cristiano en cuanto a cómo él o ella deberían aplicar estas verdades. Así en el Diagrama 3 el movimiento del diálogo es del círculo externo hacia el centro. Este es un ejemplo específico de cómo el Método C en el Diagrama 2 podría funcionar.[9]

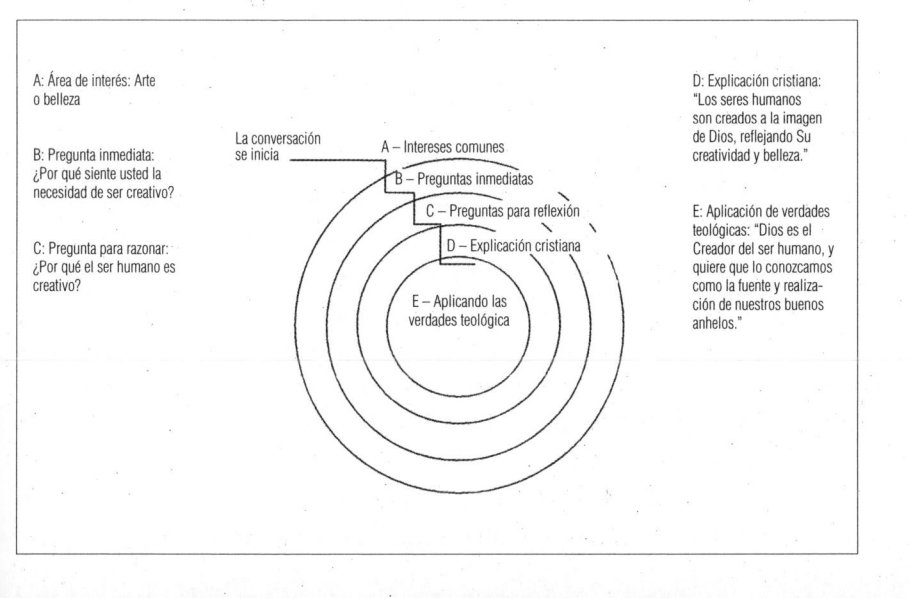

A: Área de interés: Arte o belleza

B: Pregunta inmediata: ¿Por qué siente usted la necesidad de ser creativo?

C: Pregunta para razonar: ¿Por qué el ser humano es creativo?

D: Explicación cristiana: "Los seres humanos son creados a la imagen de Dios, reflejando Su creatividad y belleza."

E: Aplicación de verdades teológicas: "Dios es el Creador del ser humano, y quiere que lo conozcamos como la fuente y realización de nuestros buenos anhelos."

La conversación se inicia

A – Intereses comunes
B – Preguntas inmediatas
C – Preguntas para reflexión
D – Explicación cristiana
E – Aplicando las verdades teológica

De nuevo vemos que el testificar comienza con ser simplemente amigables y tomar un interés genuino en las preocupaciones de otros. Los cristianos que ven la vida como un todo, no como partes separadas sin relación alguna, comienzan a verse libres para disfrutar y explorar todos los aspectos del mundo de Dios. Estos intereses conducen naturalmente a una discusión sobre propósito, valores y Dios.

LOS INDIFERENTES

¿Qué hacemos si la gente simplemente no está interesada? Los dejamos ir por su camino, como Jesucristo lo hizo con el joven rico (Lucas 18:18-29). No deberíamos sentirnos culpables o avergonzados, aunque nos sintamos decepcionados. No es un fracaso el reconocer y seguir la dirección del Espíritu Santo. Aquel joven rico no quiso someterse al señorío de Cristo. Jesucristo lo amó y llevó el dolor de rechazo. Así también debemos hacerlo nosotros.

Algunos evangelistas centrados en el hombre, al oír al joven rico inquirir sobre la vida eterna, se habrían asegurado de que no se hubiera escapado. Después de que lo hubieran hecho orar para recibir a Cristo, le pedirían probablemente que compartiera su testimonio dentro de una semana. Cuando su interés espiritual disminuyera, él sería considerado como un cristiano carnal, y los cristianos serios lo impulsarían a otro nivel de servicio cristiano o alguna experiencia especial en él. Tales personas son introducidas a un grupo cristiano antes de que el Espíritu termine su obra regeneradora. Creyendo que son cristianos, éstos supuestos «convertidos» entran a la comunidad cristiana motivados por deseos puramente naturales y permanecen firmemente estacionados en las bancas de la iglesia.

El tiempo de Dios es siempre el mejor. ¿Recuerda mi historia cuando estaba en una clínica de partos? La enfermera dijo: «No hay nada que usted pueda hacer para determinar el momento del nacimiento. Cuando aquel bebé está listo, nada va a detenerlo». Dios toma control, y el tiempo está en sus manos. Esto es también verdad en el tiempo del nuevo nacimiento espiritual.

¿Qué es mejor, empujar a la gente precipitadamente al reino de Dios y darles una base falsa para su supuesta salvación, o decirles la verdad y dejarlos ir hasta que llegue el tiempo de Dios? Tendremos tanto libertad como gozo cuando nuestro evangelismo sea controlado por la fe en la soberanía de Dios.

Podemos imaginarnos como pescadores que tiran la red tan a menudo y tan ampliamente como sea posible. Nuestra red consiste de preguntas y declaraciones acerca del evangelio. Cuando la red atrapa un pescado (cuando una persona muestra un interés en cosas espirituales), tenemos una indicación de que el Espíritu de Dios ha ido delante de nosotros creando el interés. Podemos encontrar que aun aquellos que al principio muestran enemistad, el Espíritu Santo está obrando realmente en ellos, pero luchan contra él; a menudo porque tienen una conciencia que los está molestando. Una buena pregunta para hacer es: «¿Qué le ha causado que se sienta tan negativo sobre el cristianismo?» Entonces prepárese para escuchar y aprender.

La mayoría de la gente no es hostil; más bien, es indiferente. Ellos se muestran felices y contentos. ¿Tendrá el evangelio algo que decirle a esta gente? ¿Deberán reconocer fracaso antes de que les hablemos de Cristo? No. Cristo es la fuente de toda nuestra fortaleza y también de nuestra felicidad. La idea que se debe plantar es: «Debemos agradecerle a Dios por su bondad, y el propósito de su bondad es traerlo al arrepentimiento» (ver Romanos 2:4). Es crucial que presentemos a Dios como santo y su ley como algo incuestionable. La gente no es tan indiferente como parece. Necesitamos descubrir qué es lo que les preocupa y luego pasar de esta preocupación a asuntos más profundos de la vida.

Yo diría algo como esto: «¿Sabe? Había gente con la misma actitud suya en los días de Jesucristo. ¿Sabía que la Biblia describe exactamente su indiferencia y las consecuencias de ello? Jesucristo mismo trató con esta actitud en varias ocasiones. Jesucristo dijo: «Los que están sanos no tienen necesidad de médico, sino los enfermos. No he venido a llamar a justos, sino a pecadores al arrepentimiento». (Lucas 5:31-32). Jesucristo no vino ayudar aquellos que pensaban que estaban bien; él ayudaba aquellos que reconocían que no estaban bien. Jesucristo aceptó que algunas personas creían que ellas no tenían ninguna necesidad de él. «¡No, muchas gracias!» le dijeron. «No creo que necesite su ayuda (quizás con un poco de la de mis amigos será suficiente)», era su actitud arraigada. A esta gente Jesucristo no tenía nada que decirle.

«Si una persona rehúsa reconocer sus necesidades profundas o averiguar sus necesidades no declaradas (soledad, falta de amor, confusión de identidad, etc.) para considerar una solución espiritual, ¿por qué estaría interesada ella en un Salvador del pecado? En este sentido Jesucristo no vino por todos; él vino sólo por pecadores. Usted admite que puede curarse (salvarse) por usted mismo. Mientras no esté consciente de sus necesidades (ya sea porque es ciego a ellas o porque es demasiado orgulloso) usted será parte de aquella gente que siglo tras siglo ha rechazado a Jesucristo como Salvador y Señor. Sí, lo han rechazado. Usted no puede ser neutral en la presencia de un médico que ha venido a decirle que una cirugía del corazón es necesaria. Su rechazo de Cristo se ha vuelto un hecho. Está tan claro como si hubiera escrito la fecha de hoy en una tarjeta con esta declaración, 'En este día he rechazado a Jesucristo como mi Salvador y Señor,' y la firmó».

Una indiferencia persistente a Jesucristo y a sus reclamos es prueba de una esclavitud total a Satanás. ¿Por qué? Porque la obra más eficaz de Satanás se logra cuando él engaña a la gente en pensar que todo está bien. Es mucho más eficaz arrullar a la gente hasta dormirla con indiferencia (pueden hacer alarde de su autosuficiencia y de una mente abierta) que hacerlos adoptar una actitud abiertamente hostil hacia Cristo. Su hostilidad podría hacerlos preguntarse porqué se sienten tan molestos si Cristo no existe. Satanás podría perderlos, ¡ya que han despertado y están luchando! El sueño de la autocomplacencia es mucho más eficaz.

Me he encontrado con jóvenes que han reaccionado al compromiso matrimonial de un amigo con: «Yo nunca me casaré. ¡Mira…! a ese tonto. ¡Ahora sí lo atraparon!» No importa cuán maravilloso les presente lo que es el amor, no los impresionará. ¡Por supuesto, la razón que ven este compromiso de toda la vida del matrimonio como algo espantoso y restrictivo es porque ellos no se han enamorado aún! Ellos no han reconocido su necesidad de este amor y comenzar a corresponder en amor. ¡Por supuesto que no están listos para entregarse para recibir a alguien más! El matrimonio (como la religión) se considera como una muleta para los débiles. Nuestra cultura nos lava el cerebro creyendo que la independencia es señal de madurez y de fuerza. La dependencia—un reconocimiento de debilidad, fracaso, y necesidad de otros—es a menudo condenada. Por supuesto, esto es puro orgullo.

Para concluir, hay muy poco que decirles a los autosuficientes. Podemos orar para que Dios los humille. Él hace esto de dos modos: él nos conquista con sus bendiciones y nos alarma con nuestras tragedias. Podemos seguir esperando que la constancia de nuestro cuidado por aquellos incrédulos indiferentes aguijoneará sus conciencias.

Una mujer en mi iglesia, al oír que yo escribía un libro sobre evangelismo y pensando que por lo tanto yo era un experto sobre el tema, acumuló todo su valor para hacerme esta pregunta conmovedora: «Se me había dicho que la gente está esperando sólo oír el evangelio y creer. Sabe que he estado esperando años para encontrar toda esta gente que espera con impaciencia mi presentación del evangelio. ¿Podría decirme dónde se encuentran?» Ella, junto con muchos otros, se había desanimado. Cuando se le dijo que «los campos estaban blancos para la cosecha», ella pensó que el grano caería fácilmente con cada conversación evangelística. Pero ¿será eso lo que el Señor quiso decir cuándo habla de los campos que están maduros?

EMPLEANDO UN RESUMEN DEL EVANGELIO

Ya hemos visto que el evangelismo consiste en impartir instrucción. Además, vimos que aunque toda la Escritura señala a Cristo y la salvación, hay verdades centrales para enfatizar en el evangelismo. Examinando 1 Corintios 15, los discursos en Hechos, el orden del Evangelio de Marcos y otros pasajes en el Nuevo Testamento, podemos concluir que había un patrón fijo en la predicación evangelística de la iglesia primitiva. Por supuesto los primeros evangelistas eran indudablemente flexibles y tomaban en cuenta el trasfondo y la comprensión de sus oyentes.[10]

El método de Jesucristo era constantemente forjado no sólo por la verdad que quería comunicar, sino también por el trasfondo del incrédulo. Él trataba a los individuos de manera diferente.[11] Sus métodos para con un rabino judío, como Nicodemo (Juan 3), y con una mujer samaritana con muchas aventuras amorosas (Juan 4) eran diferentes. Teniendo en cuenta esta variedad, aún podemos ver un índice definido de materias para el mensaje del evangelio.

A pesar del abuso al cual una presentación del evangelio puede ser expuesta, es un instrumento muy provechoso, útil en entrenar a cristianos sobre lo que constituye el mensaje y así mantenerlos por buen camino al testificar. Un resumen del evangelio es también provechoso para un no cristiano que a menudo es totalmente ignorante de lo que la Biblia enseña. Sin embargo, cualquier presentación que se use mecánicamente o en una manera que no permite escuchar a otros puede ser perjudicial. Debemos escuchar, hablar y preguntar con el fin de entender el problema de una persona y aplicar el evangelio en ese punto.

El repetir mecánicamente un resumen del evangelio no es evangelizar, ni tampoco el uso de este instrumento garantiza su eficacia, pero puede ayudar. Por años, yo reaccionaba en contra de cualquier método aprendido mecánicamente. Trataba de ser personal con otros y dejarlos a que dirigieran la conversación por donde ellos quisieran. Mientras tanto yo introducía la verdad cristiana como yo podía. Este es todavía un método válido con algunos. Más tarde, sin embargo, comenzaba donde ellos se hallaban y seguía haciéndolos volver a alguna parte del evangelio (como la perspectiva bíblica de Dios o la definición bíblica del pecado) a fin de dejar un mensaje en su conciencia. Este método también tiene su lugar y puede contribuir significativamente al entendimiento de una persona del evangelio. Yo no siempre cubría todos los puntos de un plan del evangelio o seguía su orden. Pero me aseguraba en definir y dar sinónimos para los términos bíblicos que usaba.

Muchas veces, sin embargo, he testificado de un modo débil simplemente porque no he declarado claramente mi punto principal; enfocándome en Dios como Creador y Redentor. Hoy día, la ausencia de un sistema de teísmo [la idea de un Creador que interviene en el universo] en las mentes de la mayor parte de personas hace necesaria una declaración de nuestro sistema para la comunicación. Nuestra confianza última está en el poder de la Palabra de Dios, el mensaje de un evangelio manifiesto. Es interesante ver que los credos de las distintas iglesias que se mantuvieron firmes a un cristianismo histórico y bíblico concuerdan en muchas doctrinas principales. Esta solidaridad es un testimonio tremendo al carácter perenne de las verdades de la Biblia y a la claridad de la Biblia en asuntos esenciales.

FLOREZCA DONDE SE ENCUENTRA PLANTADO

En el verano después de mi primer año en la universidad, trabajé con mi padre en su negocio del cuidado de árboles, que me dejaba mis tardes libres. Quería usar un poco de este tiempo para compartir con otros el gozo del perdón de Dios. Por medio del InterVarsityFellowship y de una iglesia cerca de la universidad, yo había crecido tremendamente en mi fe en mi primer año de universidad y vi claramente que el evangelismo no era un deporte para espectadores.

Mi primer pensamiento era envolverme en una misión en el centro de la ciudad de Baltimore, pero un viaje cada noche no sería muy práctico. Entonces descubrí mi hipocresía cuando viajaba a través de la ciudad para ayudar a otros cuando yo nunca me había esforzado por alcanzar a aquellos en mi propio vecindario. El miedo y la depresión me atraparon. Mi conciencia me acusaba.

De mala gana llegué a una conclusión. ¡Yo debía comenzar dónde Dios me había puesto! Mi casa y mi vecindario eran mi Jerusalén ese verano. Yo era joven e inexperto. Yo nunca había hecho visitaciones de puerta en puerta antes. No tenía ni idea qué hacer. Cómo me daban pavor las tardes de los martes, que era el tiempo que yo había reservado para andar por aquellas largas calles de nuestra comunidad. ¡Claramente me acuerdo de desear que cayera un aguacero! Nuestra comunidad era pequeña en la cual la gente se había establecido por gran parte de sus vidas. Nuestra familia era bien conocida y yo había vivido allí durante treinta años. Me resultó más difícil ir a las puertas de personas que yo conocía por más tiempo.

Gradualmente aprendí a expresarme. Me encontraba solo, con miedo pero gozoso al final de cada tarde. Yo podía decirles francamente que no buscaba su dinero o membresía a una iglesia. Me presentaba como vecino y les pedía unos minutos de su tiempo. Aprendí que yo necesitaba ayudarles a entender lo que se esperaba de ellos. Así que en la tercera semana, hice mis peticiones más específicas. Pregunté si podía tomar cinco minutos para leer un pasaje del Nuevo Testamento (Hechos 17:22-34) o del Antiguo Testamento (Isaías 53), ya que algunos eran judíos. Si la respuesta era sí, leía el pasaje en voz alta. Les explicaba que yo hacía esto porque quería que otros consideraran a Jesucristo, el Dios-hombre que había cambiado mi vida. Manteniéndome a mi límite de tiempo, terminaba preguntando: «¿Tiene alguna pregunta o comentario?» Muchos lo hacían. Siempre les dejaba un folleto apropiado o un Nuevo Testamento.

Aquella experiencia de gozo en testificar me ha conducido en un curso de vida compartiendo el evangelio, a veces con amigos íntimos y parientes, a veces con extraños en sitios lejanos como el paseo en Ocean City, Maryland; las playas de Ft. Lauderdale, Florida; el Parque Central de Nueva York, Greenwich Village, Washington Square. He estado en prisiones, campos migratorios y en centros vacacionales elegantes como Michigan's Mackinac Island y los parques estatales de Colorado. He visto a personas escuchar con intensidad en Rusia, Kazakistán, Palestina, Israel, Sudáfrica, Inglaterra, Corea, Japón, Australia, Brasil, Trinidad, Haití y muchos países europeos. En cada continente, la verdad implantada en la conciencia por el poder del Espíritu Santo a través de cristianos humildes y llenos de amor está conduciendo a un despertamiento espiritual.

Dios guía a los cristianos mientras actúan. Nada puede sustituir el hacer. Por mucho tiempo hemos seguido un modelo individualista más bien que un modelo de aprendizaje en el evangelismo. Podemos reunirnos con un amigo cristiano, orar juntos y estudiar el contenido del evangelio. Luego con una buena literatura podemos salir juntos por una o dos horas, puerta por puerta o a un lugar donde la gente se reúne. Casi puedo ver todas las objeciones que vienen a su mente, pues yo mismo las he usado. Pero sé que ninguna de ellas tiene fundamento. ¡Lo único que podemos perder es nuestro orgullo. y eso podría ser algo bueno para todos nosotros!

Algunos han convertido este tipo de evangelismo en un talismán, llamándolo evangelismo «en seco», evangelismo «en frío», evangelismo de «contactos» o evangelismo de «uno a uno». Prefiero el nombre «evangelismo personal», ya que es posible tratar a extraños como individuos y no en una manera mecánica e impersonal. El valor de compartir cuanto evangelio podamos con cuantas personas podamos no se mide por el número de convertidos. No se me ha dado el privilegio de ser el último eslabón en la cadena de testificar a muchas personas. El valor radica en saber que hemos obedecido a nuestro Señor y que hemos reafirmado sus verdades sobre muchas conciencias. El valor puede verse en cómo sus experiencias de testificar cambian su vida cristiana. El valor radica en volverse en alguien que comienza conversaciones sobre Cristo con amistades y también con la familia. Este trabajo hace el nombre de Dios famoso.

¿Qué me pasó cuando comencé a testificar? Dios vivificó y profundizó una convicción profunda de su soberanía, un gozo de que él me usa, una confianza de que su Palabra es verdadera, un deseo de abandonar mis propios pecados y vivir una vida santa, un hambre por estudiar la Biblia, un fervor en la oración, y una preocupación y amor por otros.

El punto es que no debemos depender en un programa de evangelismo que se convierte en una tradición cerrada (por ejemplo, cada lunes a las 7 de la tarde hacemos nuestro evangelismo semanal). Nuestro objetivo es usar estos métodos para desarrollar un estilo de vida de evangelismo. Mientras que sigo compartiendo el evangelio, estoy más consciente ahora de la gente a mi alrededor. Soy más amigable, escucho con más atención, hago preguntas más fundamentales, regalo más literatura. Soy más abierto con amigos íntimos y parientes, aprovechando de nuestra relación a largo plazo para ayudarles a entender varios puntos del evangelio, para mostrar la diferencia que Cristo hace en mi vida y despertar sus conciencias después de un período de tiempo.

Podemos aprender a esperar y aguardar en Dios y no en nosotros. ¡Cuando nos ponemos en situaciones que no podemos controlar, podemos observar cómo Dios trabaja! Una razón de que Dios ya no nos es tan verdadero quizás es porque nos hemos vuelto tan satisfechos. Si el Espíritu Santo fuera quitado de nuestras vidas hoy, ¿qué cambiaría? ¿Qué es lo que dependemos ahora en Dios para que haga por nosotros lo que no podríamos hacer con nuestras propias fuerzas?

LOS EFECTOS PRÁCTICOS DE UN EVANGELISMO CENTRADO EN LA GRACIA

Antes que nada enfatizamos la gracia de Dios en nuestro evangelismo porque es bíblico. La verdad no necesita ninguna justificación. No basamos nuestro método de evangelismo en el pragmatismo, que dice hay que hacerlo porque «funciona, sólo mire los resultados». No obstante, cuando la verdad de la gracia soberana de Dios nos da forma, nuestro evangelismo será diferente. He aquí una lista parcial de los resultados.

Los evangelistas centrados en la gracia divina tienen una perspectiva grande del papel de Dios en la salvación. Por lo tanto, ellos...

- Oran para que se haga la voluntad de Dios, ya que sus propósitos son los mejores
- Son valerosos y menos temerosos de otros
- Confían tranquilamente, pues Dios ha prometido usarlos
- Son humildes, pues saben que Dios va por delante
- Están llenos de amor, pues es el amor de Dios que los motiva
- Hablan a la conciencia, sabiendo que esto es nuestro punto de contacto
- Aguardan con anticipación, pues los propósitos de Dios se cumplirán
- Son pacientes, confiando que es en el tiempo de Dios que él trae nueva vida
- Son persistentes, comprendiendo que la conversión es un proceso
- Son honestos, no ocultando ninguna parte difícil del evangelio
- Enfatizan la verdad, no sólo experiencias emocionales
- Exaltan a Jesucristo, sabiendo que él atraerá a las personas a sí mismo
- Usan la ley de Dios para exponer la incapacidad de la gente para salvarse a sí misma
- Aguardan que el Espíritu Santo otorgue la seguridad de la salvación

¿Cómo afecta la gracia soberana salvadora a los no cristianos? Principalmente humillándolos. Una religión «hecha por mí» se sustituye por un llamado a una fe «hecha para mí». Esta fe...

- Los confina bajo la misericordia de Dios.
- Deshace cualquier posibilidad de orgullo.
- Les recuerda que Dios no está obligado a ayudarlos.
- Les muestra la naturaleza maravillosa del amor inmerecido de Dios.
- Les aclara que la salvación ha sido hecha por ellos, ellos sólo tienen que recibirla.
- Les impide convertir la fe en una obra que ellos deben hacer.

Clave: La gracia soberana salvadora hace resaltar a la regeneración como la solución más bien que reformarse por el esfuerzo propio.

NUESTRA META: DISCÍPULOS

La evangelización consiste en gente completa que presenta el evangelio completo a la persona completa. Nuestra meta no es sólo obtener decisiones, sino discípulos y un testimonio fiel que glorifica a Dios. Hacemos todo lo posible para evitar nacimientos prematuros y niños deformados, confiando en que Dios traerá a sus hijos «de plazo completo» al reino. Para aclarar la diferencia entre decisiones y discípulos, en el Diagrama 3 he establecido una serie de contrastes entre dos metodologías de evangelismo que tienen objetivos diferentes y por lo tanto entran en conflicto en métodos para testificar.

En el Diagrama 3 de nuevo vemos cuán necesaria es una teología correcta para nuestra metodología evangelística. ¿Es esto ser demasiado preciso? No. Como uno de los puritanos respondió cuándo fue reprochado por su precisión, diligencia y esmero: «Señor, ¡yo sirvo a un Dios preciso!» Y como uno quien sigue los puntos buenos de nuestra herencia puritana, J. I. Packer lo expresa de esta manera:

> Suele acontecer que el evangelismo y la teología van por caminos separados, y el resultado es una gran pérdida para ambos. Cuando la teología no se mantiene en rumbo por las demandas de la comunicación evangelística, se vuelve abstracta y especulativa, descarriada en el método, teórica en el interés e irresponsable en cuanto a posición. Cuando el evangelismo no es fertilizado, alimentado y controlado por la teología, se vuelve en una función sofisticada que procura actuar por técnicas de manipulación más bien que por el poder de la visión y por la fuerza de la verdad. Tanto la teología como el evangelismo se vuelven, por consiguiente (en un sentido importante),

irreales, falsos a su propia naturaleza dada por Dios; ya que toda teología verdadera contiene un empuje evangelístico, y todo evangelismo verdadero es teología en acción.[12]

En el evangelismo de discipulado, guiamos a los no cristianos a Jesucristo como Salvador y Señor. No escondemos las demandas del discipulado detrás de los beneficios de la salvación. Los incrédulos no van a entender (en el punto de conversión) todo lo que implica el señorío de Cristo. El aprender a ser un discípulo obediente se desarrolla a través de experiencias sucesivas de crisis que demandan arrepentimiento y fe a través de la vida cristiana. Sin embargo, no podemos dividir a Cristo presentándolo como Salvador y no como Señor.

El Pacto de Lausana, convenido por líderes evangélicos de más de ciento cincuenta naciones diferentes, declara, «Los resultados del evangelismo incluyen la obediencia a Cristo, la incorporación en su iglesia y un servicio responsable en el mundo».[13] Examinemos cada uno de éstos separadamente.

Primero, si la respuesta de una persona al evangelio es auténtica, esto resultará en una obediencia sincera, aunque no perfecta. Las ovejas verdaderas oyen y siguen al Buen Pastor (Juan 10:4). Podemos evaluar una profesión de fe por sus frutos. «Cuando Dios produce fe, él lo hace de tal modo que el creyente desarrolla hambre por la Escritura. Él quiere vivir por cada palabra que proviene de la boca de Dios. Él desea la leche espiritual no adulterada [de la Palabra] [1 Pedro 2:2]».

Segundo, una conversión auténtica conducirá a un amor por los hermanos (1 Juan 3:14-15). Un cristiano que desea vivir como «llanero solitario» es inconcebible en términos del Nuevo Testamento. Hemos sido puestos en un cuerpo y debemos identificarnos con esa nueva humanidad. Venimos a formar parte de una comunidad de creyentes y podemos llevar a cabo nuestra nueva unión a la verdad y amor en nuestras relaciones con otros. Ser parte de una iglesia local no es algo opcional.

Tercero, una conversión auténtica resulta en una vida de servicio. La obediencia y la santidad no son opcionales. Pablo exhorta a sus oyentes «a demostrar su arrepentimiento por sus hechos» (Hechos 26:18-23). Él no está enseñando obras como requisitos para salvación, sino como pruebas de un arrepentimiento genuino. Es la fe lo que sólo salva; pero la fe que permanece sola (ausente de buenas obras) no es fe salvadora.

Los objetivos en el evangelismo afectan los métodos

Objetivos Centrados en Uno Mismo (Egocéntricos)	Objetivos Centrados en Dios
Decisiones, asentimiento mental, respuestas inmediatas repitiendo una oración	Discípulos, la conversión de la persona entera, la conciencia los mueve a pedir misericordia de Dios en sus propias palabras
Conseguir que acepten mentalmente ciertos hechos o leyes	Enseñar responsablemente el evangelio en una manera clara, enérgica, y con paciencia
Mostrar todas las ventajas disponibles	Balancear los beneficios del evangelio con las demandas sacrificiales del evangelio
Hacer que repitan contigo un modelo de oración	Darles tiempo para que oren en sus propias palabras; a solas, o mientras usted escucha
Despertar sus facultades internas para elegir libremente a Dios	Confrontarlos con la imposibilidad de salvarse por sí mismos o ejercer la fe con sus propias fuerzas
Usar señales físicas externas para confirmar la realidad espiritual; firmar una tarjeta, levantar la mano, pasar adelante, repetir una oración	Enfatizar el bautismo, participar en la Cena del Señor para proclamar su muerte, abandonando estilos de vida pecaminosos
Desafiar su voluntad con historias dramáticas, atraer sus emociones engendrando entusiasmo	Presentar la verdad a la mente, hacer llamados a la voluntad a obedecer, esperar que emociones nacidas en el corazón le sigan
Dar seguridad inmediata de salvación: no permitir que ellos duden de su propia sinceridad	Dejar que el Espíritu Santo dé la seguridad de salvación a través de un testimonio interno y pruebas bíblicas de una vida cambiada

Si el discipulado es nuestro objetivo en el evangelismo centrado en Dios, ¿de qué necesitamos testificar? Necesitamos un conocimiento de otros y un conocimiento de la Escritura. Necesitamos saber cómo la gente piensa, razona, se duele, espera y desea. En cualquier ocasión podemos mostrar nuestro interés a otros. ¡Sea un amigo, sea uno que oye, que observa, que pregunta, que ama, que proclama!

Dr. Martyn Lloyd-Jones resume nuestro objetivo de conocer la Escritura para evangelizar con estas palabras sabias:

> Si quiere saber cómo presentar el evangelio y la verdad en la única manera que es correcta y verdadera, debe ser un estudiante asiduo de la Palabra de Dios; debe leerla incesantemente.... Debe leer lo que llamo teología bíblica, la explicación de las grandes doctrinas del Nuevo Tes-

tamento, de manera que pueda llegar a entenderlas cada vez con más claridad.... El trabajo de este ministerio no consiste simplemente en contar nuestra propia experiencia personal o hablar de nuestras propias vidas, o las vidas de otros, sino en la presentación de la verdad de Dios en la manera más sencilla y clara como sea posible.... Debemos tomar el tiempo para equiparnos para tal tarea, reconociendo la responsabilidad solemne y tremenda del trabajo.[15]

En palabras de la Gran Comisión (Mateo 28:19-20), debemos «ir», no sólo hablar, sino actuar; «hacer discípulos», no sólo personas que profesan fe superficialmente, sino que sean poseedores del Hijo de Dios; «bautizándolos», no abandonándolos sino incorporándolos en una iglesia bíblica; «enseñando», no ofreciendo sólo unos simples hechos del evangelio sino todo lo que incluye en los mandamientos de Cristo [«todo el consejo de Dios», Hechos 20:27]. En mi opinión, esta comisión tiene prioridad sobre el mandato cultural de subyugar la tierra (Génesis 1:28) desde la resurrección de Cristo.[16]

Recuerdo cómo una estudiante respondió al evangelismo centrado en Dios. Ella era parte de un equipo de estudiantes cristianos que trabajaban en un gran parque de diversiones. A estos estudiantes se les había pedido trabajar en este parque por un período de diez semanas durante el verano. Allí ellos tendrían lo que yo había esperado que fuera una influencia que cambiaría la vida de otros empleados. Durante sus horas de descanso comenzamos a construir una comunidad cristiana humanitaria. También aprendimos a ver a Dios como el Amo de nuestro evangelismo. Estudiamos pasajes de la Escritura, hablando del papel de Dios en la salvación y de nuestro privilegio en ser sus embajadores. Nos arrepentimos de nuestra visión tan superficial de Dios, de confiar en técnicas y de tener miedo de otros. Esto abrió la puerta a esta muchacha a un nuevo modo para testificar. En sus palabras: «Cuando llegué, pensé que usted iba a enseñar técnicas de evangelismo y que me iba a forzar a testificar. Todo lo que hizo fue abrir la Biblia y darnos una perspectiva, una visión grande de la majestad de Dios. Ahora que veo así a Dios, quiero testificar. Me siento libre y segura».

Un evangelio que exalta al hombre y destrona o rebaja a Dios no es el evangelio. En el evangelismo centrado en Dios, hay un regreso al evangelio soberano que exalta la gracia de Dios en cada punto. En nuestros días, se necesita enormemente la enseñanza paciente de la teología del evangelio de un modo equilibrado y completo. ¿Quiere ver la foto de un evangelista en acción? Entónces mire a Ezequiel predicando en un cementerio a huesos secos y mandándolos que vivan (Ezequiel 37:1-10), o mire a Jesucristo cuando está de pie en la tumba de Lázaro y le dice: «Sal fuera» (Juan 11:38-44). Somos evangelistas que confían en el poder absoluto de la Palabra de Dios que levanta los muertos a la vida.

El evangelismo centrado en Dios es un estilo de vida. No defiende un método, pero sí estimula a conocer la gente y cómo aplicar un evangelio amplio a la conciencia y al corazón. El testificar debe ser natural, educativo y valeroso. Es algo que somos, no sólo algo que hacemos. El «testificar personalmente» es la frase que mejor describe la vida evangelística a la cual todos nosotros somos llamados. ¿Dirá usted la verdad?

Usted se halla entre aquellos a los que el fin de los siglos ha llegado. ¿Despertará? Se dice de David que «él sirvió los propósitos de Dios en su propia generación». ¿Servirá usted al Señor en su generación como David lo hizo en la suya? ¿Orará a Dios para que envíe gracia regeneradora? ¿Proclamará el Evangelio con un deseo santo de ver conversiones? «Cuando hubieron orado... todos fueron llenos del Espíritu Santo, y hablaban con denuedo la palabra de Dios». (Hechos 4:31).

Hágase estas preguntas:
1. ¿Conozco la gracia salvadora de Dios en mi propia vida? ¿Cuáles son las evidencias?
2. ¿Estoy extrayendo diariamente de la fuente de gracia mirando fijamente a Jesucristo?
3. ¿Hay personas específicas por las cuales oro, suplico y lloro por su conversión?
4. ¿Estoy hablando las verdades del evangelio? ¿Puedo expresar bien el evangelio?
5. ¿Es ésta mi actitud, «Señor, quiero que me uses para dirigir a otros a Jesucristo, de modo que yo inicie el tema con la gente»?
6. ¿Cuándo fue la última vez que le hablé a alguien de Jesucristo?
7. ¿Me he visto tan arrebatado y asombrado alguna vez por la maravilla del evangelio de la gracia salvadora que mi miedo del rechazo por otros ha desaparecido?

¡Aliento de Vida, ven e inúndanos,
Revive a Tu Iglesia con vida y fortaleza;
¡Aliento de Vida, limpia y renuévanos,
Y dispón a Tu Iglesia para la lucha cruenta!

*¡Viento de Dios, sacúdenos, quebrántanos,
Hasta que humildes confesemos nuestra infamia;
En Tu ternura, ven y restáuranos,
Reaviva y restaura, esta es nuestra plegaria.*

*Aliento de Vida, ven e infunde aliento en nosotros,
Renovando mente, corazón y voluntad;
Ven, Amor de Cristo, conquístanos de nuevo;
Reaviva Tu Iglesia en todo lugar.*

*¡Avívanos, Señor! ¿Cederá la fuerza
Cuando los campos blancos anuncian cosecha?
¡Avívanos, Señor! Pues el mundo espera,
Que Tu Iglesia difunda Tu luz en la tierra.*[17]

PLANES PARA OBEDECER

Por la ayuda de Dios, me propongo en fe responder a lo que he aprendido sobre testificar de las siguientes maneras (anote lo que usted va a hacer, cómo espera hacerlo y cuándo comenzará):

Limpiar mi conciencia
¿Qué me ha estado diciendo la voz silenciosa de Dios? ¿Hay algún pecado que confesar? ¿Hay alguna relación que tengo que arreglar? ¿Algo más?

Objetivos para con los no cristianos
¿Qué me está llamando Dios a hacer en cuanto a no cristianos con quienes tengo una relación a largo plazo (como familia y amistades)? ¿Qué me está llamando Dios hacer en cuanto a aquellos con quienes tengo una relación a corto plazo (como vecinos, compañeros de clase, socios y personas que encuentro de paso)?

Objetivos para con otros cristianos
¿Qué me está llamando Dios hacer con otro cristiano para animarlo y practicar evangelismo? ¿Cómo puedo animar mi iglesia o grupo de compañerismo para responder a Dios en el evangelismo?

Objetivos en cuanto a aprender el Evangelio
¿Cuándo comenzaré a aprender el evangelio tan bien que pueda explicarlo claramente? ¿Cómo puedo emplear el Diagrama «Viniendo a Casa» con alguien ahora?

Hazme un cautivo, Señor, y luego seré libre;
Hazme rendir mi espada, y conquistador seré.
Me hundo en las inquietudes de la vida cuando estoy de pie solo;
Encarcélame dentro de Tus brazos, y fuerte será mi mano.

Mi corazón es débil y pobre hasta que halla dueño;
No tiene motivo ni impulso para moverse; varía con el viento;
No puede moverse libremente, hasta que Tú has tomado su cadena;
Esclavízalo con Tu amor incomparable, y reinará inmortalmente.

Mi poder es poco y débil hasta que ha aprendido a servir;
Desea el fuego necesario para brillar, desea el viento para resistir;
No puede conducir al mundo, hasta que él mismo sea conducido;
Su bandera sólo puede ser desplegada cuando Tú respires desde el cielo.

Mi voluntad no es mía antes que Tú la hagas tuya;
Si deseara alcanzar el trono de monarca su corona debe entregar;
Se halla sólo firme, entre las luchas que resuenan,
Cuando sobre Tu pecho se ha apoyado y encontrado en Ti su vida.

— GEORGE MATHESON 1842-1906

Notas bibliográficas

INTRODUCCIÓN

[1] Carl E H. Henry, "The Purpose of God," in *The New face of Evangelicalism*, ed. C. Rene Padilla (Downers Grove, IL, InterVarsity Press, 1976), p. 31.

[2] Kenneth S. Latourette, *A History of the Expansion of Christianity* (New York: Harper &.Brothers, 1944), 1:230.

CAPÍTULO 1

[1] Kenneth Prior, The *Cospel* in *a Pagan Society* (Downers Grove, Ill.: InterVarsity Press, 1975). p. 51.

[2] There are three primary words in the New Testament for proclaiming the Christian message: *euanggelizesthai* (tell good news), *heryssein* (proclaim) and *martyrein* (bear witness). The English words *evangelism* and *gospel* come from the same Greek word: *euanggelion*. This word is composed of two words meaning "good" and "news." Therefore, to evangelize is to set forth the good news. The context usually indicates that it includes a demonstration, or doing, as well as a proclamation, or saying. For a thorough study of the three words, see chapter three in Michael Greens *Evangelism in the Early Church* (Grand Rapids, Mich.: Eerdmans, 1970).

[3] J. I. Packer, *Evangelism and the Sovereignty of God* (Downers Grove, Ill.: InterVarsity Press, 1961), p. 56; see also pp. 37-45.

[4] D. Martyn Lloyd-Jones, *The Presentation of the* Gospel (London: Inter-Varsity Fellowship, 1949). pp. 6-7.

[5] C. S. Lewis, *The Lion, the Witch and the Wardrobe* (New York: Macmillan, 1953), pp. 149-151.

CAPÍTULO 2

[1] Truly the essence of the apostolic method was not some all-consuming effort to reach as many different people as possible with the message, but rather, subject to both the leading and enablement of the Holy Spirit, the first-century Christians labored in a strategic center until a nucleus of believers was formed into a local church. Evangelization was not some truncated message of the plan of salvation, but a declaration of the whole counsel of God. It was then left to the local company of Christians to maintain continuing evangelism in their community" (C. Stacey Woods, "God's Initiative and Ours," *I.F.E.S. Journal* [1966]: 4).

[2] J. I. Packer, *Evangelism and the 'Sovereignty of God* (Downers Grove, Ill.: InterVarsity Press, 1961), pp. 47-49.

[3] Some roots are found in the techniques developed by the revivalist Charles Finney.

[4] This is not to say that we shouldn't rejoice whenever Christ is preached (even if the motives are wrong), as Paul did (Phil:15-18). But when there is a distortion of Christ and his salvation, we must object, as Paul also did (Gal:6-9).

[5] "Meet My Friend" (Westchester, Ill., Good News Publishers, n.d.), n.p.

[6] A.W. Tozer, *The Old Cross and the New* (Harrisburg, Penn.: Christian Publications, n.d.), n.p.

[7] George Sweeting, *What Is Your Favorite Game?* (Chicago: Moody Press, n.d.), n.p.

[8] Tozer, *Old Cross*, n. p.

[9] David T. Smith, "You're a Beautiful Person" (Chicago: Moody Press, n.d.), n.p.

[10] John Blanchard, *Ultimate Questions* (Durham, England: Evangelical Press, 1987).

[11] Tim Keller, "Brimstone for the Broadminded," *Christianity Today*, July 13, 1998, p. 65.

[12] Mike Yaconelli, "The Safety of Fear," *The Door*, September/October 1993, n.p.

[13] Francis A. Schaeffer, *The God Who Is There* (Downers Grove, Ill.: InterVarsity Press, 1969), p. 169.

[14] It is interesting to note that within Pentecostal and Third World circles some of these same themes are being sounded. Juan Carlos Ortiz of Argentina contends for an evangelism that is not me-centered, calls for obedience to Christ as Lord and refuses to call people Christians who show none of the biblical distinctives. See his *Disciple* (Carol Stream, Ill., Creation House, 1975), pp. 11-17.

[15] Walt Chantry, *Today's Gospel-Authentic or Synthetic?* (London: Banner of Truth, 1970), p. 17.

CAPÍTULO 3

[1] See Michael Green, *Evangelism in the Early Church* (Grand Rapids, Mich.: Eerdmans, (970), chaps. 2-5, and Kenneth Prior, *The Gospel in a Pagan Society* (Downers Grove, Ill.: InterVarsity Press, 1975).

[2] C. S. Lewis uses the powerful imagery of Aslan the lion to convey a biblical view of God. "But as for Aslan himself, the beavers and the children didn't know what to do or say when they saw him. People who have not been in Narnia sometimes think that a thing cannot be good and terrible at the same time" (C. S. Lewis, *The Lion, the Witch, and the Wardrobe* [New York: Collier, 1970], pp. 116-17).

[3] "The law is not to be rejected because a man has no power to keep it. When the rejection of the law is argued on this ground, it is often forgotten that, similarly, man has no power to obey the gospel. The command to believe is as impossible as the command to obey, and so the Gospel seems to speak just as impossible things as does the law. Absence of ability does not infer absence of obligation.... But it is an unreasonable thing to conceive of the law apart from the Spirit of God, and then to compare it with the Gospel for if the Gospel itself-even its promises of mercy and forgiveness-were to be thought of apart from the Spirit, it would achieve nothing: indeed, by itself it would be as much a dead letter as the law. But neither the law nor Gospel is a dead letter, for the Holy Spirit makes use of both in a saving manner" (Ernest Kevan, "*Moral Law* [Grand Rapids, Mich.: Sovereign Grace, 1971], pp. 10-1 1).

[4] Rebecca Manley Pippert, *Out of the Saltshaker* (Downers Grove, Ill.: InterVarsity Press, 1999), chaps. 4-6.

[5] John Bunyan, *Pilgrim's Progress in Today's English* (Chicago: Moody Press, 1964), pp. 32-33.

[6] For an excellent and readable discussion of the relation of the Christian to the law, see Horatius Bonar, *God's Way of Ho1iness* (Chicago: Moody Press, n.d.) and Walt Chantry, *God's Righteous Kingdom* (Edinburgh: Banner of Truth, 1980).

[7] J. I. Packer, *Evangelism and the Sovereignty of God* (Downers Grove, Ill.: InterVarsity Press. 1961), pp. 60-61.

[8] Ibid., pp. 62-63.

[9] I owe these three points to an unpublished sermon on repentance by Rev: Al Martin of Trinity Baptist Church, Montville, New Jersey.

[10] Francis A. Schaeffer, *Death in the City* (Downers Grove, Ill.: InterVarsity Press, 1969), pp. 70-71.

[11] Lee Strobel, "How Can I Share My Faith with Others?" in *This We Believe,* ed. John N. Akers, John H. Armstrong and John D. Woodbridge (Grand Rapids, Mich.: Zondervan, 2000), p. 198.

[12] Packer, *Evangelism and the Sovereignty of God,* p. 71.

[13] Robert Horn, Go *Free* (Downers Grove, Ill.: InterVarsity Press, 1976), pp. 117-19. Compare Horatius Bonar, *God's Way* oj *Peace* (Chicago: Moody Press, n.d.), John Owen, *Justification by Faith* (Grand Rapids, Mich.: Sovereign Grace, 1971) and R. C. Sproul, *Faith Alone* (Grand Rapids, Mich.: Baker, 1995).

[14] "True believers may have the assurance of their salvation diverse ways shaken, diminished, and intermitted; as by negligence in preserving of it; by failing into some special sin which woundeth the conscience and grieveth the Spirit; by some sudden or vehement temptation; by God's withdrawing the light of His countenance, and suffering even such as fear Him to walk in darkness and have no light" (Westminster Confession, chap. 28, sec. 4).

[15] A third type of person would be someone who lacks assurance simply because they do not believe in the doctrine of assurance. That is, they do not think Scripture teaches even the possibility of a person knowing with certainty they are redeemed and will be taken to heaven. They dismiss such ideas as conjecture and pride.

[16] G. I. Williamson, *The Westminster Confession of Faith: A Study Guide* (Philadelphia: Presbyterian &: Reformed, 1964), p. 133.

[17] Ronald Wallace, *Calvin's Doctrine of the* Christian *Life*(Grand Rapids, Mich : Eerdmans, 1962).

[18] John Donne, "Ravished by God," *Holy Sonnets.*

[19] Green, *Evangelism in the Early Church,* p. 70; see also p. 250.

CAPÍTULO 4

[1] John Piper, "Letter to a Friend Concerning the So-Called 'Lordship Salvation,'" in The *Pleasures of God* (Portland: Multnomah Publishers, 1991), pp. 278-305. Cf. John F. MacArthur Jr., *The Gospel According to Jesus* (Grand Rapids, Mich: Zondervan, 1988), chap. 20 and appendixes 1 and 2.

CÓMO COMUNICAR EL EVANGELIO PERSONALMENTE

[2] The term *conversion* is often defined as the individual's initial response of faith and repentance. Sometimes the Puritans used terms to describe the order of various aspects of the Spirits work. A sinner went from awakening (a new sensitivity to God) to seeking (looking for answers) to conviction (felt guilt) to conversion (faith and repentance).

[3] Michael Green, *Evangelism in the Early Church* (Grand Rapids, Mich.: Eerdmans, 1970), pp. 159-61,204-6

[4] Joseph Hart, "Come, YeSinners, Poor and Wretched," 1759.

[5] These are adapted from Peter Masters, *Physician of Souls* (London: Wakeman, 1976), pp. 110-25.

CAPÍTULO 5

[1] Even true Christians entering the secular campus have a rough time, especially if their religious background has emphasized only feelings and fellowship. Nevertheless, if God calls them to this situation, spectacular growth often follows.

[2] All doubt is not sinful. See Os Guinness, In :hvo *Minds* (Downers Grove, Ill.: InterVarsity Press, 1976)

[3] Bernard Ramm, *The Witness of the Spirit* (Grand Rapids, Mich.: Eerdmans, 1960), p. 89.

[4] John Stott, *Balanced Christianity* (Downers Grove, Ill.: InterVarsity Press, 1975), p. 13. See also John Stott's excellent book *Your Mind Matters* (Downers Grove, Ill.: InterVarsity Press, 1973).

[5] Calvin taught the priority of knowledge in faith but did not advocate spiritual intellectualism. He felt that the will could not act nor the emotions respond until both had been enlightened by the intellect (Abraham Kuyper, *The Wink of the Holy Spirit* [Grand Rapids, Mich.: Eerdmans, 1975], p. 263).

CAPÍTULO 6

[1] John Stott, *Balanced Christianity* (Downers Grove, Ill.. InterVarsity Press, 1975), pp. 17-18.

However, even in some of the most theologically orthodox groups there is a paucity of praise. Some of the Scripture turned into songs by the Jesus People and Pentecostals can help us learn how to weave emotion together with music, focusing on grace.

CAPÍTULO 7

[1] Andre Bustanoby, "An Open Letter to Jane Ordinary," *ChJIsLianity Today*, March 16, 1967, p. 14.

[2] "It is the citadel of the will which has to be stormed, and if he is wise, the evangelist will approach this fortress neither by the avenue of the mind alone, nor by the avenue of the heart alone, but by both" (John Stott, *Fundamentalism and Evangelism* [Grand Rapids, Mich .. Eerdmans, 1959], p. 58).

[3] D. Martyn Lloyd-Jones, *The Presentation of the Gospel* (London: Inter-Varsity Fellowship, 1949), p. 9.

[4] For a helpful discussion see J. I.Packer, *Evangelism and the Sovereignty ofGod* (Downers Grove, Ill.: InterVarsity Press, 1961).

[5] J. I. Packer, in the introduction to John Owen, *The Death of Death* (London: Banner of Truth, 1959), pp. 1-25.

[6] Compare D. Martyn Lloyd-Jones, *Spiritual Depression* (Grand Rapids, Mich.: Eerdmans, 1965), chap. 4, "Mind, Heart and Will," pp. 85-86.

[7] John Bunyan, *Pilgrim's Progress in Today's English* (Chicago: Moody Press, 1964), pp. 85-86. See also the conversations with Hopeful and Ignorance.

[8] Often the New Testament represents conversion in terms of our response not to a person but to the truth. Conversion is to obey the truth (Rom 2:8; 6: 17; 1 Pet 1:22), to believe the truth (2 Thess. 2:12-13) and to acknowledge or come to know the truth (In 8:32; 1 Tim 2:4; 4:3; 2 Tim 2:25; Tit 1:1; 1 Jn 2:21). Similarly, to preach the gospel is not to just proclaim Christ but to manifest the truth (2 Cor 4:2). See John Stott, *Your Mind Matters* (Downers Grove, Ill.: InterVarsity Press, 1973), pp. 49-50.

[9] C. John Miller, *Powertul Evangelism for the Powerless*, rev. ed. (Phillipsburg, N.J.: Presbyterian &: Reformed, 1977), pp. 129-30.

CAPÍTULO 8

[1] A fictitious name and composite story from several incidents.

[2] Henri Nouwen, *The Return of the Prodigal Son* (New York: Doubleday, 1994), pp. 72, 74, 76.

[3] Job - Job 1:21; 2:10; 40:8; 42:2-6. David - Psalm 115:3; Solomon - Proverbs 21:1; *Jesus* John 5:21; 6:44-65; Paul - Romans 9:20-21; 11:35-36.

[4] James Montgomery Boice, *Whatever Happened* to *the Gospel of Grace?* (Wheaton, Ill.. Crossway, 2001),pp. 108, 121.

[5] Joseph M. Stowell, "The Evangelical Family: Its Blessings and Boundaries," in *This We Believe*, ed. John N. Akers, John H. Armstrong and John D. Woodbridge (Grand Rapids, Mich.: Zondervan, 2000), p. 215.

6 "When Jonathan Edwards spoke of will as 'the mind of choosing,' he meant that we make choices according to what we deem preferable in terms of the options before us. Edwards concluded that we always choose according to the inclination that is strongest at the moment. This is a crucial insight into the will. It means that every choice we make has an antecedent cause. Our choices are not 'spontaneous,' arising out of nothing. There is a reason for every choice we make" (R. C. Sproul, *Grace Unknown* [Grand Rapids, Mich., Baker, 1997], p. 131).

" Edwards' second major contribution was his discussion of what he called 'motives.' He pointed out that the mind is not neutral. It thinks some things are better than other things, and because it thinks some things are better than other things it always chooses the better things. If a person thought one course of action was better than another and yet chose the less desirable alternative, the person would be irrational. This means... that the will is always free. It is free to choose ... what the mind thinks best.

" But what does the mind think best) Here we get to the heart of the matter. When confronted with God, the mind of a sinner never thinks that following or obeying God is a good choice. His will is free to choose God. Nothing is stopping him. But his mind does not regard submission to God as desirable.

" Certainly, anyone who wants to come to Christ may come to him. That is why Edwards insisted that the will is not bound. But who is it who wills to come? The answer is: No one, except those in whom the Holy Spirit has already performed the entirely irresistible work of the new birth so that, as a result of this miracle the spiritually blind eyes of the natural man are opened to see God's truth, and the totally depraved mind of the sinner, which in itself has no spiritual understanding, is renewed to embrace the Lord Jesus Christ as Savior. This is teaching that very few professing Christians in our day, including the vast majority of evangelicals, believe or understand, which is another reason, perhaps the major reason, why they find grace boring" (Boice, *Whatever Happened,* pp. 115-16).

7 For a fuller discussion of the human will and of how our moral inability does not release us from moral responsibility, see the appropriate chapters in Boice, Whatever *Happened;* Sproul, *Grace Unknown;* John Gerstner, *A Primer on Free Will* (Phillipsburg, N.].: Presbyterian *&* Reformed, 1982); John Cheeseman, *Saving Grace* (Edinburgh: Banner of Truth, 1999); A. W. Pink, *The Sovereignty of God* (Edinburgh: Banner of Truth, 1961).

8 Does sovereign grace dehumanize? No, it humanizes. A person who experiences the new creation that results from regeneration says, "I have become more *myself* than I ever thought possible. God, who has searched me and known me, has revealed to me who I really am (Ps 139). The admonition to 'know thyself' is futile without knowing God. At last, feeling at home with my Maker, I am at peace with myself." Contrast this with the identity confusion that prevails today and the promotion of a sovereign self that aims at self-mastery. Michael Horton describes one manifestation of this as the "therapeutic self." I see myself as good, yet needy, Therefore I seek good advice with the goal of recovery, not redemption. The one thing I must not do is violate my true self. The long history of humanity's self-centeredness climaxes in a culture of narcissism. Felt needs mask real needs. When real needs are realized, this worldview has no answers. Alister McGrath has gleaned from Scripture six images of human need: hunger, thirst, emptiness, loneliness, hopelessness, lostness. Powerful connections can be made when these are traced back to the staggering rupture in our relationship with our Maker.

CAPÍTULO 9

[1] Cornelius Plantinga Jr., quoted in J. I. Packer, "Doing It My Way: Are We Born Rebels?" in *This We Believe,* ed. John N. Akers, John H. Armstrong and John D. Woodbridge (Grand Rapids, Mich.: Zondervan, 2000), p. 44.

[2] John Murray, "Epistle to the Romans" in *New International Commentary* on *the New Testament,* ed. F. F. Bruce (Grand Rapids, Mich.: Eerdmans, 1968), p. 102.

[3] J. I. Packer, quoted in James Montgomery Boice, *Whatever Happened* to *the Gospel of Grace?* (Wheaton, Ill.: Crossway, 2001), p.] 10.

CAPÍTULO 10

[1] Jennifer L. Bayne and Sarah E. Hinlicky, "Free to Be Creatures Again," *Christianity Today,* October 23, 2000, pp. 38-44.

[2] John Piper, *The Pleasures of God* (Portland, Ore.: Multnomah Publishers, 1991), p. 272.

CAPÍTULO 11

[1] John Piper, *Let the Nations Be Glad* (Grand Rapids, Mich.: Baker, 1993), pp. 11,38-40.

[2] John Newton, "Let Us Love, and Sing, and Wonder," 1774.

[3] Edmund Clowney, unpublished sermon.

CÓMO COMUNICAR EL EVANGELIO PERSONALMENTE

CAPÍTULO 12

[1] *Webster's Encyclopedic Unabridged Dictionary*, s.v. "tolerance". For an in-depth study of this topic. see Stan D. Gaede, *When Tolerance Is No Virtue* (Downers Grove, Ill.: InterVarsity Press, 1993)

[2] Josh McDowell and Bob Hostetler, *The New Tolerance* (Wheaton, Ill: Tyndale House, 1998), p.22.

[3] Ibid., p. 41. See also S. D. Gaede, *When Tolerance is No Virtue*.

[4] Philip Graham Ryken, *Is Jesus the Only Way?* (Wheaton, Ill.: Crossway, 1999), pp. 13-16.

[5] Ibid., pp. 30-32. Cf. Donald Carson, *The Gagging of God: Christianity Confronts Pluralism* (Grand Rapids, Mich.: Baker, 1996)

[6] McDowell and Hosteler, *New Tolerance*, p. 95.

[7] Ryken, *Is Jesus the Only Way?* pp. 29-31.

[8] Lee Strobel, *The Case for Faith* (Grand Rapids, Mich., Zondervan, 2000), p. 217; Harold A. Netland and Keith E. Johnson, "Why Is Religious Pluralism Fun-and Dangerous?" in *Telling the Truth*, ed. D. A. Carson (Grand Rapids, Mich., Zondervan, 2(00), pp. 63-64.

[9] J.I. Packer, "Isn't One Religion as Good as Another?" in *Hard Questions*, ed. Frank Colquhoun (Downers Grove, Ill.: InterVarsity Press, 1977), p. 15.

[10] Packer, "Isn't One Religion," p. 16.

[11] All thought is based on assumptions that cannot be "proved." So as Christians, we begin with God, who reveals truth to us.

[12] Francis A. Schaeffer, *The God Who Is There* (Downers Grove, Ill.: InterVarsity Press, 1969), and Os Guinness, *The Dust of Death* (Downers Grove, Ill.: InterVarsity Press, 1973) are both good for an overview The many writings of Francis and Edith Schaeffer taken together will beautifully illustrate the balance between taking the mind seriously and humbling it. They also portray the connection between knowing truth and living out the truth.

[13] There is much handwringing among evangelicals about the need to reinvent evangelism to connect with post-moderns. Yet if there is a tendency to revise the gospel itself and not just the entry points or bridges, beware. Just because "Is it true?" is not the first question many are concerned about, doesn't mean that we compromise presenting objective truth lovingly and winsomely. Postmodernism is amply discussed with its implications for evangelism in D. A. Carson, ed. *Telling the Truth* (Grand Rapids, Mich.: Zondervan, 2000), chaps. 3-5, 9-10, 17, 28; and Douglas Groothuis, *Truth Decay* (Downers Grove, Ill.: InterVarsity Press, 2000) chaps. 3-7.

[14] John Bunyan, *Pilgrim's Progress* in *Today's English* (Chicago: Moody Press, 1964), pp. 134-35.

[15] C. John Miller, *Basic Guidelines for Witnessing* (Westminster Seminary, class syllabus), pp. 11, 13

[16] Roger Barrett, "Motives for Witnessing-Good or Evil," *Christianity Today*, July 17, 1970, pp. 12-14.

[17] Miller, *Basic Guidelines*, p. 7.

[18] "We find it difficult to witness because we have not learned to be open. Being real means being free to express ourselves when it is appropriate to do so" (John White, *The Fight* [Downers Grove: Intervarsity Press, 1976], pp. 67-68).

[19] Packer, "Isn't One Religion," pp. 122-25.

[20] C. John Miller, "Evangelism and Prayer" (unpublished paper, no date).

CAPÍTULO 13

[1] D. Martyn Lloyd-Jones, *The Presentation of the Gospel* (London: InterVarsity Fellowship, 1949), p, 3.

[2] For an evaluation of the results of contemporary mass evangelism, see *Eternity*, September 1977, including C. Peter Wagner, "Who Found It?" pp. 13-19; James F Engel, "Great Commission or Great Commotion?" p. 14; Lynn Holman, "Here's Living Proof," p. 19.

[3] For a readable discussion on being yourself and emulating Jesus in evangelism, see Rebecca Manley Pippert, *Qut of the Saltshaker* Downers Grove, Ill.: InterVarsity Press, 1999).

[4] For example, E1 = evangelism among your own people (Jerusalem and Judea); E2 = evangelism among people different from you, yet still of your language and country (Samaria); E3 = evangelism among people who are different in language and race (uttermost parts of the earth) (Donald McGavern and Win Arn, *How to Grow a Church* [Glendale, Calif.: Regal, 197.3], pp.51-53).

[5] Paul Little, "How to Win Souls to Christ, *Presbyterian Journal*, January 13, 1965, p. 10.

[6] Robert Horn, *Go Free* (Downers Grove, Ill.: InterVarsity Press, 1976), pp. 120-21. Some questions leave a wrong impression. For example: "Why not try Jesus?" "Can you think of any reason to not become a Christian?"

[7] Paul Little, *"How to Win Souls,"* p. 37.

[8] James Kennedy, *Evangelism Explosion* (Wheaton, Ill.: Tyndale House, 1970), p.21.

[9] I owe the material in this section to Donald C. Smith, "Conversational Evangelism," unpublished paper. It can also be found in Pippert, *Qut of the Saltshaker;* pp. 145-48.

[10] C. H. Dodd, in Michael Green, Evangelism *in the Early* Church (Grand Rapids, Mich.: Eerdmans, 1970), pp. 60-64.

[11] "A Christian who perseveres with a stereotyped approach may meet with some success. Sooner or later he will presumably encounter someone to whom the way in which he presents the gospel applies. Furthermore, knowing what we do about the sovereign grace of God, we may expect him to see that a dedicated evangelist will be rewarded by a contact that fits his approach" (Kenneth Prior, *The Gospel* in *a Pagan Society* [Downers Grove, Ill., InterVarsity Press, 1975], p. 41)

[12] J. I. Packer, "What Is Evangelism?" in *Theological Perspectives on Church Growth,* ed. Harvie Conn (Philadelphia: Presbyterian &: Reformed, 1976), p. 91.

[13] Lausanne Covenant, clause 4.

[14] Bernard Ramm, *The Witness of the Spirit* (Grand Rapids, Mich.: Eerdmans, 1960), p. 71.

[15] Lloyd-Jones, *The Presentation of the Gospel,* p. 15.

[16] I'm not reinstating the error of a secular/sacred worldview but promoting the priority in our daily lives of a verbal proclamation of the gospel by all believers. The goodness of God (common grace) which pervades the life of a nonbeliever enables us to deeply appreciate their contributions and links us together in many endeavors. Yet, the purpose of God's goodness is to lead them and us to repentance-that is, to Christ (Rom 2:4). We should be articulating this.

[17] Bessie Porter Head, "0 Breath of Life," 1914.